SONG OF THE SIMPLE TRUTH

obra completa poética
the complete poems

JULIA DE BURGOS

COMPILED AND TRANSLATED
BY JACK AGÜEROS

CURBSTONE PRESS

Dedicated
with love to Yolanda Rodríguez

My grateful thanks to the following persons and institutions:

Naomi Ayala
Sonia Cintron Marrero
Daisy Coco de Fillipis
Hilda Mercedes Chicón, Archivo General de Puerto Rico
Joyce Iturriaga
New York Public Library, and the staff at the Central Reading Room
José R. Olmo
Nelida Pérez, and the library staff of The Center for Puerto Rican Studies
Gareth Price
Dr. Juan Antonio Rodríguez Pagan
Joseph Torres, esq.

FIRST EDITION, January 1997
translation copyright © 1996 by Jack Agüeros
All Rights Reserved
Printed in Canada on acid-free paper by Best Book Manufacturers
Cover design: Stephanie Church

This book was published with the support of the Connecticut Commission on the Arts and the National Endowment for the Arts.

Library of Congress Cataloging-in-Publication Data

Burgos, Julia de, 1914 – 1953
    Song of the Simple Truth : the complete poems of Julia de Burgos /
by Julia de Burgos : translated by Jack Agüeros.
        p.   cm.
    ISBN 1-880684-24-1 : $21.95 (pbk.)
    I. Agüeros, Jack, 1934 – . II. Title.
PQ7439.B9A17   1996
861—dc20   94-39149

published by
CURBSTONE PRESS   321 Jackson Street   Willimantic, CT 06226

Contents

Julia de Burgos: Una Introducción

I

Un día de verano en el East Harlem puertorriqueño, me apoyaba en la cerca de acero frente al centro de la Asociación de Empleados Postales Puertorriqueños. El edificio de ladrillo, en la calle 109, cerca de la esquina de la Avenida Lexington, tenía tres pisos y una amplia escalera de entrada, que era lugar favorito para nuestra pandilla, los Senecas. A veces doce o quince de nosotros ocupábamos toda la escalera que llegaba a la entrada del primer piso. Los porteros del edificio eran muy tolerantes de nuestras reuniones en los peldaños y normalmente no nos echaban. Nos conocían como una de las pandillas pacíficas de East Harlem en esos años cuando yo era un joven — los años cincuenta.

Ese día en particular estábamos sólo yo y un hombre de cuyo nombre ahora no me puedo recordar — un amigo de la calle que siempre paraba para charlar y contarnos chistes. Ese día conversabamos parados en el sol caliente de la tarde. De súbito un grupo de cuatro o cinco hombres dieron la vuelta a la esquina y con ellos había una mujer. Todos los hombres estaban colorados y desarreglados. Hablaban y reían en voz alta y uno podía ver que llevaban varias pintas de ron o vino entre ellos. Asumimos que venían de la licorería en la esquina de la calle 110 y la Avenida Lexington.

En medio de los cinco hombres andaba una mujer. Una mujer alta, tan alta como el hombre más alto, y más alta que varios de ellos. Cuando la banda animada pasaba, mi amigo se enderezó y los miró intensamente. Cuando habían pasado me preguntó, "¿tú sabes quién era esa mujer?" Yo le dije que no, esperando que contara un chiste u otro. Pero se mantuvo muy serio y siguiendo con sus ojos al grupo tambaleante y parlanchín dijo, "Ella es Julia de Burgos, la poeta más famosa de Puerto Rico." Le eché una mirada para ver si estaba tomándome el pelo, pero se veía muy serio. Entonces me miró y dijo, "Tienes que tener cuidado con la bebida."

Entonces la conversación cambió y yo me olvidé de Julia de Burgos hasta un día cuando yo iba a entrar al Parque Central por Pioneers' Gate en la calle 110 y vi a la izquierda de la fuente — la de los leones donde bebían agua los caballos — un grupo de hombres parados y sentados cerca de uno de los bancos de la Quinta Avenida frente al parque. Sentada en el banco estaba Julia de Burgos. Pero yo estaba demasiado cohibido para mirarla bien y ¡cuánto lo siento ahora!, — pues no recuerdo ni un detalle distintivo. Me hubiera gustado saludarla, escuchar su voz, mirar el color de sus ojos, comparar su talla a la mía.

En vez de acercarme a ella, las palabras de mi amigo sonaban en mis oídos, confundiéndome. ¿Cómo podía esta mujer que parecía lo que solíamos llamar una "vagabunda" o una "borracha" ser la mejor poeta de Puerto Rico? ¿Se habría burlado de mí con una broma disimulada?

Julia de Burgos: An Introduction

One summery day in Puerto Rican East Harlem, I leaned on the sidewalk fence in front of the headquarters of the Association of Puerto Rican Postal Employees. The three story brick building on 109th Street near the corner of Lexington Avenue and its ample stoop were a favorite hang-out for our gang, the Senecas. Sometimes twelve or fifteen of us would sit all over the steps leading to the parlor floor entrance. The caretakers of the building were very tolerant of our congregating on their steps and did not normally chase us away. They knew us to be one of the peaceful gangs of East Harlem in those years when I was just a teen-ager—the 1950's.

That particular day there was just myself and a man whose name I now forget—a street friend who frequently stopped to chat and tell us jokes. That day, standing in a hot sun, we were talking in the late afternoon. Suddenly, a group of four or five men came around the corner and with them there was a woman. The men were all ruddy and disheveled. They spoke and laughed loudly and you could see several pints of rum or wine among them. We assumed that they had just come from the liquor store on 110th Street and Lexington Avenue.

In the midst of the five men there was a woman. A tall woman, as tall as the tallest man, and taller than several of them. As the animated band walked by, my friend straightened up and watched them intensely. When they had passed, he asked me, "Do you know who that woman was?" I said "no," expecting him to crack some joke. But he remained very serious and looking after the swaying chattering group said, "That was Julia de Burgos, Puerto Rico's most famous poet." I looked at him for signs that he was kidding, but he was dead serious. Then he looked at me and said "You have to be careful drinking."

Then the conversation changed, and I forgot about Julia de Burgos until one day I was about to enter Central Park at the Pioneer's Gate on 110th Street, when I noticed off to the left of the lion-mouthed, horse-watering fountain, a group of men sitting and standing near one of the benches on Fifth Avenue outside the park. Sitting on the bench was Julia de Burgos. But I was too self conscious to stare, and how I regret that now, for I do not remember one distinguishing detail. I wish I had said "hello," listened for her voice, looked at her eyes for their color, compared her height to mine.

Instead, my friend's words rang in my ears confusing me. How could this woman who looked like what we used to call a "bum" or a "wino" be the greatest Puerto Rican poet? Had he taken me in with a deadpan joke?

A veces yo oía el nombre de Julia de Burgos, pero no sabía nada de ella ni tampoco recuerdo haberla visto jamás en el barrio. Años después yo era un profesor adjunto en Touro College, que tenía un *campus* en East Harlem en Taíno Towers. Yo enseñaba arte de la oratoria e inglés como segunda lengua a mujeres borinqueñas principalmente. Para estas mujeres yo comenzaba a traducir al español poemas cortos por Elizabeth Barrett Browning y Emily Dickinson, entre otros. Un día yo les preguntaba si habían oído mencionar a Julia de Burgos y para sorpresa mía casi todas la conocían. Además, repetían lo de "la mejor poeta de Puerto Rico." Yo decidí buscar algunos poemas por Julia de Burgos y traducirlos al Inglés para que mis estudiantes los recitaran.

Desde entonces se ha apoderado de mí.

II

Julia de Burgos era una de esas personas que irrumpen en la vida como un cometa ardiente que pasa por nuestro sistema solar. Contemplamos a estas personas con una mezcla de gran asombro e inquietud — disfrutamos al ver el aura y cola ardientes, pero nos preocupa que choquen con nosotros, o nos entierren en su huella humeante.

No hay duda de que son bellos y brillantes — pero quizás nos harían más felices si salieran zumbando a otro planeta más lejos. Después de idos — quemados o ya de vuelta a su lugar de origen — nuestro entusiasmo por ellos crece. Entonces se puede encontrar gente que no vieron el cometa, pero sí conocen a alguien que lo vio y puede contarnos una historia inverosímil. Mientras siguen brotando ricas anécdotas sobre el cometa como la hierba en el campo, por algún lugar hay un científico que tiene toda la información sobre la estrella que pasa como un rayo — pero, ¿quién lo conoce, o sabe leer sus gráficos y cifras? Y la verdad es que preferimos las anécdotas a los hechos.

Julia de Burgos era uno de estos cometas. Daba vueltas por el universo puertorriqueño lanzando algunos de los poemas más amados del pueblo borinqueño. En su vida y hasta en su muerte, emite mitos y leyendas que aún centellean en nuestro universo.

Al contrario del caso del cometa, ningún científico en ninguna parte tiene toda la información sobre Julia de Burgos, y aunque su cuerpo murió sólo ayer, en términos históricos, tanto de lo que deberíamos saber sobre ella es muy difícil, si no imposible, de encontrar.

III

Nació Julia de Burgos a las cinco de la mañana el 17 de febrero, 1914, hija del alba, y prima cercana de San Valentín.

Fue el primero de los hijos nacidos de Francisco Burgos Hans y Paula García de Burgos. Julia llevaba sangre alemana por parte de la abuela paterna, y alguna herencia africana y seguramente española por parte de ambos padres. La Dra. Iris

Occasionally I would hear Julia de Burgos' name, but I didn't know anything about her nor do I recall ever seeing her again in *El Barrio*. Years later I was an adjunct professor at Touro College which had a campus in East Harlem at Taíno Towers. I was teaching public speaking and English as a Second Language classes to primarily Puerto Rican women. For these women I began translating into Spanish short poems by Elizabeth Barrett Browning and Emily Dickinson, among others. One day I asked if they had ever heard of Julia de Burgos and to my surprise nearly every student had. Moreover, they repeated the "Puerto Rico's greatest poet" line. I decided to find some poems by Julia de Burgos and translate them into English for my students to recite.

Ever since I have been in her custody.

II

Julia de Burgos was one of those persons who burst into life like a comet sizzling through our solar system. We watch such persons with a mixture of great awe and great trepidation—we enjoy seeing the fiery aura and tail, but worry about them crashing into us, or burying us in their smoking wake.

There is no doubt they are beautiful and brilliant—but perhaps they would make us happier if they buzzed some farther planet. After they are gone—burned out—or looped out in their elliptic trajectory heading back to whence they came, our enthusiasm for them actually grows. You then meet people who didn't see the comet, but know someone who saw it and can tell you an improbable story. While rich anecdotes rise about the comet like weeds in a field, somewhere there is a scientist who has all the solid information on the streaking star—but who knows who he is, or how to read his charts and calculations? And the truth is we prefer the anecdotes to the facts.

Julia de Burgos was one of those comets. She whirled through the Puerto Rican universe throwing off some of the best loved poems of the Puerto Rican people. And in her life and even in her death, she spun off myths and legends that are still sparkling in our culture.

Unlike the comet, no scientist anywhere has all the information on Julia de Burgos, and although her body died just yesterday as far as history is concerned, so much of what we should know about her is very hard, if not impossible to find.

III

Julia de Burgos was born at 5:00 am on February 17, 1914, a child of the dawn, and a close cousin to St. Valentine.

She was the first child to Francisco Burgos Hans and Paula García de Burgos. Her father was part German on his mother's side and either Julia's mother or father, or both, probably had some African blood and certainly had Spanish blood.

Zavala Martínez describe a Paula García como "una mulata sensible." Se supone que ambos padres nacieron en Puerto Rico.

Julia Constanza Burgos García nació en una región rural de Puerto Rico llamada Barrio Santa Cruz. Oficialmente parte del pueblo de Carolina, este barrio estaba cerro arriba, monte adentro en la cordillera que forma la espina del este al oeste de Puerto Rico.

En agosto de 1914, estalló la primera Guerra Mundial; tres años después los Estados Unidos impuso la ciudadanía estadounidense en todos los puertorriqueños a pesar de la oposición del cuerpo electo de Puerto Rico, la Cámara de Delegados. Esta ciudadanía se veía como un regalo cínico americano — un "regalo" para asegurar la reclutabilidad de los hombres puertorriqueños al ejército estadounidense. Este evento alteraría la vida política de Julia de Burgos tanto como cualquier alba colorearía su vida emocional y literaria. La ciudadanía estadounidense impuesta sobre los puertorriqueños causó tanto alboroto que incluso sigue siendo un punto de debate para muchos hoy en día; la cuestión alimentaba los deseos de independencia de muchos y la independencia llegó a ser el tema más debatido en la isla hasta muy entrados los años 50, justo coexistente con la vida de Julia.

Julia era la mayor de trece hijos que Francisco Burgos Hans y Paula García trajeron al mundo. En los Estados Unidos les hubieran llamado *"hillbillies;"* en Puerto Rico se les decía "jíbaros."

Paula García era una ama de casa que cuidaba un huerto de vegetales y cultivaba flores. Iba a menudo (probablemente caminando, pues se necesitaba el caballo para llevar la carga) al pueblo para cambiar frutas y verduras por dinero o bienes u otros comestibles. Este viaje significaba comenzar al amanecer y hacer la larga caminata desde la montaña al mercado del pueblo donde tendría que pasar todo el día sin saber si podría lograr alguna venta o trato. Entonces vendría la subida interminable por los caminos de la montaña para llegar al anochecer o después, exitosa o fracasada, ciertamente exhausta. Hay solamente que tocar el "Lamento Borincano" por Rafael Hernández, que canta de este apuro isleño del campesino que no puede vender sus productos, para ver que todavía trae lágrimas a ojos puertorriqueños aunque la canción ya tiene sesenta años.

En cuanto a Francisco Burgos Hans, como ya se ha mencionado, lo describen como parte alemán por el lado de su madre. La presencia de alemanes en Puerto Rico no debe sorprendernos, pues había no sólo negociantes alemanes residentes allí en el siglo XIX, sino también al parecer esclavos alemanes (además de otros esclavos blancos) trabajando en los campos de caña.

Sabemos que Julia de Burgos leía a Stefan Zweig, Kant, y Nietzsche, y que prefería la música de Wagner y Beethoven a la música de España. Por supuesto, mucha gente leía a Kant y Nietzsche en esos tiempos y la probabilidad de que la familia tuviera un fonógrafo o un radio en tiempos cuando los muchachos sufrían de desnutrición es difícil de aceptar. La música que Julia de Burgos oía

Dr. Iris Zavala Martínez describes Paula García as "a sensitive mulatta woman." Both parents are presumed to have been born in Puerto Rico.

Julia Constanza Burgos García was born in a rural area of Puerto Rico called Barrio Santa Cruz. Technically a part of the town of Carolina, this barrio was high up and deep in (*cerro arriba, monte adentro*) the mountain range that forms the east-west back bone of Puerto Rico.

In August of 1914, the First World War erupted, and three years later the United States imposed U.S. citizenship upon all Puerto Ricans despite the opposition of the elected body in Puerto Rico—the Chamber of Delegates. This citizenship was seen as a cynical American gift—a "gift" to insure the draftability of Puerto Rican men into the U.S. Army. This event was to color Julia's political life as much as any dawn colored her emotional and literary life. An imposed American citizenship upon Puerto Ricans caused such an uproar that it actually continues to be an issue for many Puerto Ricans to this day. The issue fed into many feelings for independence among Puerto Ricans, and independence became the most hotly debated issue on the island well into the 1950's, neatly coexisting with Julia's life.

Julia was the first born of thirteen children that Francisco Burgos Hans and Paula García brought into the world. In America they would have been known as a hillbilly family. In Puerto Rico they were called *jíbaros*.

Paula García was a housewife who kept a vegetable garden and cultivated flowers. She often went (probably walked as the horse was needed to carry the load) into town to exchange fruit and vegetables for cash or goods, or other comestibles. This trip would have meant starting at dawn and trekking down the mountain to the city market where she would have to spend the entire day without knowing whether any sale or trade could be effected. Then would come the long haul back up the mountain paths to arrive at nightfall or after, failed or successful, certainly exhausted. You need only play Rafael Hernández's "Lamento Borincano" which sings of this island wide predicament of the peasant who can't sell his produce, to see that it still brings tears to the eyes of Puerto Ricans even though the song is now sixty years old.

As for Francisco Burgos Hans, as already mentioned, he is described as part German through his mother. The presence of Germans in Puerto Rico should not be surprising, for not only were there resident German businessmen in 19th Century Puerto Rico, but there had also apparently been German slaves (as well as other white slaves) working in the cane fields.

We know that Julia de Burgos read Stefan Zweig, Kant, and Nietzche, and that she preferred the music of Wagner and Beethoven to the music of Spain. Of course, many people were reading Kant and Nietzche at that time, and the likelihood of the family having a phonograph or a radio at a time when children were suffering from malnutrition is hard to accept. What music Julia heard was probably that of

probablemente era la de su colegio o la orquesta de su universidad, su gusto guiado por los valores de sus profesores.

Cuánto la familia seguiría tradiciones o aspectos de la cultura alemana no se puede saber ahora; sabemos que Francisco tenía poco dinero pero era dueño de su tierra. También sabía y recitaba trozos de *Don Quijote* a su hija Julia y apodó su caballo *Rocinante* y el caballo de Julia *Nacional* (el legendarío *Rocinante* de Don Quijote aparece en los poemas de JB pero *Nacional* nunca se menciona). Sabemos que Francisco llevaba a Julia consigo a las montañas en sus viajes frecuentes. Si hubiera propensión alemana de cualquier tipo, no quedan anécdotas de ella; no hay indicación en ninguna parte de que Francisco Burgos Hans hablara, leyera, o comprendiera el alemán; no se cuenta que recitara Goethe u otro autor alemán.

Un intérprete hace el comentario sospechoso de que el amor a andar por las montañas sea una tendencia alemana y no hispana y que entonces las incursiones al monte con su hija son clara evidencia de influencia alemana. Considerando el gran número de montañas en España y el terreno montañoso de las Islas Canarias, es probable que las incursiones al monte fueran tanto hispánicas como alemanes. Al considerar que había entonces una pobreza opresiva en Puerto Rico, se nos hace difícil considerar que las giras al monte tuvieran nada que ver con el amor a la naturaleza, sino que eran más bien búsquedas de comida o trabajo, o comercio de trabajo por bienes u otras consideraciones. El montañés apremiado puede de vez en cuando expresar un gusto por la belleza de la loma, pero más frecuentemente la naturaleza es una enemiga mortal que causa problemas diarios y trabajo sin fin.

Dos fuentes han dicho que Francisco Burgos era un bebedor, y que se apodaba "Rey del Campo" y "Sabio del Barrio." Puede haber trabajado para la Guardia Nacional y otra fuente especula que puede haber sido un maestro de primaria. En algún lugar había leído trozos de los clásicos, y podemos creer que cuando llevaba a Julia en estos paseos transnochados se los habría recitado y también despertado un aprecio por la hermosura de las montañas entonces prístinas de Puerto Rico y las vistas de valles despoblados que aparecerían a cada vuelta de los caminos sinuosos del monte.

Ahora una nota muy dura tiene que oírse, pues aunque el cuento de la niñez de Julia tiene sus momentos de recitación del Quijote y otras obras épicas al cabalgar por las lomas y valles del campo exquisito, también había momentos de hambre y el dolor de la muerte cuando la familia vio a seis de los trece muchachos morirse. Puede ser difícil para nosotros imaginar también cuáles son los sentimientos de una muchachita que tiene que salir de noche para buscar a su padre borracho porque él no puede encontrar el camino a casa. ¿Cuántas veces lo habría encontrado inconsciente en alguna de las tabernas de carretera que llamamos en Puerto Rico "chinchorros?"

her high school or college orchestra, her taste guided by teachers' values.

What German culture or traditions the household may have observed are lost to us, but we do know that Francisco had little or no money but did own his land. He also knew and recited passages of *Don Quixote* to his daughter Julia and he named his horse *Rocinante*, and Julia's horse *Nacional*. (Don Quixote's legendary *Rocinante* appears in JB's poem #1, but *Nacional* is never mentioned.) We know that Francisco took Julia with him into the mountains on his frequent trips. If there was a Germanic thrust of any kind we have no anecdotes of anything Germanic. There are no indicators anywhere that Francisco Burgos Hans spoke, read, or understood German. We have no anecdotes that he recited any Goethe or other German authors.

One commentator makes the dubious comment that the love of wandering the mountains is a Germanic not Hispanic quality, and that thus Francisco's mountain forays with his daughter are clear evidence of the Germanic influence. Considering the great number of mountains in Spain and the mountainous terrain of the Canary Islands, it's as likely that mountain forays were as Spanish as German. When we consider what grinding poverty existed in Puerto Rico, and what the family burden was on a man with thirteen children, we find it hard to imagine that the mountain forays had anything to do with love of nature, but rather were forays for food or odd jobs, or trade of labor for goods or other consideration. The hard pressed mountain man may occasionally express an appreciation for the beauty of the hills, but more often nature is a deadly enemy causing daily problems and endless work.

Two sources have said that Francisco Burgos was a drinking man, and that he nicknamed himself "King of the Countryside," and "Wiseman of the *Barrio*." He may have worked for the *Guardia Nacional*, the National Guard, and another source speculates that he may have been an elementary school teacher. Somewhere he had read and memorized passages of some classics, and we may believe that taking Julia on overnight trips into the countryside he would have recited to her and also created an appreciation for the beauty of Puerto Rico's then pristine mountains, and the views of glorious unpopulated valleys that would appear at every turn in the circuitous mountain paths.

But a harsh note has to fall now, for while the story of Julia's childhood may have the moments of recitation of Quixote and other epics while galloping through the hills and valleys of the exquisite countryside, it also had moments of hunger and the pain of death as the family watched six of the thirteen children die. It may be hard for us to imagine also what feelings a young girl has who must go into the night trying to find her drunken father, because he can't find his way home. How many times did she find him passed out at one of the roadside dives that we call in Puerto Rico "chinchorros"?

Paula García también sabía cuentos y leyendas y los relataba a sus hijos cuando iban a Pozo Hondo para lavar a mano la ropa familiar. Allí, al lado de la lagunita profunda, golpeando la ropa sucia contra las piedras, Julia oía historias maternales sobre las ninfas del agua, náyades, y otros espíritus que habitaban en las profundidades de los ríos y lagos del monte. Cuentos ricos de reinos subterráneos, de duendes que cantaban y bailaban bajo el agua y que conducían espíritus del mundo a su santuario llenaban la imaginación ávida de Julia. (¿Eran algunos de estos cuentos andaluzes o árabes?) Oímos en otro lugar que la joven Julia quería poner el cuerpo de uno de sus hermanos muertos en una balsa con flores y hacerlo flotar río abajo donde los espíritus del agua lo recibirían, un ritual mucho más bonito que meter el cuerpo del niño en un hoyo en la tierra, según ella.

Sabemos poco más sobre Paula García. ¿No es verdad, según George Eliot, que los buenos de la tierra no dejan leyendas y suelen descancar en tumbas anónimas?

Para que no malentendamos esta niñez de pobreza, hay sólo que comparar la situación en el campo de Puerto Rico a la del campo estadounidense. En el período de 1914 y por los años veinte, los Estados Unidos era un país rural. La mayoría de nuestros compatriotas vivían y trabajaban en fincas. Y podemos decir que también la mayoría de los ciudadanos sufrían de hambre y de desnutrición. Las tasas de muerte de los niños eran altas, y mientras la palabra "depresión" no estaba muy difundida, el término bien pudiera aplicarse al período de la primera guerra mundial en los EE.UU. En este sentido Puerto Rico no se diferenciaba substancialmente de los EE.UU.; si Julia hubiera nacido en los Estados en el mismo tiempo, quizás en Appalachia o los Ozarks, o hasta en Nueva York, no habría vivido mejor, ni habría sido muy diferente su vida dificultosa.

V

Julia se desarrolló alta y atlética; podía subir a los árboles fácilmente y a menudo encontraba respiro allí arriba en las copas donde su imaginación podía reinar sobre el mundo y contar las estrellas. Sufrió un ataque infantil de pulmonía, pero logró vencerlo en una época sin antibióticos. (Más tarde en su vida hay otra referencia a la pulmonía, y la causa de su muerte se da como "pulmonía lobular.")

Comenzó en la escuela y era una estudiante diligente. Su inteligencia se destacó pronto y una hueste de maestros la cuidaba durante la primaria rural y hasta en la ciudad, donde ella necesitaba becas para cubrir la matrícula y el hospedaje. Para 1928 la familia había vendido (¿o perdido?) su tierra y se había mudado a Río Piedras. Esta tierra perdida y la mudanza a un centro urbano se aproxima a la migración de los "Okies" desahuciados de su tierra hacia California en el oeste.

Paula García also knew tales and legends and related them to her children when they went to the *Pozo Hondo* to hand wash the family laundry. There, at the deep pond, slapping clothes against the rocks, Julia heard maternal stories about water nymphs, naiads, and other spirits inhabiting the depths of the rivers and lakes of the mountains. Rich stories of subterranean kingdoms of sprites who sang and danced under the water and who conducted world spirits to their place of rest filled Julia's hungry imagination. (Were some of these stories Andalucian or Arabic?) We hear elsewhere that young Julia wanted to put the body of one of her dead siblings on a raft with flowers and float it down the river where the water spirits would welcome the body, a ritual far more beautiful than sticking the body of the child in a hole in the ground, according to Julia.

We know little else about Paula García. Isn't it true that the good of the earth leave no legends and frequently lie buried in unmarked graves, to paraphrase George Eliot?

Lest we misunderstand this childhood of poverty, we need only compare the situation in rural Puerto Rico to the situation in the rural United States. From the period 1914 through the twenties, America was a rural nation. Most of our citizens lived and worked on farms. And we may say that most of our citizenry also suffered hunger and malnourishment. Child death rates were high, and while the word depression was not widespread the term would have applied to the period of the first world war in the U.S. In that regard Puerto Rico did not substantially differ from the U.S. Had Julia been born stateside in the same period, say in Appalachia, or the Ozarks, or even in New York City, she would not have been better off, nor would her hardscrabble life been much different.

V

Julia grew tall and athletic. She was a good tree climber, and frequently found respite high in the trees where her imagination could rule the world and count the stars. She suffered a childhood bout of pneumonia, but managed to overcome it at a time of no antibiotics. (Later in her life there is another reference to pneumonia, and the cause of her death is given as "lobular pneumonia.")

She started school and was a diligent student. Her brightness was recognized early on and a host of teachers shepherded her through rural school and into the city where she needed scholarships to cover enrollment and a boarding house. By 1928 the family had sold (or lost?) their land and moved into Río Piedras. This lost land and the move to an urban center mirrors the so-called "Okies" leaving their repossessed land and heading west for California.

En Río Piedras Julia fue beneficiaria de una beca para ir al Colegio de la Universidad. En el colegio Julia corría, nadaba, y jugaba baloncesto, igual que su hermana Consuelo, con quien aparenta haber sido más íntima en la familia. Julia acortó su temporada en el colegio, saltando años a virtud de sus habilidades académicas y en 1931 se matriculó en la Universidad de Puerto Rico para hacerse maestra. En 1932, se daban a todas las puertorriqueñas que pudieran pasar un examen de capacidad de lectura y escritura el derecho de votar, pero entonces Julia tenía sólo 18 años. El 24 de mayo, 1933, con sólo 19 años de edad, Julia se graduó de la Universidad con honores, con lo que se llamaba entonces el Diploma Normal.

La situación económica de Puerto Rico era un desastre: el desempleo estaba al alto nivel de 60%, según algunas fuentes; los ingresos verdaderos en 1933 habían bajado 29% en comparación con 1929; en 1939 un líder de un sindicato desconocido escribió al Presidente de los Estados Unidos que la mitad de los puertorriqueños "no tienen casa, agua, pan, ropa, calzado... por el sólo hecho de estar desempleados... una obrera que emplea más de diez horas en terminar dos docenas de pañuelos se gana sólo 24 centavos..."[1]

Estos años eran años de conflicto laboral, con huelga tras huelga en todas partes de la isla; eran también los años de la subida del Partido Nacionalista y su joven líder, Dr. Pedro Albizu Campos, un abogado de Harvard; de las migraciones tempranas puertorriqueñas a Nueva York; de *The Grapes of Wrath* y la gran depresión de América.

Algunos guasones dicen, no sin substancia por completo, que cuando la economía estadounidense estornuda, Puerto Rico muere de neumonía. Así que, si es posible imaginar la depresión estadounidense, figúrese que algo peor pasaba en Puerto Rico.

Es cierto que a Julia la afectaron todos los trastornos y eventos de su tiempo: pasó por una serie de trabajos, que incluía un trabajo en una estación de leche ofreciendo desayunos gratis a los niños (sombras de los Young Lords) y uno escribiendo para un programa de radio llamado La Escuela del Aire, donde se cuenta que la suspendieron por sus creencias políticas. Es una de las muchas historias insubstanciadas, aunque la actividad política de Julia y su confesión que era miembra del Partido Nacionalista apoyan mucho a ese alegato. Julia también trabajaba como maestra de escuela en el pueblo de mi padre, Naranjito. Se cuenta que disfrutaba más que todo el año escolar, fundada como debía ser en el campo familiar y montañoso y en las costumbres y usos de los muchachos jíbaros y sus padres. Físicamente, Naranjito sería difícil de distinguir del Barrío Santa Cruz: los mismos caminos polvorientos y vistas dramáticas de montañas y valles; ella debió saber donde ir en Naranjito para lograr un vistazo extendido de San Juan y la costa atlántica, un panorama espectacular que me enseñaron mis padres.

En 1934 Julia se casó con un hombre llamado Rubén Rodríguez Beauchamp, cuya ocupación a veces se da como locutor de radio y a veces como periodista y, claro, es posible que fuera las dos cosas. Poco se sabe del casamiento: ni dónde o

At Río Piedras Julia was a beneficiary of a scholarship to the University's High School. While in high school Julia ran track, swam, and played basketball, as did her sister Consuelo with whom she appears to have been the closest in the family. Julia foreshortened her high school stay, skipping grades by virtue of her academic abilities, and in 1931 she enrolled in the University of Puerto Rico to become a teacher. In 1932, Puerto Rican women who could pass a literacy test were given the right to vote, but Julia was only eighteen. On May 24, 1933, just 19 years old, Julia graduated from the University with high honors, as an elementary school teacher, with what used to be called the Normal Diploma.

The economic situation in Puerto Rico was a disaster. Unemployment was at an all time high of sixty percent, according to some sources. Real income in 1933 was down 29% if compared to 1929. In 1939 an unknown union leader wrote to the President of the United States that ". . . half of our people have no homes, water, bread, clothing or shoes . . . a woman who takes ten hours to finish two dozen handkerchiefs earns 24 cents for them."[1]

Those years were years of labor strife with strike after strike in all parts of the island, and those were the years of the rise of the Nationalist Party and its young leader, Dr. Pedro Albizu Campos, a Harvard lawyer. Those were the years of early Puerto Rican migrations to New York City, the years that my parents came to New York. Those are also the years of the *Grapes Of Wrath*, and the years of America's great depression.

Some wags say, not entirely without substance, that when the American economy sneezes, Puerto Rico is dying of pneumonia. So if it is possible to imagine the American depression, try to imagine something worse happening in Puerto Rico.

Julia was of course affected by all the upheavals and events of her time and she went through a series of jobs which included working in a milk station offering free breakfasts to children, (shades of the Young Lords!) and writing for a radio program called the School of the Air, where it is reported that she was fired for her political beliefs. This is one of those many unsubstantiated stories, although Julia's political activity, and her written admission that she was a member of the Nationalist Party, lends this allegation much credence. Julia also worked as a school teacher in my father's home town, Naranjito. She is reported to have enjoyed the teaching year best of all, grounded as she must have been in the familiar hilly countryside, the familiar rural poverty, the familiar ways and mores of the *jíbaro* children and parents. Physically, Naranjito would be hard to differentiate from Barrio Santa Cruz. Same narrow dusty paths, same spectacular vistas of mountains and valleys, and she must have known where to go in Naranjito to get a sweeping view of San Juan and the Atlantic coast, a spectacular view my mother and father introduced to me.

In 1934, Julia married a man named Rubén Rodríguez Beauchamp, whose occupation is given sometimes as a radio announcer and sometimes as a journalist, and, of course, it is possible that he was both. Little is known of this marriage; not

cuándo tuvo lugar, ni cuándo o dónde se deshizo. El nacionalista Juan Antonio Corretjer, encarcelado por siete años por sus creencias y después nombrado Poeta Nacional de Puerto Rico, indicó en una memoria que había sido testigo de la boda de Julia, pero no dio una fecha. Según evidencia interior las nupcias tomaron lugar en abril o mayo de 1934. El matrimonio sería otra experiencia triste para Julia y Rubén también. Una pareja joven viviendo en una depresión apremiante con poco o sin trabajo, ocupaciones inestables, persecución política — para no hablar de ingresos escasos — está en una situación difícil; no es extraño que la unión terminara en poco menos de tres años.

El enlace de tres años coincide con tres trabajos de Julia en tres pueblos diferentes: Comerío, Naranjito y San Juan. Mientras los tres no son físicamente tan distantes, Naranjito y Comerío son aldeas de montaña y en los años treinta los caminos eran estrechos y la transportación entre poblaciones era mayormente por carros públicos que iban y venían entre plazas municipales. Los carros salían sólo cuando estaban llenos y no hacían muchas paradas entre pueblos. Con las exigencias de trabajos, tránsito, activismo político, y tiempo para escribir, el matrimonio debía haber estado siempre bajo gran presión.

El marido de Julia puede haber sido familiar de Elías Beauchamp quien, con Hirám Rosado, fue acusado en 1936 de asesinar al Jefe de la Policía Coronel E. Frances Riggs. Mientras los dos jóvenes sospechosos estaban en la comisaría los dos fueron matados a balas por policías hasta hoy anónimos. El poema de Julia, "Hora Santa," conmemora este evento oscuro de la historia (vea #172).

Yvette Jiménez de Baez dice que Julia había escrito versos desde su niñez, pero fue en los años treinta que Julia comenzó a publicar su obra en revistas, folletos, y periódicos. José R. Olmo piensa que el primer poema publicado de Julia es "Gloria a tí," publicado el 16 de abril 1934 en una publicación llamada *Alma Latina,* y firmado simplemente: Julia Burgos (vea #190). El poema tiene la forma del soneto español, con rima irregular, y trata de la muerte de Rafael Suárez Díaz — precisamente dos años antes, durante una demostración nacionalista espontánea contra la legislatura en el Viejo San Juan; la fecha es también la del nacimiento de José de Diego, un defensor temprano de la independencia puertorriqueña — aunque él era de España.

Muchos de estos poemas tempranos aparecen con la firma de Julia Burgos, pero pronto comenzó a firmar sus poemas Julia Burgos de Rodríguez, que es una de las formas comunes disponibles a una mujer casada en la tradición hispánica, literalmente Julia Burgos que pertenece a Rodríguez. También pudiera haber firmado Julia de Rodríguez García, una configuración que incorpora el nombre natal de su madre, el cual nunca usaba. Por 1937 firmaba Julia Burgos o Julia Burgos de Rodríguez, pero dejó de usar la segunda firma en 1937, el año de su divorcio, y por primera vez aparece la firma nueva, Julia de Burgos, que en teoría no tiene ningún sentido en la forma hispánica. Pero — y esto es el punto de extenderme sobre las firmas — Julia ha hecho literalmente un anuncio desafiante: de ahora en adelante ella va a ser de ella misma, pues firmar Julia de Burgos es

where or when it took place, nor where and when it was dissolved. The Nationalist Juan Antonio Corretjer, incarcerated for seven years for his nationalist beliefs, and later named the National Poet of Puerto Rico, stated in a memoir that he had been a witness at Julia's wedding, but didn't give a date. From internal evidence the wedding may have taken place in April or May of 1934. The marriage must have been another painful experience for Julia and Rubén as well. A young couple living in a crushing depression with little or no work, unstable jobs, political persecution, not to mention scant wages are in a precarious situation. It is no wonder the marriage appears to have ended in a little short of three years.

The three year marriage coincides with Julia's three jobs in three different towns, Comerío, Naranjito, and San Juan. While the three towns are physically not that far apart, Naranjito and Comerío are mountain towns, and in the late 30's roads were narrow and transportation between towns was mainly by public cars which tended to shuttle between town plazas. The cars left only when they were fully occupied and did not make many stops in between towns. Under the demands of jobs, travel, political activism, and time to write, the marriage must have always been under great stress.

Julia's husband may have been related to Elías Beauchamp who, along with Hirám Rosado, was accused in 1936 of assassinating the American-appointed Police Chief, Colonel E. Frances Riggs. While the two young suspects were in the Police Station they were themselves shot to death by police officers unnamed and unpunished to this day. Julia's poem, "Hora Santa" commemorates this dark historic event (see # 172).

Yvette Jiménez de Báez says that Julia had written verse since her childhood, but it is in the 1930's that Julia began to have her work published in journals, flyers, and newspapers. José R. Olmo, thinks that Julia's first published poem is "Gloria a ti" published on 16 April 1934 in a journal called *Alma Latina*, and signed simply Julia Burgos. (see #190) The poem is in the form of the Spanish sonnet with an irregular rhyme scheme and is about the death of Rafael Suárez Díaz, exactly two years before, during a spontaneous Nationalist demonstration at the legislature in Old San Juan. The date is also the birthdate of José de Diego, an earlier advocate for Puerto Rican Independence—but from Spain.

Several of these early poems appear with the signature Julia Burgos, but soon she began to sign her poems Julia Burgos de Rodríguez, which is one of the common forms available to a married woman in the Spanish tradition, literally, Julia Burgos who belongs to Rodríguez. She could have also signed Julia de Rodríguez García, a configuration incorporating her mother's maiden name that she never used. By 1937 she was signing Julia Burgos or Julia Burgos de Rodríguez, but the latter signature ends in 1937, the year of her divorce, and for the first time there appears the new signature, Julia de Burgos, which technically makes no sense in the Spanish form. But, and this is the point of belaboring the signatures, Julia has literally made a defiant announcement. She will henceforth be of herself, for signing Julia de Burgos is like signing Julia who belongs to herself. Julia has

como decir Julia que pertenece a sí misma. Julia se ha inventado a sí misma y con un trazo de la pluma ha entrado a la vanguardia.

Quizás yo reflexione más en la firma de lo que debiera (sobre todo, Julia de Burgos es más eufónica y así poéticamente más atractiva) pero creo que la firma es uno de los comienzos de uno de los mucho mitos que Julia de Burgos generaba en Puerto Rico, el de la mujer independiente y atrevida. (No se le puede llamar "liberada" por un número de razones, y la sociedad de su día quizás hubiera preferido decirle "fácil.") Considere estas líneas de "Mi amor no más es mío" (#81), citadas por su amante Dr. Juan Isidro Jiménez Grullón, como evidencia de que no se podía esperar que Julia se adhiriera a ideas tradicionales sobre el amor, ni se atara a "cursos inamovibles."

> Si mi amor es así, como un torrente
> como un río crecido en plena tempestad
> como un lirio prendiendo raíces en el viento
> como una lluvia íntima
> sin nubes y sin mar...
> Si mi amor es de agua,
> ¿por qué a rumbos inamovibles lo
> pretendes atar?

Mientras era una mujer muy moderna, es irónico que fuera Julia la que quisiera matrimonio y Dr. Jiménez Grullón el que no se resistiera a su familia burguesa y sus valores y no quisiera casarse con Julia — la divorceé borracha.

VI

En cuanto a la leyenda de Julia de Burgos la poeta, considere que antes de que hubiera publicado un libro, era comparada en el equivalente puertorriqueño de la revista *Life* a la chilena Gabriela Mistral, la argentina, Alfonsina Storni, la uruguaya, Juana de Ibarbourou, y la borinqueña, Clara Lair. Las primeras tres de estas poetas disfrutaban reputaciones internacionales. El autor de esta atrevida comparación, Luis Lloréns Torres, abogado y belletrista — él mismo un poeta de gran estima, con cinco o seís libros en este momento — confiesa en su artículo de noviembre de 1937 que había conocido solamente dos poemas por Julia de Burgos y que acababa de leer su manuscrito inédito de solo veinte poemas. Este manuscrito se publicó en diciembre de 1938 como *Poema en 20 surcos*.

Gabriela Mistral era una figura internacional no sólo como poeta sino también como miembro de la Liga de Naciones y diplomática. En 1945 Mistral ganó el Premio Nobel de Literatura. Es probable que Julia de Burgos la conociera en la Universidad de Puerto Rico en 1931. Se sabe que Mistral escribió al juez nombrado por los Estados Unidos, Ralph A. Cooper pidiéndole que soltara a Dr. Pedro Albizu Campos de la cárcel, comparándolo a Bolívar y a otros patriotas latinoamericanos

just invented herself and with one stroke of her pen put herself in the avante-garde.

Maybe I make more of the signature than I ought to, (after all, Julia de Burgos is more euphonious and hence poetically more desirable) but I believe that this signature is one of the beginnings of the many myths that Julia de Burgos generated in Puerto Rico, that of the daring independent woman. (She cannot be called "liberated" for a number of reasons, and the society of her day might have preferred to call her "loose.") Consider these lines from "My Love Is No Longer Mine" (# 81), cited by her lover Dr. Juan Isidro Jimenes Grullón, as evidence that Julia could not be expected to adhere to traditional ideas about love, nor be tied to "immovable courses."

> If my love is thus, like a torrent,
> like a river swollen in a full tempest,
> like a lily starting roots in the wind,
> like an intimate rain,
> without clouds and without sea...
> If my love is of water,
> why do they try to tie it to immovable courses?

While she was definitely a modern woman, it is ironic that it was Julia who wanted marriage, and Dr. Jimenes Grullón who wouldn't buck his middle class family and their values and didn't marry Julia—the drinking divorceé.

VI

As for the legend of Julia de Burgos the poet, consider that before she had even published one book, she was compared in the Puerto Rican equivalent of *Life* magazine to Chile's Gabriela Mistral, Argentina's Alfonsina Storni, Uruguay's Juana de Ibarbourou, and Puerto Rico's Clara Lair. The first three of these poets enjoyed international reputations. The author of this bold comparison, Luis Lloréns Torres, lawyer and belleletrist, himself a highly regarded poet with five or six books at the time, admits in his November, 1937 essay that he had only known two poems by Julia de Burgos and just recently had read her unpublished manuscript of only twenty poems. This manuscript was published in December 1938, as *Poem In 20 Furrows*.

Gabriela Mistral was an international figure not only as a poet but also as a member of the League of Nations and a diplomat. In 1945 Mistral won the Nobel Prize in Literature. It is probable that Julia de Burgos met Gabriela Mistral at the University of Puerto Rico in 1931. Gabriela Mistral is known to have written to American appointed judge Ralph A. Cooper asking him to release Dr. Pedro Albizu Campos from jail, comparing him to Bolívar and other Latin American patriots

que luchaban por la libertad de sus patrias. Podemos preguntarnos si Mistral y Burgos se correspondían.

En cuanto a la última poeta que Lloréns Torres comparaba con Julia de Burgos, Clara Lair es la menos conocida de las cuatro. Una puertorriqueña, Clara Lair es su nombre de pluma. A mi saber, no existe una biografía de su vida ni tampoco una colección de sus obras completas poéticas.

Otra intelectual prominente puertorriqueña, Nilita Vientós Gastón, una abogada, períodista, y editora de la revista *Sin Nombre,* reseñó *Poema en 20 surcos* en abril 1939 y dijo,

> ...cuando Julia de Burgos logra sumergirse completamente en el mundo que constituye el verdadero remo del poeta, las revelaciones que de él nos trae son magníficas. Así "Río Grande de Loíza." Pocos poemas en nuestra línea dotados de tan continua y evocadora belleza. Es un rosario de imágenes que surgen, unas de otras, con maravillosa ilación. Es una de esas poesías que nacen predestinadas a figurar en antologías.[2]

Vientós Gastón dió en el blanco — no hay antología de poesía puertorriqueña que no incluya "Río Grande de Loíza." (vea poema #3) Y en muchas antologías estadounidenses, "Río Grande de Loíza" aparece traducido; si se asigna sólo un poema a Julia es éste y si le dan dos o tres éste se incluirá. Además, "Río Grande de Loíza se dió a conocer por todo latinoamérica gracias a una bien conocida estrella del escenario y el cine, Berta Singerman, quien recitaba el poema como parte de su rutina dondequiera que presentaba su show.

Del amor de su vida, Dr. Jimenes Grullón, sabemos que leía a Cesar Vallejo, García Lorca y Walt Whitman, y "casi siempre andaba con un libro de Neruda... *Crepusculario...* Los 20 poemas de amor se los sabía de memoria."

Mientras conocía la poesía de Juana de Ibarbourou y Gabriela Mistral, prefería la de Alfonsina Storni, que tenía la "hondura de la vida, el sentido trágico de la vida"[3] que a las otras les faltaba.

De las tres mujeres mencionadas — todas a propósito maestras como Julia — Alfonsina Storni se suicidó impelida por cancer del pecho incurable. Y de las tres, Storni es quizás todavía la mejor lectura.

Mientras Julia de Burgos estaba en La Habana (julio 1940 - marzo 1942) conoció al poeta cubano Nicolás Guillén, y al chileno Pablo Neruda, al que le gustaban sus poemas y quien prometió escribir una introducción a *El mar y tú.*

Como Dr. Juan Bosch recordaba, "Yo le había pedido a Julia que copiara algunos de sus versos... Neruda se los llevó... al recital... yo le pregunté qué le habían parecido los versos de Julia y él dijo que Julia estaba llamada a ser una gran poeta de América."[4]

who struggled for the freedom of their homelands. We may wonder if Mistral and Burgos corresponded.

As for the last poet that Lloréns Torres compared to Julia de Burgos, Clara Lair is the least known. A Puerto Rican woman, Clara Lair is her pen name. To my knowledge no biography exists of her life and no complete works of her poetry exist either.

Another prominent Puerto Rican intellectual, Nilita Vientós Gastón, a lawyer, journalist, and publisher of the journal *Sin Nombre*, reviewed *Poem In 20 Furrows* shortly after its publication in April 1939, and said:

> ... when Julia de Burgos manages to submerge herself completely in the world that constitutes the true kingdom of the poet the revelations she brings to us from it, are magnificent. Thus, "Río Grande de Loíza." Few poems in our lyric are endowed with such continuous and evocative beauty. It is a rosary of images that surge, some from others, with marvelous inference. It is one of those poems that are born destined to figure in anthologies.[2]

Vientós Gastón hit the nail on the head—there is no anthology of Puerto Rican poetry that does not include "Río Grande de Loíza." (See #3) And in many American anthologies, "Río Grande de Loíza," is also usually translated, and if only one poem is allotted to Julia, it is "Río Grande de Loíza" and if two or three poems are allotted, "Río Grande de Loíza" will be included. Additionally, "Río Grande de Loíza" became known throughout Latin America thanks to a well known Argentinian stage and movie star, Berta Singerman, who recited the poem as part of her one-person show everywhere she toured.

Through the love of her life, Dr. Jimenes Grullón, we know that Julia read Cesar Vallejo, García Lorca, and Walt Whitman, and "almost always carried a book by Neruda with her... *Crepusculario*... She knew by memory his 20 poems of love."

While she was familiar with the poetry of Juana de Ibarborou and Gabriela Mistral, she preferred that of Alfonsina Storni, who had the "profundity of life and tragic sense of life"[3] that the others lacked.

Of the three women, all teachers like Julia by the way, Alfonsina Storni committed suicide propelled by incurable breast cancer. And of the three, Storni is perhaps still the best read.

While Julia de Burgos was in La Habana, (July 1940 - March 1942) she met Cuban poet Nicolás Guillén, and Chilean Pablo Neruda, who liked her poems and promised to write an introduction to *El mar y tú*.

Dr. Juan Bosch recalled, "I had asked Julia to copy a few of her poems... Neruda took them... and at a recital I asked him what he thought of Julia's poems and he said that Julia had been called to be a great poet of America."[4]

Esto, sin embargo, nunca pasó, o si pasó no tenemos indicación ninguna de dónde podría estar dicha introducción.

VII

Tal era la estatura política e intelectual de Julia de Burgos que le pedían dar la conferencia "La mujer ante el dolor de la patria," reuniendo mujeres borinqueñas a la causa de la independencia en octubre de 1936. En este momento tenía sólo 22 años y había publicado sólo un puñado de poemas y ningún libro; sin embargo, la eligieron Secretaria General del independiente Frente Unido de Mujeres para una Convención Constitucional.

Entre los mitos de Julia de Burgos se ve a Julia como mujer revolucionaria: hay quienes dicen que era oficial del Partido Nacionalista; otros dicen que era jefa de la División de Enfermeras del ejército del Partido Nacionalista; en otra parte se puede oír que por un tiempo era la secretaria de Dr. Albizu Campos, o que recolectaba fondos para apoyar al partido. Julia ciertamente era miembro del Partido pero no tenía ningún estatus en el Partido Nacionalista para que le dieran el honor de presentar una conferencia tan importante, pues la Convención Constitucional era un esfuerzo independiente de reunir a las mujeres alrededor del ideal único de la independencia.

Aun así, ¿cómo logró esta mujer joven y inexperimentada tal reconocimiento? La sociedad sofisticada de la capital en San Juan solía despreciar al jíbaro o, cuando más, encontrarlo un personaje gracioso. ¿Cómo llegó esta mujer sin relaciones o riqueza a experimentar tal consideración? ¿Fue por contactos universitarios? O, ¿era su joven marido socialmente prominente?

¿O fue de verdad tal cometa espectacular que, alimentado sólo por un puñado de poemas, había cortado un camino ancho por todos los niveles de la sociedad puertorriqueña?

De cualquier manera que Julia lograra su importancia política, era también miembra de un comité para liberar a los ocho prisioneros puertorriqueños (entre ellos dos poetas importantes — Juan Antonio Corretjer y Clemente Soto Vélez) que habían sido condenados por conspiración sediciosa por querer la independencia para Puerto Rico. Julia firmó un telegrama al Papa como Secretaria General del comité para liberar a los prisioneros, y se reunió con un Senador estadounidense hostil, William H. King (D. Utah). Como miembro de un comité pequeño al cual le dieron la oportunidad de una audiencia con este "investigador" estadounidense, hizo observaciones políticas que le enfurecieron tanto al Senador que terminó la reunión y se marchó echando pestes.

Aquí tenemos que pausar para notar que la talentosa Julia le hablaba en inglés al Senador. Desde la ocupación estadounidense de Puerto Rico en 1889 la lengua inglesa había sido obligatoria en las escuelas borinqueñas, y Julia tendría que haber estudiado inglés para enseñar. Sabemos que Julia leía libros en inglés desde el colegio y puede que su escritor favorito en inglés fuese Henry James.

Was the introduction ever written? If it was, we have no further reference —
could it be among Neruda's papers?

VII

Such was the political and intellectual stature of Julia de Burgos that she was
asked to deliver the speech "La mujer ante el dolor de la patria," (or "Women
Facing the Pain of the Nation"), rallying Puerto Rican women to the cause of
Independence in October of 1936. At that time she was 22 years old, had published
only a handful of poems, and no books. Yet she was elected Secretary General of
the non-partisan Women's United Front for a Constitutional Convention.

Among the myths of Julia de Burgos is Julia as a revolutionary woman.
Some say she was an officer in the Nationalist Party. Others say that she was head
of the Nursing Division of the Nationalist Party's army. Elsewhere you may hear
that for a time she was Dr. Albizu Campos' secretary, or that she collected funds
for the support of the party. Julia was certainly a member of the party and definitely
collected funds for it, but she need not have any standing in the Nationalist Party
to be given the honor of delivering such an important speech, since the
Constitutional Convention was a non-partisan effort to rally women around the
single idea of independence.

Even so, how did this young, green, mountain girl get such recognition? The
sophisticated society of the capital at San Juan, tended to look down upon the
jíbaro at worst, or find the jíbaro a humorous character at best. How did this girl
of no social connections or wealth, achieve this recognition? Was it through
university contacts, or was her young husband socially prominent?

Or was she truly such a spectacular comet that fueled by only a handful of
poems published in journals, she had cut a wide swath right through all classes of
Puerto Rican society?

However Julia achieved her political prominence, she was also a member of
a committee to free the eight Puerto Rican prisoners (two important poets among
them—Juan Antonio Corretjer and Clemente Soto Vélez) who had been convicted
of seditious conspiracy for wanting independence for Puerto Rico. Julia signed a
telegram to the Pope as Secretary General of the committee to free the prisoners,
and she met with a hostile U.S. Senator William H. King (D. Utah). As a member
of a small committee granted the privilege of an audience with this U.S. "fact
finder," she made political observations which so infuriated the Senator that he
cut the meeting off and stormed out.

And here we must pause to comment that the gifted Julia was speaking
English to the Senator. Since the U.S. occupation of Puerto Rico in 1898, the
English language had been compulsory in Puerto Rican schools, and Julia would
have had to study English in order to teach. We know that Julia read many books
in English as early as high school and that her favorite English writer may have

Sabemos de sus cartas que cuando Julia estaba en Cuba estudiaba griego, latín y francés en la Universidad de La Habana. En febrero de 1940, Julia escribió una carta desde Nueva York a su hermana Consuelo en inglés. Julia también estudiaba portugués mientras vivía y trabajaba en Washington, D.C. Y es posible también que como estudiante en un colegio católico habría estudiado latín aun más temprano. Es también cierto que de todos los poetas sobresalientes del Partido Nacionalista ella era la única que escribía poemas en inglés, bien que sólo sepamos de dos y estos tarde en la vida. Pues hasta en estos poemas, por su mera existencia, vemos la independencia de sus pensamientos (vean números 151 y 152). Clemente Soto Vélez, por ejemplo, durante su encarcelamiento rehusó escribir a nadie porque los oficiales de la cárcel no le permitían escribir en español: como un acto político, se negaba a escribir en inglés. No se conoce ningún poema en inglés por Juan Antonio Corretjer o Luis F. Velázquez, otro poeta nacionalista encarcelado, y es poco probable que los escribieran. Por supuesto, todos estos hombres hablaban inglés.

El mito político se extiende a historias de que agentes del gobierno estadounidense confiscaron los manuscritos de JB en la Florida en 1942 y una historia que cuenta que el FBI hizo una redada en la oficina donde trabajaba con su segundo marido, Armando Marín, en Washington D.C. y se incautó de documentos suyos.

VIII

Yo traté de averiguar la verdad de algunos de estos mitos y datos y tuve muy poco éxito. Como un pequeño ejemplo de mi frustración, no existe constancia del matrimonio de Julia de Burgos a Armando Marín en Nueva York. Un escritor da la fecha como el 17 de agosto de 1944. Pero el secretario de la ciudad no pudo producir ningún certificado aunque indagué los primeros ocho meses de 1944 en los tres distritos del Bronx, Manhattan y Brooklyn.

Intenté conseguir su certificado de muerte pero no lo logré: como no soy pariente cercano, no me pueden dar el documento todavía. El registro no estará en la esfera pública por varios años más.

Escribí a agencias gubernamentales para pedir cualquier información que tuviesen. Dijeron que estarían muy contentos en ayudarme, pero podrían tardar dos años en responder debido a su propia falta de personal. Hasta ahora no sé qué tienen y especialmente si tendrán algún otro poema, lo cual realizaría mi deseo más ferviente — descubrir poemas originales y quizás el manuscrito del libro al que Julia se refiere como "Campo." Una copia de su pasaporte me haría feliz, también, porque tendría su altura y peso y otros detalles. No sé si en algún momento fumaba cigarrillos y así empeoraba su propensión a la pulmonía, la cual tuvo en su niñez y dos veces después en Nueva York. ¿Habrán la bebida y el tabaco causado la papiloma de sus cuerdas vocales y exacerbado su "neumonía lobular," indicada como la causa oficial de su muerte?

been Henry James. We know from her letters that when Julia was in Cuba she studied Greek and Latin and French at the University of Havana. In February 1940, Julia wrote a letter from New York to her sister Consuelo in the English language. Julia also studied Portuguese while she lived and worked in Washington, D.C. And it is entirely possible that as a student in a Catholic high school she may have studied Latin even earlier. It is also true that of all the outstanding poets of the Nationalist Party, she was the only one to write poems in English, albeit only two that we know of and late in her life. But even in these poems, by their mere existence, we see the independence of her thought. Clemente Soto Vélez for example, while incarcerated, would not write to anyone, because the prison officials would not allow him to write in Spanish. As a political act, he refused to write in English. No known poems were ever written in English by Juan Antonio Corretjer or Luis F. Velázquez, another jailed nationalist poet, and it is doubtful that they wrote any. Of course, all of these men knew English.

The political myth extends to stories of American government agents seizing JB's manuscripts in Florida in 1942, and the story that the FBI raided her office where she worked with her second husband, Armando Marín, in Washington, D.C. in 1944 and seized documents from Julia.

VIII

I tried to hunt down some of these myths and facts and had very little success. As a small example of my frustration, there are no records of Julia de Burgos' wedding in New York City to Armando Marín. One writer gives the date of 17 August 1944. But the City Clerk was unable to produce such a certificate although I had the first eight months of 1944 searched in the three boroughs of the Bronx, Manhattan and Brooklyn.

I tried to obtain her death certificate, but could not. As I am not immediate family, the record cannot yet be released to me. The record won't be in the public domain for several more years.

I wrote to government agencies to request any information they might have. They said they will be happy to help me, but it may take two years for them to respond to my request due to their own shortage of personnel. Until then I cannot know what they have, and especially if they have any poems, which would fulfill my fondest wish—to discover original poems and perhaps the manuscript of the book Julia refers to as "*Campo.*" A copy of her passport would make me happy, too, for it would have her height and weight and other details. I don't know if she ever smoked cigarettes and thus worsened her propensity toward pneumonia, which she had in childhood and twice later in New York. Did booze and tobacco cause the papiloma of her vocal chords and did they exacerbate her "lobular pnuemonia," reported as her official cause of death?

Aquí tienen las descripciones más extensas de Julia de Burgos que yo he podido encontrar. La primera es por el ex-presidente de la República Dominicana, el Dr. Juan Bosch, a quien conocía Julia cuando los dos vivían en Cuba: "Era una mujer elegante, alta, de muy buena presencia y de color canela y una lectora y estudiante muy buena, porque pasaba horas enteras leyendo..."[5]

Juan Antonio Corretjer describió a Julia de la siguiente manera en un artículo no firmado en la revista *Pueblos Hispanos,* basada en Nueva York:

> Es alta, más alta que el común de las mujeres de nuestra tierra. Resonancias de sangre indígena funden en misteriosos clamores acallados las lumbres de sus ojos. El sol criollo dora su piel en lejanos suaves de níspero. Supervivencias visigodas entrelazan, en el obscuro macizo de su cabello, líneas doradas.[6]

José Emilio González, quien escribió la extensa introducción a *Obra Poética* y decía de Julia que era "una lectora voraz," la describió así:

> Pude notar a esta joven dama, que se distinguía por su aire señorial y por una belleza muy característica. Su personalidad se imponía sin que pudiéramos precisar justamente a qué ello se debiera. Era una presencia extraordinaria... Siempre me pareció más alta de lo que realmente era... Julia, yo diría, era una mujer que atraía naturalmente a los hombres. No sólo por su belleza física, sino aún más por un aire misterioso que tenía, por una cierta taciturnidad y por su inteligencia soberana... Su presencia retaba al hombre a ser él mismo o callarse.[7]

Don Jorge Font Saldaña le conoció a Julia en 1937. En un artículo de 1974 publicado por Gladys Neggers, Font Saldaña describió de memoria su primer conocimiento de la poeta, quien aún no tenía libro publicado, pero ya disfrutaba de la reputación de poeta. Font Saldaña la retrata como:

> Alta, inarmónica: piernas largas y delgadas, caderas enjutas, hombros anchos, seno bien proporcionado, elevado y firme. Sus ojos rasgados, ambarinos, miraban como queriendo penetrar en el alma de la gente. Tenía los pómulos salientes, la piel tersa, de un dorado mate, la boca sensual, de dientes sanos, blancos y fuertes. En la ocasión usaba corto el pelo, teñido de rubio-ocre. El espectáculo de aquella mujer de extraña belleza, hermoso y vital, sólo ofrecía un detalle de artificio y se lo hice saber a Julia a boca de jarro: "¿Por qué usted se pinta el pelo?" Desconcertada, no contestó. Tal vez su silencio acicateó mi audacia y fui más lejos: "¿De dónde sale usted?" Me restalló una lección: "Como usted; de la nada."[8]

Here are the most extensive descriptions of Julia de Burgos that I have been able to locate. The first is by the ex-president of the Dominican Republic, Dr. Juan Bosch, whom Julia knew while they were both living in Cuba: "She was an elegant woman, tall, of very good presence and cinnamon colored skin ...who spent hours at a time reading."[5]

Juan Antonio Corretjer described Julia this way in an unsigned article in the New York based journal *Pueblos Hispanos*:

> She is tall, taller than is common for women of our land. A resonance of indigenous blood endows in mysterious silenced clamors the light of her eyes. The creole sun bronzes her skin in smooth distances of sapodilla, and Visigothic traces thread, in the dark mass of her hair, golden lines.[6]

José Emilio González, who wrote the extensive introduction to *Obra Poetica*, and who called Julia a "voracious reader" described her like this:

> I noticed this young woman, who stood out due to a stately air, and a characteristic beauty. Her personality imposed itself without our being able to determine what it was due to. It was an extraordinary presence... Julia always seemed to me taller than she really was... Julia, I would say, was a woman who naturally attracted men not only because of her physical beauty, but due more to a certain mysterious air she had, for a certain taciturnity, and for her sovereign intelligence... Her presence challenged men to be themselves or be quiet.[7]

Don Jorge Font Saldaña met Julia de Burgos in 1937. In an article by Gladys Neggers published in 1974, Font Saldaña described from memory his first meeting with the poet, who did not yet have a book out but already enjoyed a reputation as a poet. Font Saldaña described Julia as,

> tall, inharmonic: long and thin legs, slim hips, wide shoulders, well proportioned breasts high and firm. Her eyes, almond shaped and amberine, looked as if they were trying to penetrate a person's soul. She had prominent cheekbones, smooth skin of a golden matte color, a sensual mouth, sound teeth, white and strong. On that occasion she wore short hair, tinted a blond ochre. The spectacle of that woman of strange beauty, beautiful and vital, bore only one artificial detail, and I let her know it bluntly. "Why do you dye your hair?" Disconcerted, she did not answer. Perhaps her silence stimulated my audacity and I went further; "Where do you come from?" She thundered a lesson: "Like you, from nothing."[8]

¿Era esta respuesta típica de su carácter? ¿O reservaba ella su don de poner a la gente en su lugar para tales que merecieran la lección, como Font Saldaña en esta oportunidad?

¿Cómo era el temperamento de esta mujer libre y militante que iría al podio para dirigirse a reuniones políticas grandes? ¿Le enojó al Senador King su estilo militante o lo enojó porque él negó aceptar su propio papel como colonizador estadounidense? Aquí los datos son escasos pero están en completo acuerdo. Otra vez, Dr.. Bosch: "Julia era una mujer muy discreta, y muy equilibrada. Julia, si uno no le preguntaba algo, no intervenía en las conversaciones. Oía con mucha atención. De unos modales muy correctos."[9]

Armando Rivera Quiñones, un escritor que conoció a Julia por la primera vez en Puerto Rico en 1935 cuando eran vecinos en San Juan y quien era su amigo y colega en Nueva York dice:

> Sobre si Julia tenía "una poética" en particular, no sé. Que yo recuerde, Julia nunca se ocupó de eso de "escuelas" ni de "ismos"... Julia nunca fue persona de controversia ni de polémicas. Amaba a todos los poetas: Rubén, Amado Nervo, Santos Chocano, Ibarbourou, Agostini, Lorca, Llorens, Palés, en fin, prácticamente a todos. No era inclinada al arte o el oficio de crítico. Julia estaba desprovista de maldad, de sarcasmo o de ironía. Era franca... sincera y tenía un alto concepto de la amistad.[10]

José Emilio González repitió la descripción de Rivera así: "Es de notar que Julia no entraba en la discusión de problemas ésteticos. Le interesaban más problemas sociales. Apenas si decía algo sobre sus versos."[11]

Si Julia de Burgos era discreta en su interacción social, ¿qué tipo de lectora pública era? ¿Sería aburrida, mágica, o teatral? — como eran y son muchos de los recitadores. ("Declamar" es una tradición oral puertorriqueña todavía existente, aunque ahora rara, que mezcla la actuación con la interpretación y gestos físicos — lo que hoy llamaríamos *"performance,"* pero sin accesorios). José Emilio González dice que asistió a una lectura pública por Julia de Burgos en Harlem Hispano en la esquina de la calle 110 y la Avenida Quinta (probablemente el viejo Park Palace) y que:

> Julia de Burgos recitó su "Río Grande de Loíza". Era el poema que siempre le pedían cuando ella estaba en alguna reunión de los puertorriqueños. Julia lo decía en forma muy sencilla —sin aparato y sin truculencia— pero con una cierta cancioncilla en la voz. La experiencia era conmovedora justamente por la intensidad con que ella recitaba sus versos, sin buscar efectos teatrales.[12]

Was this sharp response typical of her character, or did she reserve this gift of putting people in their place for those who merited the lesson, as Font Saldaña did on that occasion?

What was the temperament of this militant and free woman who would take the podium and address large political meetings? Did she anger Senator King because of her militant style or because he refused to accept his role as a U.S. colonizer? Here the record is sparse but in great agreement. Again, Dr. Bosch: "Julia was a very discreet woman, and very balanced. If you didn't ask Julia a question, she would not enter a conversation. She listened very attentively. With very correct manners."[9]

Armando Rivera Quiñones, a writer who first met Julia in Puerto Rico in 1935 when they were neighbors in San Juan and who was her friend and colleague in New York, says:

> If Julia had a particular "poetic," I don't know it. That I can recall Julia never cared for "schools" or "isms"... Julia was never a person for controversy or polemics. She loved all the poets, Rubén [Darío], Amado Nervo, Santos Chocano, Ibarbourou, Agostini, Lorca, Lloréns, Palés, in short, practically all of them. She was not inclined to the art or craft of critic. Julia was devoid of malice, of sarcasm or of irony. She was frank... simple and had a high regard for friendship.[10]

José Emilio González echoed Rivera's description thus: "It should be noted that Julia never entered in discussions of aesthetics. She was more interested in social problems. She hardly said anything about her poetry."[11]

If Julia de Burgos was low key in her social interaction, what kind of public reader was she? Would she be dull, incantatory, or theatrical—as many of the "reciters" were and are? ("Reciting" is a Puerto Rican oral tradition still extant, but now rare, mixing acting with interpretation and physical gestures—what we would call "performance" today but without props.) José Emilio González says that he attended a public reading by Julia de Burgos in Spanish Harlem at 110th Street and Fifth Avenue (probably the old Park Palace) and that:

> Julia read "Río Grande de Loíza." It was the poem they always asked her for when she was among Puerto Ricans. Julia recited it in a simple way—without pomp or truculence—but with a certain sing-song in her voice. The experience was moving exactly because of the intensity with which she recited her poem, without looking for theatrical effects.[12]

En un artículo no firmado en el periódico en español de Nueva York, *La Prensa*, el 8 de abril de 1940, un periodista dice: "Julia de Burgos —quien sin ser recitadora profesional, podría serlo —, [recitó] con honda emoción."[13]

Y otra vez, su amigo de casi veinte años, Armando Rivera Quiñones, dice: "Ella recitaba bastante bien, yo diría que muy bien... y si alguien la apludía [sic] o la alababa, ella sonreía tranquilamente y daba las gracias sin exageraciones."[14]

IX

Otro mito sobre Julia de Burgos que se encuentra frecuentemente al mencionar su nombre es que fuera una mujer que dio su todo a un hombre que jugaba con ella para después abandonarla. El mito sigue diciendo que, como resultado de la gran decepción romántica, Julia de Burgos recurrió al alcohol para aliviar su pena. Este mito la estableció como mujer herida, victimizada por un hombre de la alta sociedad, quien la humillaba al presentarla como una "amiga" dondequiera que iban; que la usara y después la rechazara. Así, se insinúa, toda la angustia, la intensidad y el fervor de su poesía se explica por este "naufragio de amor."

Abastecía dicho mito el uso del "Sr. X" para identificar al hombre cuyo amor inspiró varios de sus mejores poemas y cuyo rechazo cruel "arruinó" a Julia de Burgos. Esta referencia a un "Sr. X" aparece en 1966, cuando la tesis de maestría de Yvette Jiménez de Baez se publica como libro por la Editorial Coquí, titulada *Julia de Burgos: Vida y poesía* y alcanza alta difusión en Puerto Rico.

Queda oscuro el origen del uso de "Sr. X;" Jiménez de Báez tenía que contar mucho con Consuelo Burgos para anécdotas y acceso a cartas que llevarían a cabo la sección de su libro que trata de la "vida" y se especula que Consuelo tomó una actitud bastante protectora sobre la vida y poesía de Julia. (De este modo, lo encuentro muy extraño que tantos de los cincuenta poemas que "descubrí" fueran poemas políticos, lo cual me hace preguntarme si fueron "perdidos," como pensaba inicialmente, o si habrían sido suprimidos editorialmente — para no decir censurados.)

Cualquiera que sea la base del uso del "Sr. X," el alias solo podía provocar más curiosidad, especulación y chisme. De cierto modo, era un truco publicitario moderno garantizado para conseguir que se hablara del cliente — aunque eso no fue el propósito en el momento.

El récord parece bastante claro en que tal gran amor destructivo y único es sólo un mito. Julia de Burgos era una mujer atrevida e independiente y el número de sus amores era más como el de una celebridad femenina de nuestros tiempos que de sus propios años 30 a 50. El mito también ignora la evidencia del primer libro de Julia de Burgos, escrito y publicado antes de que conociera al "Sr. X." En este libro tenemos líneas como éstas del poema #20:

> Yo quise ser como los hombres quisieron que yo fuese...
> [Pero] se me torció el deseo de seguir a los hombres...

In an unsigned article in New York City's Spanish language newspaper *La Prensa* on April 8, 1940, a reporter says: "Julia de Burgos — who, without being a professional reciter, could be— [read] with deep emotion..."[13]

And again, her friend of nearly twenty years, Armando Rivera Quiñones, says: "She recited rather well. I would say very well... and if anyone applauded or praised her, she would smile tranquilly and give her thanks without exaggerations."[14]

IX

Another myth about Julia de Burgos frequently encountered when her name is mentioned is that she was a woman who gave her all to a man who toyed with her and then dumped her. The myth goes on that as a result of the great romantic deception, Julia de Burgos turned to alcohol to alleviate her pain. This myth established her as a wounded woman, victimized by a man of high society who humiliated her by introducing her as a "friend" wherever they went, and who used her, then abandoned her. Thus, it is implied, all of the anguish, intensity, and fervor of her poetry is explained by this "shipwreck of love."

Adding fuel to this myth was the use of "Mr. X." to identify the man whose love inspired some of her best poems, and whose cruel rejection "ruined" Julia de Burgos. This reference to a Mr. X. appears in 1966, when Yvette Jiménez de Báez's master's thesis of 1958 is published as a book by Editorial Coquí as *Julia de Burgos: Life and Poetry* and receives wide circulation in Puerto Rico.

It is not clear where the use of this Mr. X. comes from. De Báez had to rely very heavily on Consuelo Burgos for access to letters and anecdotes to fulfill the "life" part of her book, and it is speculated that Consuelo took a very protective attitude towards Julia's life and poetry. (Thus, I found it very odd that so many of the fifty or so poems that I "found" were political poems, causing me to wonder whether they were "lost" as I first thought, or if they had been editorially omitted— not to say censored).

Whatever the basis of Mr. X., the alias could only incite more curiosity, speculation and gossip. In a way, it was a modern public relations ploy guaranteed to get the client talked about—although that was not the purpose at the time.

The record seems quite clear that this single great destructive love is only a myth. Julia de Burgos was a daring and independant woman and the number of her romances was more in keeping with those of a female celebrity of our time than of her own 1930's through 1950's. The myth also ignores the evidence of Julia de Burgos's first book, written and published before she met Mr. X. In that book we have lines like these from poem #20:

> I wanted to be like men wanted me to be...
> [But] the desire to follow men warped in me...

y, del #18:

> la locura de mi alma...
> vive en el silencio
> del librepensador, que vive solo....

En fin, "Sr. X" resulta ser el Dr. Juan Isidro Jimenes Grullón (un MD que nunca tomó los exámenes de certificación ni practicó la medicina). Era un hombre de una familia rica Dominicana, sobrino de un presidente anterior de la República Dominicana. Llegó a Puerto Rico en 1938 y conoció a Julia en una charla que dio en la Universidad de Puerto Rico. Después diría que Julia "vino a verme y me trajo su libro." Este libro sería *Poema en 20 surcos*.

Debemos recordar que Julia se divorció de su primer marido en 1937. Fue en noviembre de 1937 que Luis Lloréns Torres la equiparó con las poetas eminentes, como cité anteriormente. En este momento se decía que Julia tenía un amorío con Luis Lloréns Torres.

En 1974, Gladys Neggers publicó un artículo citando a Jorge Font Saldaña, una figura de la alta sociedad quien también era editor de "El Mundo" y de "Puerto Rico Ilustrado." En términos norteamericanos eso sería como ser editor de ambos la revista Life y el New York Times.

Font Saldaña dijo que conoció a Julia de Burgos en 1937 y que les había presentado Luis Lloréns Torres.

A manera de prólogo Neggers dijo que "las anécdotas de Font Saldaña destacan el espíritu libre y la personalidad liberada de esta mujer que clamaba la justicia y quien, adelantada de sus tiempos, desafiaba la sociedad con comportamiento que sólo se hubiera aceptado de un hombre, pero que hoy Germaine Greer y Gloria Steinem aprobarían." Neggers sigue diciendo que Font Saldaña también contaba una anécdota de que Julia de Burgos "tenía amores con el hermano de un político puertorriqueño que era millonario. El hombre, muy rico también, quería ayudarla económicamente pero no quería aceptar nada." Todo esto le dijo dicho hombre a Font Saldaña años después con lágrimas en los ojos, agregando que [JB] "solo le permitió pagar la publicación de un libro que en esos tiempos costó solo $300."[15]

El libro al que se refiere aquí es, otra vez, *Poema en 20 surcos,* que se publicó en diciembre de 1938.

Entonces, en el período después de su divorcio en 1937, Julia de Burgos, según dicen, tenía amores con el poeta y abogado Luis Lloréns Torres y un millonario bien conectado políticamente, aún no identificado, quien pagó su auto-editado primer libro.

En abril de 1938 Julia de Burgos conoció al Dr. Jiménez Grullón y por diciembre de 1939 publicó *Canción de la verdad sencilla*. Sobre este libro el Dr. Jiménez Grullón dijo que "fueron poemas [de amor] escritos prácticamente a mi lado" para mí.[16]

and, from #18:

> the madness of my soul...
> lives in the silence
> of the free thinker, who lives alone...

Mr. X. turns out to be Dr. Juan Isidro Jimenes Grullón, an MD who never took his medical boards and never practiced medicine. He was a man from a well-to-do Dominican family, and was a nephew of a past president of the Dominican Republic. Jimenes Grullón arrived in Puerto Rico in 1938, and met Julia at a lecture he gave at the University of Puerto Rico. Later he stated that Julia "came to see me and brought me her book." That book would be *Poem in 20 Furrows*.

We have to keep in mind that Julia divorced her first husband sometime in 1937. It was in November of 1937 that Luis Lloréns Torres compared her to the leading poets cited elsewhere in this introduction. At that time Julia was reputed to be having an affair with Luis Lloréns Torres.

In 1974, Gladys Neggers published an article quoting Jorge Font Saldaña, a man of the high society who was also the editor of El Mundo and an editor of Puerto Rico Ilustrado. In our equivalent he would be an editor of both Life magazine and the New York Times.

Font Saldaña said he met Julia de Burgos in 1937 and that he was introduced to her by Luis Lloréns Torres.

By way of prologue Neggers says that "Font Saldaña's anecdotes illustrate the free spirit and the liberated personality of this woman who clamored for justice and who, ahead of her times, defied society with behavior that would only have been accepted in a man, but that today would be appproved of by Germaine Greer and Gloria Steinem." Neggers goes on to say that Font Saldaña also told an anecdote about Julia de Burgos who "had an affair with the brother of a Puerto Rican politician who was a millionaire. The man, who was himself very rich, wanted to help her economically but she would accept nothing." This he related to Font Saldaña years later with tears in his eyes, adding that [JB] "only permitted him to pay for the publication of a book that in that time cost only $300."[15]

The book referred to here is again *Poem in 20 Furrows,* which was published in December of 1938.

Thus in the period after her divorce in 1937, Julia de Burgos was reputed to have had an affair with the poet and lawyer Luis Lloréns Torres, and a politically connected millionaire, still unidentified, who paid for her self-published first book.

In April of 1938 Julia de Burgos met Dr. Jimenes Grullón, and by December of 1939 she published *Song of the Simple Truth.* About that book Dr. Jimenes Grullón said, [they] "were poems [of love] written practically at my side" for me.[16]

Desde julio de 1940 hasta junio de 1942, Julia de Burgos vivía con el Dr. Jiménez Grullón, mayormente en La Habana. Pero no era un tiempo idílico, como Grullón tenía muy pocos ingresos — trabajaba como vendedor de drogas a farmacéuticos — y tenía mucha envidia de Julia, quien ingresó en la Universidad de La Habana y tenía muchos amigos jóvenes con quienes se reunía en los cafés después de sus clases.

Julia salió de Cuba en junio de 1942, en fuga de su amante, a quien los padres le habían prohibido casarse con Julia, porque ella era "anticonformista y dipsómana."

Creo que implícito en tal edicto familiar había una cláusula que decía que le desheredarían a Jiménez Grullón de cualquier dinero que tenían si desobedecía.

Aunque hubo una reunión final en el otoño de 1942 en Nueva York, la poeta y el doctor dan versiones distintas de quien ofreció la reconciliación y quien la rehusó. El Doctor volvió a Cuba y Julia de Burgos comenzó la vida difícil de una mujer soltera desempleada o trabajando por debajo de sus habilidades en Nueva York.

En julio de 1943, Julia de Burgos no moría de amor, pero escribía casi semanalmente para la revista neoyorquina *Pueblos Hispanos*. En este período se decía que tenía amores con el estimado y guapo editor, antes prisionero político y testigo a su matrimonio, Juan Antonio Corretjer.

Para agosto de 1944, según dicen, Julia se había casado con Armando Marín. Marín, cuya profesión se da como ambos músico y contable llevó a Julia a Washington DC en septiembre de 1944, donde los dos trabajaban y Julia estudiaba portugués de noche. Por 1946 los dos habían vuelto a Nueva York. De este matrimonio he encontrado solo una referencia, por la poeta y colega Marigloria Palma, quien observó que Julia y Armando "eran bohemios empedernidos."

Más tarde en los años 40, se decía que Julia ya salía con otro Armando, Armando Rivera Quiñones, quien la conocía desde 1935 cuando eran vecinos en Puerto Rico. Hay dos poemas dedicados a un Armando (187 y 188), pero no puedo averiguar si es el uno o el otro.

Por fin, hay también un hombre llamado Olivo Muñoz Arce, quien era un "amigo" muy cercano; con su hija él cuidaba a Julia frecuentemente, particularmente en los últimos años de su vida. Y, claro, está el grupo de compañeros báquicos con quienes la vi en la calle y en los alrededores de Central Park.

Creo que podemos decir por cierto que a Julia de Burgos nunca le faltaba atención o devoción masculina y que el mito de una mujer destrozada por un gran amor fracasado es una ilusión completamente romántico. Creo que era Julia de Burgos que rompía los corazones.

From July of 1940 until June of 1942, Julia de Burgos lived with Dr. Jimenes Grullón, mostly in Havana. But this was not an idyllic time, as Grullón had very little income — he worked selling drugs to pharmacists and was very envious of Julia, who entered the University of Havana and had many young friends with whom she gathered in the cafes after her classes.

Julia left Cuba in June of 1942, fleeing from her lover, who had been prohibited by his parents to marry Julia de Burgos because she was a "non-conformist and dipsomaniac."

I believe that implicit in this family edict was that they would cut Jimenes Grullón off from any money they had if he disobeyed.

Although there was a final meeting in the fall of 1942 in New York, the poet and the doctor offer opposite versions of who offered reconciliation and who refused. The Doctor returned to Cuba and Julia de Burgos fell into the hard life of a single woman unemployed or working beneath her abilities in New York City.

By July of 1943, Julia de Burgos was not dying of love, but was writing almost weekly for the New York-based journal *Pueblos Hispanos*. In this period she was rumored to be having an affair with the distinguished and handsome publisher, former political prisoner, and witness at her wedding, Juan Antonio Corretjer.

By August of 1944, Julia was reported to have married Armando Marín. Marín, whose occupation is given as both a musician and a bookkeeper/accountant, took Julia to Washington DC in September of 1944, where they both worked and Julia studied Portuguese at night. By 1946 they were both back in New York. Of this marriage I have found only one reference, by a fellow poet Marigloria Palma, who observed that Julia and Armando were both "hard core bohemians."

By the late 1940's, Julia was reported to be seeing another Armando, Armando Rivera Quiñones, who had known Julia since 1935 when they were neighbors in Puerto Rico. There are two poems dedicated to an Armando (#s 187 and 188) but I can't tell which of the two Armandos the poems are for.

And, lastly, there is a man named Olivo Muñoz Arce, who was a very close "friend," and who, with his daughter, frequently took care of Julia de Burgos, particularly in the last years of her life. And of course there is the merry band of drinking buddies I saw her with on the street and in the periphery of Central Park.

I think it would be safe to say that Julia de Burgos never lacked male attention or devotion, and that the myth of a woman destroyed by a great love that failed is a totally romantic illusion. I think it was Julia de Burgos who broke hearts.

Cuando murió Julia de Burgos, es decir, cuando su llama y fuego solar fueron apagados, fue como el ocaso de un cometa lejos de donde había desplegado su resplandor más brillante. Murió 3,000 millas de Puerto Rico en una calle del Harlem puertorriqueño, sin identificación. Fue llevada a Potter's Field y enterrada en el cajón corriente de pino dado a los pobres según ley y costumbre.

Una de las leyendas que oí primero de mi padre y que más tarde era repetida por otros, era que Julia de Burgos era tan alta que tuvieron que amputarle las piernas para ponerla en el ataúd estándard municipal.

Esta anécdota horripilante me ha atormentado desde entonces y cuando vi una foto en grupo donde Julia era la persona más alta, me encogí. Re-inspección de las fotos de Julia afirma que era alta, frecuentemente tan alta como los hombres que la rodeaban. Aunque la anécdota parece inverosímil, sólo puedo preguntarme sobre cómo tales historias se empiezan y por qué.

Cuando los amigos de Julia de Burgos se dieron cuenta de que estaba perdida, lanzaron una búsqueda por ella. Obstinadamente siguieron su pista hasta su fosa común en Potter's Field e hicieron los arreglos para exhumar su cuerpo y trasladarlo a Puerto Rico.

Julia de Burgos, quien por años no había podido, por razones económicas y quizás emocionales, volver a Puerto Rico, se repatrió a su lugar de nacimiento como héroe nacional. La gente de Nueva York llenó la funeraria del Bronx donde encontró un ataúd cerrado con una ahora perdida pintura por un artista puertorriqueño, que mezclaba un retrato de Julia con un paisaje de rascacielos atravesado por un río — el Río Grande de Loíza. Entonces ella estaba de cuerpo presente en el Ateneo puertorriqueño y después en la Asociación de Periodistas; finalmente la enterraron en el cementerio del municipio donde nació, Carolina, donde un monumento señala su última morada.

Así la muerte de Julia de Burgos en Nueva York como emigrante puertorriqueña sufriendo de problemas de salud y alcohol se parece mucho a la de otro poeta, el galés Dylan Thomas, quien murió en la misma isla de Manhattan de los mismos problemas de bebida y enfermedad en el mismo año, 1953 y quien, como Julia, nació en 1914

Aunque no he podido conseguir la clase de información biográfica que quería sobre Julia de Burgos, he tenido más suerte por otro lado, el de encontrar los "Poemas Perdidos."

Julia de Burgos publicó solamente dos libros en su vida, ambos por su propia costa; servía también como su propia editora y distribuidora, viajando por la isla de Puerto Rico vendiendo sus libros. No he logrado descubrir información acerca del número de sus ediciones, pero no pudieron ser grandes debido a sus propias limitaciones económicas.

X

When Julia de Burgos died, that is, when her solar flame and fire were extinguished, it was like the burnout of a comet far from where it displayed its brightest fireworks. She died 3,000 miles from Puerto Rico on a Puerto Rican Harlem street with no identification. Taken to the City's Potter's Field, she was buried in the standard pine box provided to paupers by city law and custom.

One of the legends that I first heard from my father, and later was repeated by others, was that Julia de Burgos was so tall that they had to amputate her legs in order to fit her into the standard City coffin.

That horrible anecdote has haunted me ever since, and when I saw a group photo where Julia is the tallest person, I winced. Re-inspection of all the photos of Julia confirm that she was tall, frequently as tall as the men who surround her. While the anecdote seems far-fetched, I can only wonder about how such stories originate, or why.

When Julia de Burgos' friends noticed her missing, they launched a search for her. Doggedly they traced her to her common plot in Potter's Field and arranged for her body to be exhumed and transferred to Puerto Rico.

Julia de Burgos, who for years had been financially unable, and perhaps emotionally unwilling, to return to Puerto Rico, returned to her birthplace as a national hero. New Yorkers crowded the funeral parlor in the Bronx where they found a closed coffin, with a now lost painting by a Puerto Rican artist which mixed a portrait of Julia with a landscape of skyscrapers traversed by a river—Río Grande de Loíza. Then her body lay in state at the Puerto Rican Atheneum, and later at the Newswriter's Association. Finally, she was laid to rest in the cemetery of the municipality she was born in, Carolina, where a monument marks her resting place.

Thus Julia de Burgos' death in New York as a Puerto Rican migrant suffering from health/alcohol problems is similar to that of another poet, the Welshman Dylan Thomas, who died on the same island of Manhattan of the same health/alcohol problems in the same year, 1953, and who like Julia was born in 1914.

XI

While I have not been able to get the sort of biographical information that I wanted about Julia de Burgos, I have been luckier on another front, the finding of the "Lost Poems."

Julia de Burgos published only two books in her life time. She served as her own publisher and distributor, traveling around the island of Puerto Rico selling her books. I have not been able to find information regarding the number of her editions, but they could not have been great due to her own economic limitations.

Cuando estaba en Cuba mandó un tercer libro que llamaba *El mar y tú* a su hermana en Puerto Rico. No se publicó en su vida; no fue hasta doce o trece años después de que Julia envió el libro a Puerto Rico que vio la luz — se editó un año después de su muerte, en 1954.

De este modo, Julia de Burgos ganó y aseguró su pedestal poético fundado en 53 poemas publicados en dos libros de tiradas sumamente limitadas más una cantidad desconocida de poemas publicados en revistas pequeñas.

El mar y tú agrega otros 54 poemas a su nombre y la mayor colección de su obra, publicada en 1961 y fuera de edición desde entonces, añadió otros 45, incluyendo dos poemas sorprendentes en inglés.

Por la mayor parte de los 35 años desde 1961, Julia de Burgos ha sido mejor conocida por una antología de su obra que incluía solo 81 poemas; apresuradamente montado, el libro contiene muchos errores, cesuras extrañas y estrofas que se juntan; hay poemas incompletos y estrofas de un poema entremezcladas con las de otro.

Algunos de estos errores y configuraciones de lineas y estrofas nunca serán corregidos sin los originales de los manuscritos. La esperanza de encontrar estos textos ahora es bastante pequeña y menguante. En noviembre de 1995, Consuelo Burgos — la hermana más íntima y guardiana de los secretos más profundos de Julia, sus anécdotas, cartas y recuerdos — pasó a mejor vida, quizás cerrando para siempre otra vía de información y/o poemas inéditos.

XII

Mientras leía sobre Julia de Burgos me di cuenta de que escritores diferentes se referían a títulos de poemas que no conocía. Fue así que comencé una lista de lo que llamaba "Poemas Perdidos." Para mí estaban perdidos y empecé a leer de nuevo todo lo que había leído antes buscando más pistas e indirectas que por casualidad perdiera en la primera lectura.

De este modo, casi tres años de investigación han producido otros 50 poemas, "perdidos" por mucho tiempo en revistas oscuras, panfletos, folletos, etc.; los tres años de búsqueda son bien recompensados con el descubrimiento de solamente unos cuantos de estos poemas.

Todavía hay "poemas perdidos" en mi lista. Tan recientemente como ennoviembre de 1995 oí de un amigo que él conocía a una persona que vivía en East Harlem y decía que sabía de otra persona quien tenía manuscritos de poemas por Julia de Burgos. Ese tipo de anécdota es común en Nueva York. ¿Será otro de estos "mitos?"

He visto referencias múltiples a un cuarto manuscrito de poemas de Julia, y lo creo por las fuentes. Sigo creyendo que puedo tener suerte y encontrar más poemas, pero reconozco ahora que el mito de Julia de Burgos y sus poemas extraviados jamás va a terminarse. Quedarán para siempre "poemas perdidos," que escritores quijotescos perseguirán.

While in Cuba, she forwarded a third book which she called *The Sea and You* to her sister in Puerto Rico. The book was not published in her life time. And not until 12 or 13 years after Julia sent the book to Puerto Rico, did it see life. It was published posthumously in 1954, one year after her death.

Thus Julia de Burgos won and secured her poetic pedestal based on 53 poems published in two books of extremely limited editions, and an unknown quantity of poems published in little magazines and journals.

The Sea And You, added another 54 poems to her name, and the major collection of her poems published in 1961 and out of print ever since, added another 45 poems, including two surprising ones in English.

For the better part of the thirty-five years since 1961, Julia de Burgos has been best known through an anthology of her poetry that included only 81 poems. Hastily put together, the anthology has many errors and odd line breaks and run together stanzas, incomplete poems, and stanzas from one poem mixed up with another poem.

Some of these errors and stanza/line configurations may never be corrected without the manuscript copies. The expectation of finding manuscript copies now is mighty small and diminishing. In November of 1995, Consuelo Burgos, closest sister and guardian of Julia's innermost secrets, anecdotes, letters, and memorabilia passed away, perhaps permanently closing off still another avenue to information, and/or unpublished poems.

XII

As I read about Julia de Burgos I noticed that different writers referred to titles of poems that I was not familiar with. I thus started a list of what I called "Lost Poems." They were lost to me and I began re-reading whatever I had read before looking for more such hints or leads that I might have missed on a first reading.

Thus nearly three years of searching have yielded another 50 poems long "lost" in obscure magazines, flyers, journals, etc. The three years of searching are easily rewarded by the finding of just a few of those poems.

"The Voice Of The Dead", alone was worth the search, as were among others, "Hymn Of Blood To Trujillo", "23rd Of September", "Responsory Of Eight Departures", and "Poem To The Child Who Doesn't Arrive."

Yet, there are still "lost poems" on my list. As recent as November of 1995 I heard from a friend that he knows a person living in East Harlem who claims to know someone who has manuscripts of poems by Julia de Burgos. This kind of anecdote is common in New York. Is it another of those "myths"?

I have seen multiple references to a fourth manuscript of poems by Julia, and believe it because of the sources. So I go on believing that I may get lucky and find more poems, but the myth of Julia de Burgos and her missing poems, I recognize now will never end. Thus there will always be "lost poems" for Quixotic writers to pursue.

Permítame presentarles a Julia de Burgos, mujer extraordinaria, poeta excepcional.

Aquí tenemos por la primera vez todos sus poemas en un lugar, ofreciéndonos la oportunidad de conocer, disfrutar, y evaluar todo el ancho de su obra poética. Aquí se encuentran los poemas líricos, políticos, conmemorativos, los denunciadores, los sonetos españoles y el épico "Las voces de los muertos."

Tengan en cuenta mientras leen los poemas que no están en orden cronológico exacto — pero también acuérdense de que, aunque Julia de Burgos seguía escribiendo hasta su muerte, escribió la gran mayoría de sus poemas en los diez años entre 1933 y 1943.

Aquí están sus poemas, la mayor parte de ellos en verso libre, algunos en el más formal alejandrino español, unos rimados, los más no.

Aquí se ve la mujer que Juan Ramón Jiménez, ganador del Premio Nobel de Literatura en 1956, singularizó con sus alabanzas: "Desde que la conocí en Washington admiré profundamente la escritura de esta extraordinaria mujer por su don distinto de creadora y de espresiva."[17]

En otro lugar Jiménez decía de Julia de Burgos: "Sí... ¡Pobre! Tiene versos hermosos. Y fue desgraciada. Era lo mejor que había en Puerto Rico como poeta."[18]

Aquí está Julia de Burgos, antes un cometa cayéndose — ahora una estrella fija en nuestro firmamento poético — tan completa como nunca ha aparecido.

Que su tribu se aumente.

Jack Agüeros
New York City
mayo, 1996
traducido del inglés por Gareth Price

XIII

Let me introduce Julia de Burgos, extraordinary woman, extraordinary poet.

Here we have for the first time all of her poems in one place, giving us the opportunity to know, enjoy, and assess the breadth of her poetic work. Here are the lyrical poems, the political poems, the commemoratives, the denunciatory poems, the Spanish sonnets and the epic-like "The Voice of the Dead."

Keep in mind as you read the poems that they are not in exact chronological order—but also bear in mind that while Julia de Burgos kept writing up to her death, the great majority of her poems were written in the ten years between 1933 and 1943.

Here are her poems, most of them in free verse, some in the more formal Spanish Alexandrine, a few rhyming, most not.

Here is the woman that the 1956 Nobel Literature prize winner, Juan Ramón Jiménez singled out for praise, saying: "since I met her in Washington, I admired profoundly the writing of this extraordinary woman for her distinctive endowment of creativity and expression."[17]

Elsewhere Jiménez said about Julia de Burgos: "Yes, ... poor thing! She has gorgeous verses. And she was unfortunate. She was the best there was in Puerto Rico as a poet."[18]

Here is Julia de Burgos, formerly a tumbling comet—now a fixed star in our poetic skies—as complete as she has ever appeared.

May her tribe increase.

Jack Agüeros
New York City,
May 1996

Notes:

1. Labor leader quoted in Solá, Maria M., ed. *Julia de Burgos: yo misma fui mi ruta.* San Juan, Puerto Rico: Ediciones Huracán, 1986, pg. 56

2. Vientos Gastón, Nilita. "Al margen de un libro de Julia de Burgos." *Puerto Rico Ilustrado* 8 Abr. 1939, 13

3. cit. en Vicioso, Sherezada. *Algo que decir: ensayo sobre la literatura feminina.* Santo Domingo: Editora Buho, 1991, 84-5

4. ibid., 96

5. ibid., 93-4

6. Corretjer, Juan Antonio. "Presentación de Julia de Burgos." *Pueblos Hispanos* 25 Marzo 1944, 9

7. González, José Emilio. "Julia de Burgos: la mujer y su poesía." *Sin Nombre.* vol. 7, no. 3, 1976, 91-7

8. cit. Neggers, Gladys. "Clara Lair y Julia de Burgos: reminiscencias de Evaristo Ribera Chevremont y Jorge Font Saldaña." Revista/Review Interamericana. San Juan: vol. 4, 1974, 258-63

9. Vicioso, 93-4

10. cit. de la Puebla, Manuel, ed. *Julia de Burgos.* Río Piedras, PR: Ediciones Mairena, 1985, 55

11. González, 93

12. ibid., 92

13. Anonymous. "Homenaje a Julia de Burgos y Antonio Coll y Vidal: nota puertorriqueñísima." La Prensa 8 Abr. 1940, 3

14. de la Puebla, 53

15. cit. Neggers

16. cit. Vicioso, 77

17. cit. Solá, 116

18. cit. Solá, 116

SONG OF THE
SIMPLE TRUTH

#1 A Julia de Burgos

Ya las gentes murmuran que yo soy tu enemiga
porque dicen que en verso doy al mundo tu yo.

Mienten, Julia de Burgos. Mienten, Julia de Burgos.
La que se alza en mis versos no es tu voz: es mi voz
porque tú eres ropaje y la esencia soy yo;
y el más profundo abismo se tiende entre las dos.

Tú eres fría muñeca de mentira social,
y yo, viril destello de la humana verdad.

Tú, miel de cortesanas hipocresías; yo no;
que en todos mis poemas desnudo el corazón.

Tú eres como tu mundo, egoísta; yo no;
que en todo me lo juego a ser lo que soy yo.

Tú eres sólo la grave señora señorona;
yo no; yo soy la vida, la fuerza, la mujer.

Tú eres de tu marido, de tu amo; yo no;
yo de nadie, o de todos, porque a todos, a todos,
en mi limpio sentir y en mi pensar me doy.

Tú te rizas el pelo y te pintas; yo no;
a mí me riza el viento; a mí me pinta el sol.

Tú eres dama casera, resignada, sumisa,
atada a los prejuicios de los hombres; yo no;
que yo soy Rocinante corriendo desbocado
olfateando horizontes de justicia de Dios.

Tú en ti misma no mandas; a ti todos te mandan;
en ti mandan tu esposo, tus padres, tus parientes,
el cura, la modista, el teatro, el casino,
el auto, las alhajas, el banquete, el champán,
el cielo y el infierno, y el qué dirán social.

#1 To Julia de Burgos

Already the people murmur that I am your enemy
because they say that in verse I give the world your me.

They lie, Julia de Burgos. They lie, Julia de Burgos.
Who rises in my verses is not your voice. It is my voice
because you are the dressing and the essence is me;
and the most profound abyss is spread between us.

You are the cold doll of social lies,
and me, the virile starburst of the human truth.

You, honey of courtesan hypocrisies; not me;
in all my poems I undress my heart.

You are like your world, selfish; not me
who gambles everything betting on what I am.

You are only the ponderous lady very lady;
not me; I am life, strength, woman.

You belong to your husband, your master; not me;
I belong to nobody, or all, because to all, to all
I give myself in my clean feeling and in my thought.

You curl your hair and paint yourself; not me;
the wind curls my hair, the sun paints me.

You are a housewife, resigned, submissive,
tied to the prejudices of men; not me;
unbridled, I am a runaway Rocinante
snorting horizons of God's justice.

You in yourself have no say; everyone governs you;
your husband, your parents, your family,
the priest, the dressmaker, the theatre, the dance hall,
the auto, the fine furnishings, the feast, champagne,
heaven and hell, and the social, "what will they say."

En mí no, que en mí manda mi solo corazón,
mi solo pensamiento; quien manda en mí soy yo.
Tú, flor de aristocracia; y yo, la flor del pueblo.
Tú en ti lo tienes todo y a todos se lo debes,
mientras que yo, mi nada a nadie se la debo.

Tú, clavada al estático dividendo ancestral,
y yo, un uno en la cifra del divisor social,
somos el duelo a muerte que se acerca fatal.

Cuando las multitudes corran alborotadas
dejando atrás cenizas de injusticias quemadas,
y cuando con la tea de las siete virtudes,
tras los siete pecados, corran las multitudes,
contra ti, y contra todo lo injusto y lo inhumano,
yo iré en medio de ellas con la tea en la mano.

Not in me, in me only my heart governs,
only my thought; who governs in me is me.
You, flower of aristocracy; and me, flower of the people.
You in you have everything and you owe it to everyone,
while me, my nothing I owe to nobody.

You nailed to the static ancestral dividend,
and me, a one in the numerical social divider,
we are the duel to death who fatally approaches.

When the multitudes run rioting
leaving behind ashes of burned injustices,
and with the torch of the seven virtues,
the multitudes run after the seven sins,
against you and against everything unjust and inhuman,
I will be in their midst with the torch in my hand.

#2 Intima

Se recogió la vida para verme pasar.
Me fui perdiendo átomo por átomo de mi carne
y fui resbalándome poco a poco al alma.

Peregrina en mí misma, me anduve un largo instante.
Me prolongué en el rumbo de aquel camino errante
que se abría en mi interior,
y me llegué hasta mí, íntima.

Conmigo cabalgando seguí por la sombra del tiempo
y me hice paisaje lejos de mi visión.

Me conocí mensaje lejos de la palabra.
Me sentí vida al reverso de una superficie de colores y formas.
Y me vi claridad ahuyentando la sombra vaciada en la tierra desde el hombre.

* * *

Ha sonado un reloj la hora escogida de todos.
¿La hora? Cualquiera. Todas en una misma.
Las cosas circundantes reconquistan color y forma.
Los hombres se mueven ajenos a sí mismos
para agarrar ese minuto índice
que los conduce por varias direcciones estáticas.

Siempre la misma carne apretándose muda a lo ya hecho.
Me busco. Estoy aún en el paisaje lejos de mi visión.
Sigo siendo mensaje lejos de la palabra.

La forma que se aleja y que fue mía un instante
me ha dejado íntima.
Y me veo claridad ahuyentando la sombra vaciada en la tierra
desde el hombre.

#2 Intimate

Life straightened up to watch me pass.
I began getting lost atom by atom of my flesh
and slipping little by little to the soul.

Pilgrim in myself, I walked a long instant.
I lingered on the route of that errant path
that opened in my interior
and I arrived at myself, intimate.

With myself on horseback I galloped through the shadow of time
and became a landscape far from my vision.

I knew myself as a message far from the word.
I felt myself a life inverted from the surface of colors and forms,
and saw myself a light scaring man's shadow emptied on the earth.

        * * *

A clock has sounded the hour chosen by all.
The hour? Any. All in one.
The surroundings reconquer color and form.
Men move unaware
to grab the minute hand
that points them in several static directions.

Always the same flesh silently tightening on the familiar.
I seek myself. I am still in the landscape far from my vision.
I go on being a message far from the word.

The form that recedes and that was mine an instant
has left me intimate.
And I see myself a light scaring man's shadow emptied on the earth

#3 Río Grande de Loíza

Río Grande de Loíza!... Alárgate en mi espíritu
y deja que mi alma se pierda en tus riachuelos,
para buscar la fuente que te robó de niño
y en un ímpetu loco te devolvió al sendero.

Enroscate en mis labios y deja que te beba,
para sentirte mío por un breve momento,
y esconderte del mundo y en ti mismo esconderte,
y oir voces de asombro en la boca del viento.

Apéate un instante del lomo de la tierra,
y busca de mis ansias el íntimo secreto;
confúndete en el vuelo de mi ave fantasía,
y déjame una rosa de agua en mis ensueños.

¡Río Grande de Loíza!...Mi manantial, mi río,
desde que alzóme al mundo el pétalo materno;
contigo se bajaron desde las rudas cuestas,
a buscar nuevos surcos, mis pálidos anhelos;
y mi niñez fue toda un poema en el río,
y un río en el poema de mis primeros sueños.

Llegó la adolescencia. Me sorprendió la vida
prendida en lo más ancho de tu viajar eterno;
y fui tuya mil veces, y en un bello romance
me despertaste el alma y me besaste el cuerpo.

¿A dónde te llevaste las aguas que bañaron
mis formas, en espiga de sol recién abierto?

¡Quién sabe en qué remoto pais mediterráneo
algún fauno en la playa me estará poseyendo!

¡Quién sabe en qué aguacero de qué tierra lejana
me estaré derramando para abrir surcos nuevos;
o si acaso, cansada de morder corazones,
me estaré congelando en cristales de hielo!

#3 Río Grande de Loíza

Río Grande de Loíza!...Elongate yourself in my spirit
and let my soul lose itself in your rivulets,
finding the fountain that robbed you as a child
and in a crazed impulse returned you to the path.

Coil yourself upon my lips and let me drink you,
to feel you mine for a brief moment,
to hide you from the world and hide you in yourself,
to hear astonished voices in the mouth of the wind.

Dismount for a moment from the loin of the earth,
and search for the intimate secret in my desires;
confuse yourself in the flight of my bird fantasy,
and leave a rose of water in my dreams.

Río Grande de Loíza!...My wellspring, my river
since the maternal petal lifted me to the world;
my pale desires came down in you from the craggy hills
to find new furrows;
and my childhood was all a poem in the river,
and a river in the poem of my first dreams.

Adolescence arrived. Life surprised me
pinned to the widest part of your eternal voyage;
and I was yours a thousand times, and in a beautiful romance
you awoke my soul and kissed my body.

Where did you take the waters that bathed
my body in a sun blossom recently opened?

Who knows on what remote Mediterranean shore
some faun shall be possessing me!

Who knows in what rainfall of what far land
I shall be spilling to open new furrows;
or perhaps, tired of biting hearts
I shall be freezing in icicles!

¡Río Grande de Loíza!... Azul. Moreno. Rojo.
Espejo azul, caído pedazo azul de cielo;
desnuda carne blanca que se te vuelve negra
cada vez que la noche se te mete en el lecho;
roja franja de sangre, cuando bajo la lluvia
a torrentes su barro te vomitan los cerros.

Río hombre, pero hombre con pureza de río,
porque das tu azul alma cuando das tu azul beso.

Muy señor río mío. Río hombre. Unico hombre
que ha besado mi alma al besar en mi cuerpo.

Río Grande de Loíza!... Río grande. LLanto grande.
El más grande de todos nuestros llantos isleños,
si no fuera mas grande el que de mí se sale
por los ojos del alma para mi esclavo pueblo.

Río Grande de Loíza!...Blue. Brown. Red.
Blue mirror, fallen piece of blue sky;
naked white flesh that turns black
each time the night enters your bed;
red stripe of blood, when the rain falls
in torrents and the hills vomit their mud.

Man river, but man with the purity of river,
because you give your blue soul when you give your blue kiss.

Most sovereign river mine. Man river. The only man
who has kissed my soul upon kissing my body.

Río Grande de Loíza!...Great river. Great flood of tears.
The greatest of all our island's tears
save those greater that come from the eyes
of my soul for my enslaved people.

#4 Dame tu hora perdida

De tu existencia múltiple dame la hora perdida,
cuando vacío de todo, no sientas ni la vida.

Cuando te encuentres solo, tan lejos de ti mismo
que te pese la mera conciencia del mutismo.

Cuando sientas tan fuerte desprecio por lo humano
que hasta de ti te rías, cual de cualquier gusano.

Cuando estés tan distante del farsante murmullo
que deshagas la fórmula de tu arrogante orgullo.

Entonces, ya vacío de todo, con tu nada
acércate a mi senda y espera mi llegada.

Yo te daré la nota más cierta de mi vida.
Tú me darás la nada de tu hora perdida.

Yo te daré inquietudes, sentidas emociones
que turben tu vacío y broten en canciones.

Tú me darás la nada de la inmortal mentira
de eternizar las cosas en su inmortal mentira.

Yo te daré verdades de todo lo tangible
para pesar la nada de tu vida insensible.

Y así, tú te darás en mi como si fuera
mi vida un aletazo de la ida primavera.

Que nunca ha sido, y siempre se extiende en nuestras almas
como verdad de nada, igual que las no almas.

Y yo me daré en ti como futuro incierto
de tiempos que no han sido, y canción que no ha muerto.

Y alzaremos en ritmo vibrante y alocado
la sublime mentira de habernos encontrado.

Yo, en la nada insensible de tu hora perdida,
y tú, en la también nada de mi frívola vida.

#4 Give Me Your Lost Hour

Of your multiple existence give me the lost hour,
when empty of everything you won't even feel life.

When you find yourself alone, so far from yourself
that the mere awareness of silence weighs upon you.

When you feel such strong scorn for things human
that you laugh even at yourself like at a worm.

When you are so far from the farcical murmur
that you undo the formula of your arrogant pride.

Then, already empty of everything, with your nothing
come close to my road, and wait for my arrival.

I will give you the truest note of my life.
You will give me the nothing of your lost hour.

I will give you restlessness, felt emotions
that disturb your vacuum and blossom into songs.

You will give me the nothing of the immortal lie
of eternalizing everything in its immortal lie.

I will give you the truths of all the tangible
to weigh the nothing of your insensible life.

And thus, you will give yourself in me as if
my life were a wingbeat of the gone spring.

That never has been, and always extends itself in our souls
as the truth of nothing, equal to the non-souls.

And I will give myself in you like an uncertain future
of times that have not been and a song that has not died.

And we will raise in a crazed vibrant rhythm
the sublime lie of having found each other.

Me, in the insensible nothing of your lost hour,
and you, in the also nothing of my frivolous life.

#5 Momentos

Yo, fatalista,
mirando la vida llegándose y alejándose
de mis semejantes.

Yo, dentro de mí misma,
siempre en espera de algo
que no acierta mi mente.

Yo, múltiple,
como en contradicción,
atada a un sentimiento sin orillas
que me une y me desune,
alternativamente,
al mundo.

Yo, universal,
bebiéndome la vida
en cada estrella desorbitada,
en cada grito estéril,
en cada sentimiento sin orillas.

¿Y todo para qué?
—Para seguir siendo la misma.

#5 Moments

Me, fatalist,
watching life coming and going
from my contemporaries.

Me, inside myself,
always waiting for something
that my mind can't define.

Me, multiple,
as in a contradiction,
tied to a sentiment without edges
that binds and unbinds me
alternately,
to the world.

Me, universal,
drinking life
in each shooting star,
in each sterile scream,
in each sentiment without edges.

And all for what?
—To go on being the same.

#6 Se me ha perdido un verso

Sorbiendo las verdades ocultas a mi lado,
en la noche callada dejé perder un verso.

Cada verdad clamaba la estatua de palabras
que esculpía velozmente mi activo pensamiento;
y por no ser de todos, con ímpetu de ave,
por la puerta que vino se me fugó mi verso.

En él no hubo el deseo de izar las emociones
cansadas y pequeñas tiradas al momento,
y halándose la vida, deshizo su edad breve
y se quitó del mundo verbal de mi cerebro.

Partió calladamente, deforme y mutilado,
cargando en su mutismo el vago sentimiento
de haber vestido en carne gastada de palabras
para exhibir mi entrada a un intento poético.

¡Tú! ¡Verso!
En ti se haga la vida de otra mente,
de otra inquietud extraña, de otro dolor.
¡Tú! ¡Verso!
He aquí el gran escenario que en tu mirar de ave
deforme y mutilada por no entrar en mi alero,
verás surgir, en asta de mudos horizontes
filtrándose hacia abajo sabiéndose pequeños:
Cuatro calles de hombres. Cuatro calles cuadradas
hechas al sol de afuera con impulso hacia adentro.

Creyentes taciturnos moviéndose torcidos
en el valor estático de cuatro ángulos rectos.

Valor de agua estancada en el no ser de siglos
que murieron de inercia bajo su propio peso.

Valor de hombre cuadrado agachándose humilde
para hundirse en las aguas con torpeza de siervo.

#6 I Have Lost a Verse

Sipping the occult truths at my side,
in the silent night I lost a verse.

Each truth claimed the statue of words
that my active thought sculpted rapidly;
and not belonging to all, my verse escaped
with a bird impulse through the door it entered.

In it there was no desire to raise the tired
and small emotions thrown to the moment,
and pulling its life, it undid its brief age
and took itself from the verbal life of my cerebrum.

It left quietly, deformed and mutilated,
carrying in its silence the vague sentiment
of having dressed in flesh worn of words
to exhibit my entry into a poetic intent.

You! Verse!
Let the life of another mind be made in you,
of another strange disquiet, of another pain.
You! Verse!
Here is the great scenery which in your bird-look
deformed and mutilated for not entering my eaves,
you will see surge on the lance of mute horizons
filtering downward, knowing themselves small:
Four streets of man. Four square streets
made in the sunlight, with an inward impulse.

Taciturn believers moving twisted
in the static valor of four right angles.

Valor of water stagnated in the non-being of centuries
that died of inertia under their own weight.

Valor of square man, humbly bowing
to sink in the waters with the torpor of a slave.

¡Tú! ¡Verso!
En ti no se hizo el hombre; ni los siglos.
Lo estático se ha roto en tu canción.
¡Tú! ¡Verso!
Has vuelto a la vibrante definición de forma
que entibiaste a la sombra del impulso primero.

Ya puedo definirte. Traes ímpetu de idea,
y vibra en tus palabras el ritmo de lo nuevo.

Eres el hoy del mundo; la afirmación; la fuerza.
¡Revolución que rompe las cortinas del tiempo!

En tu Sí, inevitable revolución del mundo,
me he encontrado yo misma al encontrar mi verso.

You! Verse!
Man was not made in you; nor the centuries.
The static has broken in your song.

You! Verse!
You have returned to the vibrant definition of form
that you warmed in the shadow of the prime impulse.

Now I can define you. You bring an impetus of idea
and in your words the rhythm of the new vibrates.

You are the world's today; the affirmation; the strength.
Revolution which shatters the curtains of time!

In your Yes, inevitable world revolution,
I have found myself, upon finding my verse.

#7 Cortando distancias

Chispeando de luces del rumbo futuro
que adviértese en todas las nuevas llamadas,
de espalda al prejuicio y a solas contigo,
llegaste a mi vida cortando distancias.

Distancia de innobles pisadas sociales.
Distancia de huellas de loca avanzada.
Distancia de credos, de normas, de anhelos.
Distancia de todo lo que hace la nada.

Llegaste. Eso es todo. Rasguea tus sentidos,
y dame un lenguage de voces calladas.
Renuncio al legado de un mundo ficticio.
No quiero limosnas de herencia gastada.

Prefiero al murmullo de todos los tiempos,
el secreto íntimo de las circunstancias,
prendida al silencio de tu vida mía
y oyendo en tus ojos y no en tus palabras.

Lancemos un grito de adioses al viento
por todas las fugas que cortan distancias.
Un místico y suave adiós al ensueño
que engaña las mentes y teje la nada.
Un grave y piadoso adiós al imbécil
que vive tan sólo de sol, aire y agua.

Un fuerte y cortante adiós al cobarde
que vive sumiso a credos y trabas.

Y un loco y salvaje adiós a nosotros
en ritos y normas y gestos y máscaras.

Que sea nuestra vida presente de todo.
Que busque futuro tan sólo en el alma.
Que ensaye verdades. Que sienta en idea.
Que siempre se extienda cortando distancias.

Y que sea más íntima que todas las frases,
de todos los tiempos, de todas las razas.

#7 Cutting Distances

Sparkling with lights of the future course
that marks itself in all the new signals,
back turned to prejudice and by yourself,
you arrived in my life cutting distances.

Distance of ignoble social steps.
Distance of traces of an advancing insanity.
Distance of creeds, of norms, of desires.
Distance of everything that composes the nothing.

You arrived. That is all. Caress your senses
and give me a language of silent voices.
I renounce the legacy of a fictitious world.
I don't want handouts from a worn out inheritance.

I prefer the murmur of all times,
the intimate secret of circumstances,
pinned to the silence of your life mine
and listening in your eyes and not in your words.

Let's launch a scream of goodbyes to the wind
through all the escapes that cut distances.
A mystic and soft goodbye to the illusion
that fools minds and knits the nothingness.
A grave and pious goodbye to the imbecile
who lives solely on sun, air and water.

A strong and cutting goodbye to the coward
who lives submissive to creeds and obstacles.

And a crazy and savage goodbye to us
in rituals and norms and gestures and masks.

Let our life be completely present.
Let it search for the future only in the soul.
Let it rehearse truths. Let it feel in idea.
Let it always extend cutting distances.

And let it be more intimate than all the phrases
of all the times, of all the races.

#8 Amaneceres

¡Amaneceres en mi alma!
¡Amaneceres en mi mente!

Cuando se abre la puerta íntima
para entrar a una misma,
¡qué de amanceres!

Recoger la hora que pasa temblando a nuestro lado,
y hacerla presente,
y hacerla robusta,
y hacerla universal.

Y que cante;
y que grite;
y que se interne en todos los rincones anónimos
despertando rebeldías;
y que barra la cara de los eternos jorobados del tiempo
enfermos de no pensar;
y que cuelgue todas las canciones de rumbo burgueses,
y rompa sus segundos en un millón de himnos proletarios.

¡Amaneceres en mi alma!
¡Amaneceres en mi mente!

Cuando se abre la puerta íntima
para entrar a una misma,
¡qué de amaneceres!

Allí dentro,
bien adentro,
asomarse a la vida.

Ver...
Oir...
Oler...
Gustar...
Y tocar...
tierra.

#8 Dawnings

Dawnings in my soul!
Dawnings in my mind!

When the intimate door is opened
to enter one's self,
what dawnings!

To gather the hour that passes trembling at our side,
and make it now,
and make it robust,
and make it universal.

And let it sing
and let it scream;
and let it penetrate in all the anonymous corners
awakening rebellions;
and let it sweep the face of the eternal hunchbacks of time
sick of not thinking;
and let it hang all the songs of bourgeois ways
and break its seconds in a million proletarian hymns.

Dawnings in my soul!
Dawnings in my mind!

When the intimate door is opened
to enter one's self,
what dawnings!

There inside,
deep inside,
to approach life.

To see...
To listen...
To smell...
To taste...
And touch...
earth.

Y en la tierra...
el hombre
perpendicular sobre su propia vida.

El hombre tierra,
hecho a dos dimensiones violentas.
La dimensión común:
cinco sentidos,
y un cuerpo y una mente.

El hombre todo. El.

La otra,
la dimensión social:
la tradición,
la raza,
el capital.

El hombre aburguesado
de cuerpo,
de mente
y de energía.

El hombre desviado
huyendo ferozmente de sí mismo.

A ese hombre burgués
hay que destruirlo,
ahora,
en la hora presente,
en la hora robusta,
en la hora universal.

¡Amanece el mundo!
Cuando se abre la puerta íntima
para entrar a una misma,
¡qué de amaneceres!

And in the earth...
man
perpendicular over his own life.

Man earth
made in two violent dimensions.
The common dimension:
five senses,
and one body and one mind.

The whole man. Him.

The other,
the social dimension:
tradition,
race,
capital.

Man bourgeoisfied
of body,
of mind
and energy.

Man derailed
fleeing ferociously from himself.

That bourgeois man
must be destroyed,
now,
at the present time,
in the robust hour,
in the universal hour.

The world awakens!
When the intimate door is opened
to enter one's self,
what dawnings!

#9 Pentacromia

Hoy, día de los muertos, desfile de sombras...
Hoy, sombra entre sombras, deliro el afán
de ser Don Quijote o Don Juan o un bandido
o un ácrata obrero o un gran militar.

Hoy, quiero ser hombre. Me queman las ansias
de ser aguerrido y audaz capitán
peleando en la España febril de Valencia,
asido a las filas del bando leal.

Hoy, quiero ser hombre. Sería un Quijote.
Sería el Alonso Quijano verdad,
del pueblo que en héroes de vida hoy convierte
los héroes en sombras del loco inmortal.

Hoy, quiero ser hombre. El más bandolero
de los Siete de Ecija. El más montaraz
de aquellos que en siete caballos volaban,
retándolo todo, a trabuco y puñal.

Hoy, quiero ser hombre. Sería un obrero,
picando la caña, sudando el jornal;
a brazos arriba, los puños en alto,
quitándole al mundo mi parte de pan.

Hoy, quiero ser un hombre. Subir por las tapias,
burlar los conventos, ser todo un Don Juan;
raptar a Sor Carmen y a Sor Josefina,
rendirlas, y a Julia De Burgos violar.

#9 Pentachrome

Today, day of the dead, parade of shadows...
Today, shadow among shadows, I delight in the desire
to be Don Quijote, or Don Juan, or a bandit
or an anarchist worker, or a great soldier.

Today I want to be a man. My longings burn me
to be a bold and combative Captain
fighting in the febrile Spain of Valencia,
bound to the ranks of the loyal faction.

Today I want to be a man. I would be Quijote.
I would be the true Alonso Quijano,
one of the people today converting into heroes of life
the shadow heroes of the immortal madman.

Today I want to be a man. The boldest bandit
of the Seven of the City of Ecija. The wildest
of those who flew on seven horses,
challenging everything with blunderbuss and dagger.

Today I want to be a man. I would be a worker,
cutting cane, sweating my shift,
with my arms up, my fists on high,
snatching from the world my piece of bread.

Today I want to be a man. Climb the adobe walls,
mock the convents, be all a Don Juan;
abduct Sor Carmen and Sor Josefina,
conquer them, and rape Julia de Burgos.

#10 Nada

Como la vida es nada en tu filosofía,
brindemos por el cierto no ser de nuestros cuerpos.

Brindemos por la nada de tus sensuales labios
que son ceros sensuales en tus azules besos;
como todo lo azul, quimérica mentira
de los blancos océanos y de los blancos cielos.

Brindemos por la nada del material reclamo
que se hunde y se levanta en tu carnal deseo;
como todo la carne, relámpago, chispazo,
en la verdad mentira sin fin del universo.

Brindemos por la nada, bien nada de tu alma,
que corre su mentira en un potro sin freno;
como todo lo nada, bien nada, ni siquiera
se asoma de repente en un breve destello.

Brindemos por nosotros, por ellos, por ninguno;
por esta siempre nada de nuestros nunca cuerpos;
por todos, por lo menos; por tantos y tan nada;
por esas sombras huecas de vivos que son muertos.

Si del no ser venimos y hacia el no ser marchamos,
nada entre nada y nada, cero entre cero y cero,
y si entre nada y nada no puede existir nada,
brindemos por el bello no ser de nuestros cuerpos.

#10 Nothing

Since life is nothing in your philosophy
let's toast the definite non-being of our bodies.

Let's toast the nothing of your sensual lips
that are sensual zeroes in your blue kisses;
like everything blue, chimerical lie
of the white oceans and of the white skies.

Let's toast the nothing of the material demand
that sinks and rises in your carnal desire;
like everything flesh, lightning bolt, spark
in the endless truthful lie of the universe.

Let's toast the nothing, very nothing of your soul,
which rides its lie on a colt with no brakes;
like everything nothing, very nothing, it won't
look at a sudden brief starburst.

Let's toast to us, to them, to no one;
for this always nothing of our never bodies;
for all, for the least; for so many, and so much nothing;
for those hollow shadows of the living that are dead.

If from the not being we come, and to the not being we march,
nothing between nothing and nothing, zero between zero and zero
and if between nothing and nothing nothing can exist,
let's toast the beautiful non-being of our bodies.

#11 Interrogaciones

Una risa se me acaba de reir en los labios.
—¿Risa de qué?
—De todo lo creado.

Un llanto se ha echado a llorar dentro de mis ojos.
—¿LLanto de qué?
—De todo lo soñado.

Un olvido se me ha olvidado en el bosquejo de mi mente.
—¿Olvido de qué?
—De todo lo pasado.

Un desprecio se ha despreciado él mismo en mi mañana.
—¿Desprecio de qué?
—De todo lo futuro.

¿Que me queda del presente?
Lo río ...
Lo lloro ...
Lo olvido ...
Lo desprecio ...

#11 Interrogations

A laugh has just laughed on my lips.
Laugh at what?
Everything created.

A weeping has started to cry inside my eyes.
Weeping at what?
Everything dreamed.

I have forgotten a forgotten thought in the sketch of my mind.
Forgotten what?
Everything past.

A slight has slighted itself in my tomorrow.
Slight what?
The future of everything.

What is left me of the present?
I laugh at it...
I weep at it...
I forget it...
I snub it...

#12 Ay, ay, ay de la grifa negra

Ay, ay, ay, que soy grifa y pura negra;
grifería en mi pelo, cafrería en mis labios;
y mi chata nariz mozambiquea.

Negra de intacto tinte, lloro y río
la vibración de ser estatua negra;
de ser trozo de noche, en que mis blancos
dientes relampaguean;
y ser negro bejuco
que a lo negro se enreda
y comba el negro nido
en que el cuervo se acuesta.
Negro trozo de negro en que me esculpo,
ay, ay, ay, que mi estatua es toda negra.

Dícenme que mi abuelo fue el esclavo
por quien el amo dio trienta monedas.
Ay, ay, ay, que el esclavo fue mi abuelo
es mi pena, es mi pena.
Si hubiera sido el amo,
sería mi vergüenza;
que en los hombres, igual que en las naciones,
si el ser el siervo es no tener derechos,
el ser el amo es no tener conciencia.

Ay, ay, ay, los pecados del rey blanco
lávelos en perdón la reina negra.

Ay, ay, ay, que la raza se me fuga
y hacia la raza blanca zumba y vuela
a hundirse en su agua clara;
o tal vez si la blanca se ensombrará en la negra.

Ay, ay, ay, que mi negra raza huye
y con la blanca corre a ser trigueña;
¡a ser la del futuro,
fraternidad de América!

#12 Ay, Ay, Ay of the Kinky-Haired Negress

Ay, ay, ay, that am kinky-haired and pure black;
kinks in my hair, Kafir in my lips;
and my flat nose Mozambiques.

Black of pure tint, I cry and laugh
the vibration of being a black statue;
a chunk of night, in which my white
teeth are lightning;
and to be a black vine
which entwines in the black
and curves the black nest
in which the raven lies.
Black chunk of black in which I sculpt myself,
ay, ay, ay, my statue is all black.

They tell me that my grandfather was the slave
for whom the master paid thirty coins.
Ay, ay, ay, that the slave was my grandfather
is my sadness, is my sadness.
If he had been the master
it would be my shame:
that in men, as in nations,
if being the slave is having no rights
being the master is having no conscience.

Ay, ay, ay, wash the sins of the white King
in forgiveness black Queen.

Ay, ay, ay, the race escapes me
and buzzes and flies toward the white race,
to sink in its clear water;
or perhaps the white will be shadowed in the black.

Ay, ay, ay, my black race flees
and with the white runs to become bronzed;
to be one for the future,
fraternity of America!

#13 Canción de recuerdo

Esta noche,
el deseo de la carne se me fuga hacia la nada,
y el recuerdo de horas tiernas y felices
con mi alma se da cita.

Hace tiempo que mi alma,
en continuo sobresalto con la vida,
uno a uno deshojaba sus ensueños,
una a una renunciaba las caricias
de ese íntimo letargo,
cuando el mundo de las cosas espontáneas
nos florece ramilletes de ilusiones
en la luz no presentida
de un adentro que no piensa
ni analiza
y que sólo sabe y siente
emociones imprevistas.

Esta noche mi alma vibra
en hallazgo de sí misma,
y alejada de la carne,
es presente en el recuerdo de tu vida.

¡Cómo vuelven las primeras ilusiones,
y el silencio de los besos que se abrieron como rosas
al connubio de tus labios y mis labios
en el lecho de la brisa
y el murmullo de los otros que nos dimos
en el fondo de tu vida y de la mía!

¡La emoción de aquellos ojos
que al mirarme se miraban en el fondo de ellos mismos,
y al cerrarse,
en los míos prolongados de los suyos
se veían!

#13 Song of Remembrance

Tonight
the desire of the flesh escapes me toward nothing,
and the remembrance of tender and happy hours
makes an appointment with my soul.

It's been some time that my soul,
in continuous surprise at life,
one by one unleafed its dreams,
one by one renounced the caresses
of that intimate lethargy,
when the world of spontaneous things
flowers bouquets of illusions
in the unexpected light
of an interior that doesn't think
nor analyze
and that only knows and feels
unforeseen emotions.

Tonight my soul vibrates
in search of itself,
and distanced from the flesh,
is present in the remembrance of your life.

How the first illusions return,
and the silence of the kisses that opened like roses
to the matrimony of your lips and my lips
in the bed of the breeze,
and the murmur of the others we exchanged
in the depths of your life and mine!

The emotion of those eyes
that looking at me looked in the depths of themselves
and upon closing,
in mine prolonged by them
saw themselves!

La inquietud de aquellas manos
que asaltaban el camino de las mías,
y hacia el íntimo sendero de tu alma
desviaban el capricho de mi loca fantasía,
que iba en busca de tus ojos y tus labios
sin saber que era más hondo
lo que aquella vida intensa que portaban presentía!

La pasión de aquellas horas
que se echaban al momento
sin ropajes y sin bridas,
cuando el signo visitante del deseo
en colores deslumbrantes
mi respuesta recibía.

Por los hondos ojos de esta
noche mía,
voy filtrándome al pasado
en las alas de un ensueño que me mira.

Es el sueño un leve acierto
con la nota más incierta de mi vida,
esa nota que me pierdo de mi carne
y me escondo en la ilusión de ser mentira.

The restlessness of those hands
that assaulted my path
and toward the intimate path of your soul
detoured the caprice of my crazy fantasy,
that was in search of your eyes and your lips
not knowing that intense life they bore
was deeper than foreboded.

The passion of those hours
that were cast at the moment
without clothing and without bridles,
when the visiting sign of desire
in dazzling colors
received my reply.

Through the deep eyes of this
my night,
I seep into the past
on the wings of a dream that looks at me.

The dream is a trifling assertion
with the most uncertain note of my life,
that note that I lose from my flesh
and I hide in the illusion of being a lie.

#14 Desde el Puente Martín Peña

Tierra rota. Se hace el día
el marco de la laguna.

Un ejército de casas
rompe la doble figura
de un cielo azul que abastece
a un mar tranquilo que arrulla.

Un ejército de casas
sobre el dolor se acurruca.

Hambre gorda corta el sueño
de enflaquecidas criaturas
que no supieron morirse
al tropezar con su cuna.

Marcha de anhelos partidos
pica la calma desnuda
donde recuesta su inercia
la adormecida laguna.

Una canción trepa el aire
sobre una cola de espuma.
Un verso escapa gritando
en un desliz de la luna.
Y ambos retornan heridos
por el desdén de la turba.

¡Canción descalza no vale!
¡Verso sufrido no gusta!
Tierra rota. Fuerza rota
de tanto cavar angustia.

Huesos vestidos alertos
a una esperanza caduca
que le hace mueca en las almas
y se le ríe en las arrugas.

#14 From the Martín Peña Bridge

Broken land. The day becomes
the frame of the lagoon.

An army of houses
breaks the double figure
of a blue sky which feeds
a tranquil sea, cooing.

An army of houses
hunches over the pain.

Fat hunger cuts the dream
of emaciated creatures
who did not know how to die
when they stumbled on their cradle.

The march of broken dreams
stings the naked calm
where the sleepy lagoon
rests its inertia.

A song climbs the air
on a tail of foam.
A verse escapes screaming
in a slip of the moon.
And both return wounded
by the disdain of the mob.

A barefoot song is worthless!
A suffered verse is disliked!
Broken land. Strength broken
from excavating anguish so much.

Dressed bones alert
for a hope expired
which makes faces at souls
and laughs in their wrinkles.

Hacha del tiempo cortando
carne de siglos de ayuna.
Adentro la muerte manda.
Afuera el hambre murmura
una plegaria a los hombres
que al otro lado disfrutan
de anchos salarios restados
a hombres obreros que luchan.

¿Respuesta?—Brazos parados.
Sobra el mantel. No hay industrias.

¡Obreros! Picad el miedo.
Vuestra es la tierra desnuda.
Saltad el hambre y la muerte
por sobre la honda laguna,
y uníos a los campesinos,
y a los que en caña se anudan.

¡Rómpanse un millón de puños
contra moral tan injusta!

¡Alzad, alzad vuestros brazos
como se alzaron en Rusia!

The ax of time cutting
flesh of centuries of fasting.
Inside death governs.
Outside hunger murmurs
a prayer to the men
that on the other side enjoy
wide salaries subtracted
from struggling working men.

Reply?—Arms crossed.
Useless tablecloth. No industries.

Workers! Slash the fear.
Yours is the naked earth.
Leap hunger and death
over the deep lagoon,
and join the peasants
and those knotted to the cane.

Break a million fists
against so unjust a morality!

Raise, raise your arms
like they were raised in Russia!

#15 Mi símbolo de rosas

Cuarenta abiertas rosas, abiertas en mi alma,
como un signo interpuesto a otro signo de misterio.
Nadie sabrá la palabra sin rasgos que ese número sostiene
en el amplio horizonte sin asta de mi mente.
Sólo tú, noche de tregua en el continuo social
declive de los hombres a quienes estoy agarrada
en un juego de manos, sabes mi ahora de rosas ascendentes
hasta el número cuarenta.

Podrán desamparados de la vida desterrarme de su sendero
de puentes angustiado de tanta ceremonia,
pero el sendero donde florecen esas rosas siempre abiertas
es mío, sólo mío, desde el fondo de ellas mismas
hasta la sonrisa de triunfo de mi imaginación.

Cuarenta abiertas rosas, abiertas en mi alma,
sostienen mi vida en fuga continua hacia adentro
sonreída de memorias.

El mar quiere treparse también por la palmera de sonidos
incrustada en mi ruta ascendente hasta el símbolo.
El también sabe olas de amancenceres dolidos de esperanza.
El también tuvo ojos en la noche de rosas
ascendiendo hasta el número cuarenta.

Mi símbolo ...

Mi símbolo tiene memorias y flores angustiadas.
Sabe esperanzas vivas en un horizonte de ternura
y palmeras altas crecido por mi imaginación.

Ríe sombra de sueños realizados en la noche sin alas
que se ha quedado rondando de mi alma a mi cerebro.

Mi símbolo ...
Mi símbolo sostiene cuarenta abiertas rosas,
abiertas en mi alma,
donde tú juegas a recoger estrellas en mis olas
de amaneceres dolidos de esperanza.

#15 My Symbol of Roses

Forty open roses, open in my soul,
like a sign interposed with another sign of mystery.
No one will know the traceless word that number sustains
in the ample lanceless horizon of my mind.
Only you, night of cease-fire in the continuous social
decline of the men I cling to in a game of hands,
knows my now of roses ascending
to the number forty.

Others abandoned by life may exile me from their path
of bridges anguished by so much ceremony,
but the path where those ever-open roses bloom
is mine, only mine, from their depths
to the triumphant smile of my imagination.

Forty open roses, open in my soul,
sustain my life in continuous escape inwards,
smiling with memories.

The sea also wants to climb the palm tree of sounds
encrusted in my route ascending to the symbol.
It also knows waves of daybreaks hurt by hopes.
It also had eyes in the night of roses
ascending to the number forty.

My symbol...

My symbol has memories and anguished flowers.
It knows live hopes in a horizon of tenderness
and tall palm trees grown by my imagination.

It laughs a shadow of dreams realized in the wingless night
that lingers patroling from my soul to my brain.

My symbol...
My symbol sustains forty open roses,
open in my soul,
where you play at gathering stars in my waves
of dawns hurting from hope.

#16 Soy en cuerpo de ahora

¡Cómo quiere tumbarme esta carga de siglos
que en mi espalda se bebe la corriente del tiempo!
Tiempo nunca cambiante que en los siglos se estanca
y que nutre su cuerpo de pasados reflejos.

Tengo miedo de lo alto de tus miras—me dice—;
el ayer que me nutre se doblega en lo interno
de tu vida sencilla, que no admite pasado,
y que vive en lo vivo desplegada al momento;
ya me enfada la siempre desnudez de tu mente
que repele mi carga y se expande en lo nuevo;
ya me turba la fina esbeltez de tu idea
que flagela mi rostro y endereza tu cuerpo...
mira a un lado y a otro: jorobados, mediocres;
son los míos, los que abrevan mi vacío siempre lleno;
sé uno de ellos; destuerce tu vanguardia; claudica;
es tan fácil volcarse de lo vivo a lo muerto.

Has querido tumbarme, carga en cuerpo de siglos
de prejuicios, de odios, de pasiones, de celos.

Has querido tumbarme con tu carga pesada,
mas al punto encontréme y fue vano tu empeño.

Vete, forra tus siglos con el vulgo ignorante;
no son tuyas mis miras; no son tuyos mis vuelos.

Soy en cuerpo de ahora; del ayer no sé nada.
En lo vivo mi vida sabe el Soy de lo nuevo.

#16 I Am Embodied in Now

How this load of centuries wants to knock me down
that on my back drinks the current of time!
Time never changing that stagnates in the centuries
and that nurtures its body with past reflections.

I am afraid of the height of your ambitions—it tells me—;
the yesterday that nurtures me bends in the interior
of your simple life that admits no past
and that lives in the alive, open to the moment;
now the always nakedness of your mind angers me,
repels my load and expands in the new;
it confuses me now in the svelteness of your idea
that flagellates my face and straightens your body...
look to one side and another: hunchbacks, mediocrities;
they are mine, the ones who water my always full vacuum ;
be one of them; untwist your vanguard; limp:
it's so easy to flip from the live to the dead.

You have wanted to knock me down, load in the body of centuries
of prejudices, of hatreds, of passions, of jealousies.

You have wanted to knock me down with your heavy load
but I found myself, and your effort was in vain.

Go, line your centuries with the vulgar ignorant;
my ambitions are not yours, my flights are not yours.

I am embodied in now; about yesterday I know nothing.
In the alive, my life knows the I Am of the new.

#17 Poema a Federico

Cucubanos...
Pétalos de rosa blanca...
Estrellas voladoras...
pueblan la geografía espiritual del mundo.

¡Centinelas del Silencio!

Algo lleva el Silencio.
Su falda se ha vaciado de vacíos.

Algo se ha derramado de la inquietud del mundo
y ha encontrado refugio en su mutismo,
sorbiendo infinito
calle arriba..., arriba..., arriba...
de los hombres.

¡Centinelas!
Abrid un poco el paso.

Pétalos de rosa blanca,
encorvad vuestro cielo blanco
para alargar mis ojos.

Estrellas voladoras,
alargad vuestros cinco dedos de luz
hacia mi deseo torturado de imposible.

Cucubanos... Cucubanos...
prestadme vuestras alas
para lograr ese silencio grave
del Silencio.

¡Oídme!
Me inquieta
ese aletear continuo del Silencio
hecho hoy
gesto de fuga en el espacio anonimo.

#17 Poem for Federico

Fireflies...
Petals of white rose.
Flying stars...
populate the spiritual geography of the world.

Sentinels of Silence!

The Silence carries something.
Its skirt has emptied of emptiness.

Something of the disquiet of the world has spilled
and found refuge in its muteness,
sipping infinity
up the street..., up..., up...
high above man.

Sentinels!
Open the pace a bit.

Petals of white rose,
curve your white sky
to lengthen my eyes.

Flying stars,
lengthen your five fingers of light
toward my desire tortured by the impossible.

Fireflies...Fireflies...
lend me your wings
to attain that grave silence
of Silence.

Hear me!
That continuous wingbeat of Silence
disturbs me
made today
gesture of escape in the anonymous space.

¿Qué rayo misterioso
ha seducido su cadencia terrestre?
¿Qué enigma de ala, de alma o de perfume,
ha logrado enternecer su milagro de vida?

¡Decidme!
Cucubanos...
Pétalos de rosa blanca...
Estrellas voladoras...
¿Qué significa esa música de nocturno entreabierto
que llega a mis oídos?

¡Dejadme entrar!
Yo seré centinela del secreto.
Yo seré centinela del Silencio.

Habla un pétalo de rosa blanca:
—No puedo complacerte.
No puedes entrar.
No podrás vadear los arroyos de luz
que corten tu camino.
No podrás prolongar el grito simbólico del siglo
que asalte tus oídos,
porque ya se ha estirado hasta lo infinito.

Ningún mortal tiene derecho a ver
el alma en luz preciosa
que conduce al Silencio.

Es Federico.
Federico García Lorca...
He dicho.

What mysterious ray
has seduced its terrestrial cadence?
What enigma of wing, of soul or of perfume,
managed to make tender its miracle of life?

Tell me!
Fireflies...
Petals of white rose...
Flying stars...
What is the meaning of that music of half open nocturne
that reaches my ears?

Let me enter!
I will be a sentinel of the secret.
I will be a sentinel of Silence.

A petal of white rose speaks:
—I cannot please you.
You cannot enter.
You won't be able to wade the streams of light
that cut your path.
You can't prolong the symbolic scream of the century
that will assault your ears,
because it has already stretched to the infinite.

No mortal has the right to see
the soul in precious light
that leads to Silence.

It's Federico.
Federico García Lorca...
I have spoken.

#18 Mi alma

¿Mi alma?
Una armonía rota
que va saltando su demencia
sobre el cojin del tiempo.

¡Cómo la quieren recostar,
aclimatar,
recomponer,
los mortales ha tiempo muertos!

Empeño despeñado del logro.
¡Alborotero!

La locura de mi alma
no puede reclinarse,
vive en lo inquieto,
en lo desordenado,
en el desequilibrio
de las cosas dinámicas,
en el silencio
del libre pensador, que vive solo,
en callado destierro.

Fuerte armonía rota
la de mi alma;
rota de nacimiento;
siembra hoy, más que nunca,
su innata rebeldía
en puntales de saltos estratégicos.

#18 My Soul

My soul?
A broken harmony
that hops over its dementia
on the cushion of time.

How they want to lay her down,
acclimate her,
recompose her,
the long-dead mortals!

Desire detached from achievement.
Agitator!

The madness of my soul
cannot repose,
it lives in the restlessness
in the disorder
in the imbalance
of things dynamic,
in the silence
of the free thinker, who lives alone,
in quiet exile.

Strong harmony broken
that of my soul:
broken at birth;
today more than ever she plants
her innate rebellion
in stanchions of strategic leaps.

#19 Ochenta mil

¡Ochenta mil hombres muertos
en el campo de batalla!
¡Aviones, tanques, obuses,
rifles, bombas, gas, metralla!
Se abren las horas suicidas
y caen al suelo de España.

Doce horas a sangre y fuego
de la noche a la mañana...
Lo que la noche escondiera
lo ven los ojos del alba...

¡Ochenta mil hombres muertos
en el campo de batalla!
¡Ochenta mil sueños caídos
de ochenta mil rotas almas!...

Por allá vienen las viudas,
las madres y las hermanas.
Subiendo la cuesta vienen
todas ellas enlutadas.

La senda me moja bajo
los ojos que se hacen agua,
y el viento se va salado
con la sal de tantas lágrimas.

A lamer el río la sangre
se estira en lenguas de llamas.
El agua del río huele
a un millón de puñaladas,
y las naciones de Europa
con tanta sangre se bañan,
y sus mentiras condensan
en esta mentira clásica:
son hombres que dan su vida
por sus banderas y patrias...

#19 Eighty Thousand

Eighty thousand men dead
on the battlefield!
Airplanes, tanks, howitzers,
rifles, bombs, gas, machine guns!
The suicidal hours open
and fall to the soil of Spain.

Twelve hours of blood and fire
from the night to the morning...
What the night would hide
is seen by the eyes of the dawn...

Eighty thousand men dead
on the battlefield!
Eighty thousand fallen dreams
from eighty thousand broken souls!...

There come the widows,
the mothers and sisters.
Climbing the hill they come
all in mourning.

Under eyes that become water
the road wets me,
and the wind leaves salted
with the salt of so many tears.

To lick the river, the blood
stretches in tongues of flames.
The water of the river smells
of a million stab wounds,
and the nations of Europe
bathe with so much blood,
and their lies condense
in this classic lie:
they are men who give their lives
for their flags and countries...

Y en el escenario vivo,
en el campo de batalla,
zumban odios de banderas...
roncan rencores de patrias...

Ochenta mil intereses
a la vida le disparan
con ochenta mil fusiles,
ochenta mil negras balas,
ochenta mil egoísmos
que ochenta mil vidas matan.

Los Hitler, los Mussolini...
¡Balas! ¡Balas! ¡Balas! ¡Balas!
Las dos víboras de Europa
que con la muerte se pactan.

Pero ... allá vienen las viudas,
las madres y las hermanas.

El aire se va salado
con la sal de tantas lágrimas.
El agua del río huele
a un millón de puñaladas.

Por allá vienen las viudas,
las madres y las hermanas.

Subiendo la cuesta vienen
todas ellas enlutadas,
y su dolor canta el himno
que hará el futuro de España.

¡Ochenta mil hombres muertos
en el campo de batalla!
¡Fascismo en contra del pueblo!
¡Pueblo en defensa de España!

And on the live scene,
on the battlefield,
buzz hatreds of flags...
snore rancors of countries...

Eighty thousand interests
fire at life
with eighty thousand rifles,
eighty thousand black bullets
eighty thousand egos
kill eighty thousand lives.

The Hitlers, the Mussolinis...
Bullets! Bullets! Bullets! Bullets!
The two vipers of Europe
who pact with death.

But...there come the widows,
the mothers and the sisters.

The air leaves salted
with the salt of so many tears.
The water of the river smells
of a million stab wounds.

There come the widows
the mothers and the sisters.

Climbing the hill they come
all in mourning
and their pain sings the hymn
that will make the future of Spain.

Eighty thousand men dead
on the battlefield!
Fascism against the people!
People in defense of Spain!

#20 Yo misma fui mi ruta

Yo quise ser como los hombres quisieron que yo fuese:
un intento de vida;
un juego al escondite con mi ser.
Pero yo estaba hecha de presentes,
y mis pies planos sobre la tierra promisora
no resistían caminar hacia atrás,
y seguían adelante, adelante,
burlando las cenizas para alcanzar el beso
de los senderos nuevos.

A cada paso adelantado en mi ruta hacia el frente
rasgaba mis espaldas el aleteo desesperado
de los troncos viejos.

Pero la rama estaba desprendida para siempre,
y a cada nuevo azote la mirada mía
se separaba más y más y más de los lejanos
horizontes aprendidos:
y mi rostro iba tomando la expresión que le venía de adentro,
la expresión definida que asomaba un sentimiento
de liberación íntima;
un sentimiento que surgía
del equilibrio sostenido entre mi vida
y la verdad del beso de los senderos nuevos.

Ya definido mi rumbo en el presente,
me sentí brote de todos los suelos de la tierra,
de los suelos sin historia,
de los suelos sin porvenir,
del suelo siempre suelo sin orillas
de todos los hombres y de todas las épocas.

Y fui toda en mí como fue en mí la vida ...

Yo quise ser como los hombres quisieron que yo fuese:
un intento de vida;
un juego al escondite con mi ser.
Pero yo estaba hecha de presentes;
cuando ya los heraldos me anunciaban
en el regio desfile de los troncos viejos,
se me torció el deseo de seguir a los hombres,
y el homenaje se quedó esperandome.

#20 I Was My Own Route

I wanted to be like men wanted me to be:
an attempt at life;
a game of hide and seek with my being.
But I was made of nows,
and my feet level upon the promissory earth
would not accept walking backwards,
and went forward, forward,
mocking the ashes to reach the kiss
of the new paths.

At each advancing step on my route forward
my back was ripped by the desperate flapping wings
of the old guard.

But the branch was unpinned forever,
and at each new whiplash my look
separated more and more and more from the distant
familiar horizons;
and my face took the expression that came from within,
the defined expression that hinted at a feeling
of intimate liberation;
a feeling that surged
from the balance between my life
and the truth of the kiss of the new paths.

Already my course now set in the present,
I felt myself a blossom of all the soils of the earth,
of the soils without history,
of the soils without a future,
of the soil always soil without edges
of all the men and all the epochs.

And I was all in me as was life in me...

I wanted to be like men wanted me to be:
an attempt at life;
a game of hide and seek with my being.
But I was made of nows;
when the heralds announced me
at the regal parade of the old guard,
the desire to follow men warped in me,
and the homage was left waiting for me.

#21 Poema detenido en un amanecer

Nadie.
Iba yo sola.
Nadie.
Pintando las auroras con mi único color de soledad.
Nadie.

Repitiéndome en todas las desesperaciones.
Callándome por dentro el grito de buscarte.
Sumándome ideales en cada verdad rota.
Hiriendo las espigas con mi duelo de alzarte.

¡Oh desaparecido!
¡Cómo injerté mi alma en lo azul para hallarte!

Y así, loca hacia arriba,
hirviéndome los ojos en la más roja luz para lograrte,
¡cómo seguí la huida de mi emoción más ávida
por los hospitalarios oros crepusculares!

Hasta que una mañana...
una noche..
una tarde..
quedé como paloma acurrucada,
y me encontré los ojos por tu sangre.

Madrugadas de dioses
maravillosamente despertaron mis valles.
¡Desprendimientos!
¡Cauces!
¡Golondrinas! ¡Estrellas!
¡Albas duras y ágiles!

Todo en ti:
¡sol salvaje!

¿Y yo?
—Una verdad sencilla para amarte...

#21 Poem Detained in a Daybreak

No one.
I went alone.
No one.
Painting the daybreaks with my only color of solitude.
No one.

Repeating myself in all the desperations.
Silencing within me the scream of looking for you.
Adding ideals to myself in each broken truth.
Wounding the blossoms with my sorrow of lifting you.

Oh, disappeared one!
How I grafted my soul in the blue to find you!

And thus, crazy, gazing upwards,
boiling my eyes in the reddest light to attain you
how I followed the fleeing of my most avid emotion
through the hospitable twilight golds!

Until one morning...
one night...
one evening...
I was left like a curled-up dove,
and I found my eyes through your blood.

Daybreaks of Gods
marvelously awoke my valleys.
Take offs!
Riverbeds!
Swallows! Stars!
Hard and agile dawns!

Everything in you:
Savage sun!

And I?
—A simple truth to love you...

#22 Alba de mi silencio

En ti me he silenciado ...
El corazón del mundo está en tus ojos, que se vuelan mirándome.

No quiero levantarme de tu frente fecunda
en donde acuesto el sueño de seguirme en tu alma.

Casi me siento niña de amor que llega hasta los pájaros.
Me voy muriendo en mis años de angustia
para quedar en ti
como corola recién en brote al sol ...

No hay una sola brisa que no sepa mi sombra
ni camino que no alargue mi canción hasta el cielo.

¡Canción silenciada de plenitud!
En ti me he silenciado ...

(La hora más sencilla para amarte es ésta
en que voy por la vida dolida de alba.)

#22 Dawn of My Silence

In you I have silenced myself...
The heart of the world is in your eyes, that fly away looking at me.

I don't want to rise from your fertile forehead
where I lay the dream of following myself in your soul.

I almost feel like a child of love that reaches to the birds.
I am dying in my years of anguish
to stay in you,
like a corolla recently budding on the sun...

There isn't a single breeze that doesn't know my shadow
nor walk that doesn't stretch my song to the sky.

Song silenced in plenitude!
In you I have silenced myself...

(The simplest hour to love you is this one
in which I go through life pained by the dawn.)

#23 Dos mundos sobre el mundo

Sobre una realidad vacía de crepúsculos
mi vida en alas frágiles va cabalgando ritmos.
Es ancha la ilusión
y es infinito y hondo tu sendero extendido.

Visión de agua sin olas mi cara exhibe al viento;
color de claridades mi emoción se ha teñido.
Soy yerba fresca y útil.
Tú no tienes mi nombre ni mi rastro de abismos.
Sabe nuevas raíces en un soplo de tallos
tu suelo de emociones soladas en ti mismo.

No vengo del naufragio que es ronda de los débiles:
mi conciencia robusta nada en luz de infinito.

(¡Dos mundos sobre el mundo proclámanse volando
sú realidad de fuerza en un empuje íntimo!)

#23 Two Worlds over the World

Over a reality empty of twilights
my life on fragile wings goes galloping rhythms.
The illusion is wide
and your extended road is infinite and deep.

My face exhibits to the wind a vision of water without waves;
my emotion has been tinted the color of daylights.
I am fresh grass and useful.
You do not have my name nor my trail of abysses.
Your base of emotions, sunlit in yourself
knows new roots in a gust of stalks.

I don't come from the shipwreck that haunts the weak:
my robust conscience swims in the light of the infinite.

(Two worlds over the world proclaim themselves, flying
their reality of strength in an intimate thrust!)

#24 Transmutación

Estoy sencilla como la claridad...
Nada me dice tanto como tu nombre repetido de montaña a montaña
por un eco sin tiempo que comienza en mi amor
y rueda al infiníto...

> (¡Tú.................!
> Casi paloma erguida
> sobre un mundo de alas
> que ha creado mi espíritu.)

Tú lo dominas todo para mi claridad.
Y soy simple destello en albas fijas amándote...

Ningún viento agitado seduce mi reposo
de ternuras naciendo y apretándose
entre tu mano
y mi sollozo.

Una afluencia de ríos por nacer, y golondrinas mudas,
se estrecha contra mí
allí donde tu alma me dice al corazón
la palabra más leve.

Mis pies van despegados de rastros amarillos
y escalan techos infatigados de mariposas
donde el sol, sin saberlo, se ha visto una mañana,
deslumbrante...

Para amarte
me he desgarrado el mundo de los hombros,
y he quedado desierta en mar y estrella,
sencilla
como la claridad.

Aquí no hay geografía para manos ni espíritu.
Estoy sobre el silencio y en el silencio mismo
de una transmutación
donde nada es orilla...

#24 Transmutation

I am simple as daylight...
Nothing says so much to me as your name repeated from mountain to mountain
through a timeless echo that begins in my love
and rolls to the infinite...

(You ....!
Almost a dove raised
over a world of wings
that my spirit has created.)

You dominate everything for my clarity.
And me a simple starburst in fixed dawns loving you...

No agitated wind seduces my repose
born of tenderness and tightening
between your hand
and my sobbing.

An affluence of rivers to be born, and mute swallows,
stretch against me
where your soul speaks
the most trifling word to my heart.

My feet are detached from yellow prints
and climb untiring roofs of butterflies
where the sun, without knowing, has been seen one morning,
dazzling ...

To love you
I have ripped the world from my shoulders,
and I have been left deserted in sea and star,
simple
as daylight.

Here there is no geography for hands nor spirit.
I am over the silence and in the silence itself
of a transmutation
where nothing is edge...

#25 Amanecida

Soy una amencida del amor...

Raro que no me sigan centenares de pájaros
picoteando canciones sobre mi sombra blanca.
(Será que van cercando, en vigilia de nubes,
la claridad inmensa donde avanza mi alma.)

Raro que no me carguen pálidas margaritas
por la ruta amorosa que han tomado mis alas.
(Será que están llorando a su hermana más triste,
que en silencio se ha ido a la hora del alba.)

Raro que no me vista de novia la más leve
de aquellas brisas suaves que durmieron mi infancia.
(Será que entre los árboles va enseñando a mi amado
los surcos inocentes por donde anduve, casta...)

Raro que no me tire su emoción el rocío,
en gotas donde asome risueña la mañana.
(Será que por el surco de angustia del pasado,
con agua generosa mis decepciones baña.)

Soy una amanecida del amor...

En mí cuelgan canciones y racimos de pétalos,
y muchos sueños blancos, y emociones aladas.

Raro que no me entienda el hombre, conturbado
por la mano sencilla que recogió mi alma.
(Será que en él la noche se deshoja más lenta,
o tal vez no comprenda la emoción depurada...

#25 Sunrise

I am a sunrise of love...

Strange that hundreds of birds don't follow me
pecking songs on my white shadow.
(It must be that they are surrounding, in a vigil of clouds,
the immense daylight where my soul advances.)

Strange that pale daisies don't carry me
on the amorous route that my wings have taken.
(It must be that they are crying to their saddest sister,
who in silence has gone at the hour of dawn.)

Strange that the lightest of those breezes that lulled me
to sleep in infancy, doesn't dress me as a bride.
(It must be that among the trees it is showing my love
the innocent paths where I walked, chaste...)

Strange that the dew doesn't sprinkle its emotion at me,
in drops where the morning peeks, smiling.
(It must be that by the furrow of past anguish,
my deceptions bathe with generous water.)

I am a sunrise of love ...

In me hang songs and clusters of petals,
and many white dreams, and winged emotions.

Strange that man doesn't understand me, troubled
by the simple hand that gathered my soul.
(It must be that in him night unleafs more slowly,
or perhaps he doesn't understand pure emotion...)

#26 Principio de un poema sin palabras

¡Se unen en el espacio nuestras vidas
fugadas de sí mismas!
¡Tan leves nos sentimos
que el cochero del viento retarda su salida!

¡Mira sobre nosotros el recuerdo de un sueño,
y más allá la tenue respiración de un lirio;
mira cómo se escurren las pisadas del aire
por el perfume último de una rosa vacía!

¡Cómo acaban los ecos hacia atras de sus voces!
¡Qué agilidad de pájaro mueve los horizontes
de pétalos volando!

¿Qué de ojos humanos buscándose en la estrella?
¿Qué de sueños alados amándose en la sombra?
¿Qué de pies levantados tras una mariposa?

Este mundo es más suave que la Nada.
Y dicen que esto es Dios.
Entonces yo conozco a Dios.
Y lo conozco tanto que se me pierde dentro...

De aquí se ve el mar con olas nadando hasta la orilla,
y se oye la carita de un niño que juega
con alcanzar su imagen;
pero se ve y se oye con sentidos muy breves de raíces
(como que parten de lo eterno y hacia lo eterno van.)

Hasta el poema rueda ahora sin palabras
desde mi voz
hacia tu alma...

¡Y pensar que allá abajo nos espera la forma!

#26 Beginning of a Poem without Words

Our lives join in space
escaped from themselves!
We feel so light
that the wind's coachman delays his departure!

The remembrance of a dream looks upon us,
and beyond on the tenuous breath of a lily;
see how the air's footsteps filter
through the last perfume of an empty rose!

How the echoes end up behind their voices!
What bird-like agility moves the horizons
of flying petals!

How many human eyes seeking themselves in the star?
How many winged dreams loving themselves in the shadow?
How many feet lifted after a butterfly?

This world is smoother than the Nothingness.
And they say this is God.
Then I know God.
I know Him so well that I lose Him in me...

From here you see the sea swimming to the shore with waves,
and you hear the little face of a child that plays
at reaching his image;
but you see and you hear with very brief senses of roots
(as if they start at eternity and toward eternity go.)

Now even the poem rolls without words
from my voice
toward your soul...

And to think that there below the form waits for us!

#27 Viaje alado

Hoy me acerco a tu alma
con las manos amarillas de pájaros,
la mirada corriendo por el cielo,
y una leve llovizna entre mis labios.

Saltando claridades
he recogido el sol en los tejados,
y una nube ligera que pasaba
me prestó sus sandalias de aire blando.

La tierra se ha colgado a mis sandalias
y es un tren de emoción hasta tus brazos,
donde las rosas sin querer se fueron
unidas a la ruta de mi canto.

La tragedia del mundo
de mi senda de amor se ha separado,
y hay un aire muy suave en cada estrella
removiéndome el polvo de los años.

Hasta mi cara en vuelo
las cortinas del mar se me treparon,
y mis ojos se unieron a los ojos
de todas las pupilas del espacio.

Anudando emociones
sorprendí una sonrisa entre mis manos
caída desde el pájaro más vivo
que se asomó a mirar mi viaje alado.

Por encima del ruido de los hombres
una larga ilusión se fue rodando,
y dio a inclinar la sombra de mi mente
en el rayo de luz de tu regazo.

Como corola al viento
todo el cosmos abrióseme a mi paso,
y se quedó en el pétalo más rosa
de esta flor de ilusión que hasta ti alargo...

#27 Winged Voyage

Today I come near your soul
my hands yellow with birds,
my gaze running through the sky,
and a light drizzle between my lips.

Leaping over light
I have gathered the sun on the roof tiles,
and a light cloud that passed
lent me its sandals of soft air.

The earth has clung to my sandals
and is a train of emotion to your arms,
where the roses, unwittingly, went
united to the route of my song.

The tragedy of the world
has separated from the path of my love,
and there's a very soft air in each star
removing the dust from my years.

The curtains of the sea climbed
my face in flight
and my eyes joined the eyes
of all the pupils of space.

Knotting emotions
I surprised a smile in my hands
fallen from the liveliest bird
that peeked to see my winged voyage.

Over the noise of man
a large illusion was wheeling
and inclined the shadow of my mind
to the ray of light of your warm bosom.

Like a corolla to the wind
all the cosmos opened at my step
and it stayed in the rosiest petal
of this flower of illusion which I extend to you...

#28 Sueño de palabras

Honda de ti, me inundo el corazón de voces,
mientras tú duermes sueño de palabras...

¡Amado!
¡Qué estrellado va el cielo!

La rosa de la noche en las calles me mece.
Ecos de golondrinas se aquietan en la nube.
La sombra va danzando su dolor por los muelles.
El mar se sale al viento en perfume salvaje.
El ideal a ratos se sacude y florece...

(Tu sueño de palabras va perdiendo su sueño.
Mi corazón se expande en canciones celestes...)

¡Amado!
¡Entre las nubes se acarician los lirios!
¡En los labios del viento las canciones se duermen!
¡Las estrellas se guardan su lenguaje de luces!
¡El silencio se viste de rosales y fuentes!
¡Viene el tiempo corriendo su locura de viaje!
¡Mi pasión está fresca! ¡Mi emoción está leve!

(El sueño de palabras ha dejado tus labios.)
¡No me hables! ¡Tus notas yo las quiero silvestres!

#28 Dream of Words

Full of you, I flood my heart with voices,
while you sleep a dream of words...

Beloved!
How starry goes the sky!

In the streets the rose of night rocks me.
Echoes of swallows grow quiet on the cloud.
The shadow goes dancing its pain through the piers.
The sea goes out to the wind in savage perfume.
The ideal at times shakes itself and flowers...

(Your dream of words starts to lose its sleep.
My heart expands in celestial songs...)

Beloved!
Among the clouds the lilies caress!
In the lips of the wind the songs fall asleep!
The stars guard their language of light!
The silence dresses in roses and fountains!
Time comes racing its mad voyage!
My passion is fresh! My emotion is light!

(The dream of words has left your lips.)
Don't speak to me! Your notes I want wild!

#29 Poema perdido en pocos versos

¡Y si dijeran que soy como devastado crepúsculo
donde ya las tristezas se durmieron!

Sencillo espejo donde recojo el mundo.
Donde enternezco soledades con mi mano feliz.

Han llegado mis puertos idos tras de los barcos
como queriendo huir de su nostalgia.

Han vuelto a mi destello las lunas apagadas
que dejé con mi nombre vociferando duelos
hasta que fueran mías todas las sombras mudas.

Han vuelto mis pupilas
amarradas al sol de su amor alba.

¡Oh amor entretenido en astros y palomas,
cómo en rocío feliz cruzas mi alma!

¡Amarilla ciudad de mis tristezas:
soy el verde renuevo de tus ramas!

¡Feliz! ¡Feliz! ¡Feliz!

Agigantada en cósmicas gravitaciones ágiles,
sin reflexión ni nada...

#29 Poem Lost in a Few Verses

And if they say that I am like a devastated twilight
where already the sadnesses have fallen asleep!

Simple mirror where I gather the world.
Where I make solitudes tender with my happy hand.

My ports, gone after the ships, have returned
as if wanting to flee their nostalgia.

The darkened moons I left with my name
voicing sorrows until all the mute shadows were mine
have returned to my starburst.

The pupils of my eyes have returned
tied to the sun of their love, dawn.

Oh love entertained in stars and doves,
how like a joyous spray you cross my soul!

Yellow city of my sadnesses:
I am the green renewal of your branches!

Happy! Happy! Happy!

I am a giant in agile cosmic gravitations,
without reflection or anything...

#30 Noche de amor en tres cantos

I. Ocaso

¡Cómo suena en mi alma la idea
de una noche completa en tus brazos
diluyéndome toda en caricias
mientras tú te me das extasiado!

¡Qué infinito el temblor de miradas
que vendrá en la emoción del abrazo,
y qué tierno el coloquio de besos
que tendré estremecida en tus labios!

¡Cómo sueño las horas azules
que me esperan tendida a tu lado,
sin más luz que la luz de tus ojos,
sin más lecho que aquel de tu brazo!

¡Cómo siento mi amor floreciendo
en la mística voz de tu canto:
notas tristes y alegres y hondas
que unirán tu emoción a tu rapto!

¡Oh la noche regada de estrellas
que enviará desde todos sus astros
la más pura armonía de reflejos
como ofrenda nupcial a mi tálamo!

II. Media noche

Se ha callado la idea turbadora
y me siento en el sí de tu abrazo,
convertida en un sordo murmullo
que se interna en mi alma cantando.

Es la noche una cinta de estrellas
que una a una a mi lecho han rodado;
y es mi vida algo así como un soplo
ensartado de impulsos paganos.

#30 Night of Love in Three Cantos

I. Sunset

How the idea resonates in my soul
of a complete night in your arms
diluting all of myself in caresses
while you give yourself to me in ecstacy!

How infinite the trembling of looks
will come in the emotion of the embrace,
and how tender the colloquy of kisses
I shall have shaking in your lips!

How I dream the blue hours
that await me stretched at your side,
without more light than the light of your eyes,
without more bed than that of your arm!

How I feel my love flowering
in the mystic voice of your song:
notes sad and happy and deep
joining your emotion to your rapture!

Oh the night sprinkled with stars
which will send from all its heavenly bodies
the purest harmony of reflections
as a nuptial offering to my bridal chamber!

II. Midnight

The turbulent idea has quieted
and I feel myself in the yes of your embrace,
converted into a deaf murmur
that enters my soul singing.

The night is a ribbon of stars
which one by one have surrounded my bed;
and my life is something like a moment
threaded with pagan impulses.

Mis pequeñas palomas se salen
de su nido de anhelos extraños
y caminan su forma tangible
hacia el cielo ideal de tus manos.

Un temblor indeciso de trópico
nos penetra la alcoba. ¡Entre tanto,
se han besado tu vida y mi vida...
y las almas se van acercando!

¡Cómo siento que estoy en tu carne
cual espiga a la sombra del astro!
¡Cómo siento que llego a tu alma
y que allá tú me estás esperando!

Se han unido, mi amor, se han unido
nuestras risas más blancas que el blanco.
y ¡oh, milagro! en la luz de una lágrima
se han besado tu llanto y mi llanto...

¡Cómo muero las últimas millas
que me ataban al tren del pasado!
¡Qué frescura me mueve a quedarme
en el alba que tú me has brindado!

III. Alba

¡Oh la noche regada de estrellas
que envió desde todos sus astros
la más pura armonía de reflejos
como ofrenda nupcial a mi tálamo!

¡Cómo suena en mi alma la clara
vibración pasional de mi amado,
que se abrió todo en surcos inmensos
donde anduve mi amor, de su brazo!

La ternura de todos los surcos
se ha quedado enredada en mis pasos,
y los dulces instantes vividos
siguen, tenues, en mi alma soñando...

My small doves come out of
their nest of strange desires
and walk their tangible form
towards the ideal sky of your hands.

An indecisive tropical quake
penetrates our alcove. Meanwhile,
your life and my life have kissed...
and our souls are nearing each other!

How I feel that in your flesh I am
some blossom in the shade of a star!
How I feel that I arrive at your soul
and you are waiting for me there!

Your laughter and mine have joined, my love,
our laughter whiter than white,
and oh miracle! In the light of a tear
your weeping and my weeping have kissed...

How I die the last miles
that tied me to the train of the past!
What freshness moves me to stay
in the dawn that you have offered me!

III. Dawn

Oh the night sprinkled with stars
which sent from all its heavenly bodies
the purest harmony of reflections
as a nuptial offering to my bridal chamber!

How in my soul sounds the clear
passionate vibration of my beloved
that opened all in immense furrows
where I walked my love, at his arm!

The tenderness of all the furrows
has remained entangled in my steps,
and all the sweet moments lived
continue tenuous, dreaming in my soul...

La emoción que brotó de su vida
—que fue en mí manantial desbordado—
ha tomado la ruta del alba
y ahora vuela por todos los prados.

Ya la noche se fue; queda el velo
que al recuerdo se enlaza, apretado,
y nos mira en estrellas dormidas
desde el cielo en nosotros rondando...

Ya la noche se fue; y a las nuevas
emociones del alba se ha atado.
Todo sabe a canciones y a frutos,
y hay un niño de amor en mi mano.

Se ha quedado tu vida en mi vida
como el alba se queda en los campos;
y hay mil pájaros vivos en mi alma
de esta noche de amor en tres cantos...

The emotion which blossomed from his life
—that was in me a flooding wellspring—
has taken the route of the dawn
and now flies over all the fields.

The night is already gone; the veil remains
that laces itself to the memory, tightened,
and looks at us in sleeping stars
from the sky in us strolling...

The night is already gone; and to the new
emotions of the dawn has tied itself.
Everything tastes of songs and fruit,
and there is a love child in my hand.

Your life has stayed in my life
like the dawn stays in the country;
and there are a thousand birds alive in my soul
from this night of love in three cantos...

#31 Armonía de la palabra y el instinto

Todo fue maravilla de armonías
en el gesto inicial que se nos daba
entre impulsos celestes y telúricos
desde el fondo de amor de nuestras almas.

Hasta el aire espigóse en levedades
cuando caí rendida en tu mirada;
y una palabra, aún virgen en mi vida,
me golpeó el corazón, y se hizo llama
en el río de emoción que recibía,
y en la flor de ilusión que te entregaba.

Un connubio de nuevas sensaciones
elevaron en luz mi madrugada.
Suaves olas me alzaron la conciencia
hasta la playa azul de tu mañana,
y la carne fue haciéndose silueta
a la vista de mi alma libertada.

Como un grito integral, suave y profundo
estalló de mis labios la palabra;
¡nunca tuvo mi boca más sonrisa,
ni hubo nunca más vuelo en mi garganta!

En mi suave palabra, enternecida,
me hice toda en tu vida y en tu alma;
y fui grito impensado atravesando
las paredes del tiempo que me ataba;
y fui brote espontáneo del instante;
y fui estrella en tus brazos derramada.

Me di toda, y fundíme para siempre
en la armonía sensual que tú me dabas;
y la rosa emotiva que se abría
en el tallo verbal de mi palabra,
uno a uno fue dándote sus pétalos,
mientras nuestros instintos se besaban.

#31 Harmony of Word and Instinct

Everything was a marvel of harmonies
in the initial gesture given us
between celestial and telluric impulses
from the depth of love of our souls.

Even the air blossomed in levities
when I fell conquered in your look;
and a word, still virgin in my life,
beat on my heart, and became a flame
in the river of emotion that it received,
and in the flower of illusion I surrendered.

A marriage of new sensations
raised my daybreak on light.
Soft waves lifted my conscience
to the blue beach of your tomorrow,
and the flesh was becoming a silhouette
at the sight of my liberated soul.

Like an integral scream, soft and profound
the word exploded from my lips;
never had my mouth more smile,
nor was there ever more flight in my throat!

In my soft word, tender,
I made myself all in your life and in your soul;
and I was an unthought scream traversing
the walls of time that tied me;
and I was a spontaneous bud of the moment;
and I was a star spilled in your arms.

I gave myself completely, and cast myself forever
in the sensual harmony that you gave me;
and the emotive rose that opened
in the verbal stem of my word,
one by one was giving you its petals,
while our instincts kissed.

#32 Canción desnuda

Despierta de caricias,
aún siento por mi cuerpo corriéndome tu abrazo.
Estremecida y tenue sigo andando en tu imagen.
¡Fue tan hondo de instintos mi sencillo reclamo!

De mí se huyeron horas de voluntad robusta,
y humilde de razones, mi sensacion dejaron.
Yo no supe de edades ni reflexiones yertas.
¡Yo fui la Vida, amado!
La vida que pasaba por el canto del ave
y la arteria del árbol.

Otras notas más suaves pude haber descorrido,
pero mi anhelo fértil no conocía de atajos:
me agarré a la hora loca,
y mis hojas silvestres sobre ti se doblaron.

Me solté a la pureza de un amor sin ropajes
que cargaba mi vida de lo irreal a lo humano,
y hube de verme toda en un grito de lágrimas,
¡en recuerdo de pájaros!

Yo no supe guardarme de invencibles corrientes.
¡Yo fui la Vida, amado!
La vida que en ti mismo descarriaba su rumbo
para darse a mis brazos.

#32 Naked Song

Awake from caresses,
I still feel your embrace running through my body.
Shaken and tenuous I go on walking in your image.
So deep with instincts was my simple reclamation!

From me fled hours of robust will,
and left my sensation humble of reasons.
I didn't know about ages nor rigid reflections.
I was Life, beloved!
The life that passed through the song of the bird
and the artery of the tree.

Other softer notes I could have made flow,
but my fertile desire knew no shortcuts:
I clung to the crazy hour,
and my wild leaves bent over you.

I freed myself to the purity of a love without garments
that carried my life from the unreal to the human,
and I was to see all of myself in a scream of tears,
in remembrance of birds!

I did not know how to guard myself against invincible currents.
I was Life, beloved!
The life that in you strayed from its course
to give itself to my arms.

#33 Próximo a Dios

¡Ya estamos en las aguas sin playas del amor!
Nuestros ojos tendidos abarcarán el cosmos.
Nuestros pasos unidos secundarán la ruta de las hojas más altas,
y habrá revolución en el espacio.

Nuestras manos fecundas sangrarán las heridas de los pobres del mundo
desde la arteria inmensa del ideal en carne.
La redención del hombre subirá a nuestras voces
y temblarán las sombras ausentes de vanguardia.

Pero sobre los años convulsivos y enérgicos
tendremos noches frágiles
enhebradas en calma.
(¡Cómo las sueña el sueño
que en mi emoción avanza!)

Recostaré en tus ojos todo el fulgor intenso
de mis horas en lágrimas;
y tú amarás mis brazos
como niño pequeño que a su madre se atara.

¡Qué cercanos de Dios se alzarán nuestros pasos,
contagiados de alas!

#33 Next To God

Already we are in the beachless waters of love!
Our eyes, stretched out, will embrace the cosmos.
Our steps united shall second the route of the highest leaves,
and there will be revolution in space.

Our fecund hands will bloody the wounds of the world's poor
from the immense artery of the ideal in flesh.
The redemption of man will rise to our voices
and the absent shadows of the vanguard will tremble.

But over the convulsive and energetic years
we shall have fragile nights
stitched in calm.
(Like the dream dreams it
that advances in my emotion!)

I will rest in your eyes all the intense brilliance
of my hours in tears;
and you will love my arms
like a small child ties himself to his mother.

How close to God shall our steps rise,
contaminated by wings!

#34 Canción para dormirte

En los techos de mi alma se turban las palomas
cuando tu vida asciende.

El aire...
El aire queda inerte,
como huracán cansado donde Dios corta el tiempo,
y mi emoción se yergue,
viva, estirada, blanca,
como viaje de estrellas claras entre mi nieve.

Hay mil bocas de pájaro manejando canciones
sobre mi prado en germen,
y un temblor sublevado de mariposas castas
rompe velos por verme.

Mi corazón ha oído
rumor de ola extraviada,
y se ha vuelto hacia el cosmos
en búsqueda silente...
Su amor ha recogido la flor que perdió el viento
por estar desnudando las niñas en las fuentes.

¿Cómo verá la sombra
mi avance desasido
de pasos inconscientes?

¿Cómo dirán mi nombre
las cien voces caídas
que en cien pozos hundieron mi corriente?

¿Cómo podrán callarme
cuando todos los ecos del universo sean
sinfonías en mi frente?

¡Amado! Busquemos
aquel eco de Dios
que cargaste una vez para quererme,
y lo echaremos a rodar al mundo,
amado,
duerme, duerme...

#34 Song to Lull You to Sleep

The doves are disturbed on the roofs of my soul
when your life ascends.

The air...
The air remains inert,
like a tired hurricane where God cuts time,
and my emotion swells,
alive, stretched, white,
like a voyage of clear stars in my snow.

There are a thousand birds' beaks handling songs
over my meadow in germination,
and a rebellious tremor of chaste butterflies
breaks veils to see me.

My heart has heard
a rumor of a missing wave,
and has turned to the cosmos
in silent search...
Its love has gathered the flower that the wind lost
because it was undressing the girls in the fountains.

How will the shadow see
my advance undone
by unconscious steps?

How will they say my name
the hundred voices fallen
that in a hundred wells sank my current?

How can they silence me
when all the echoes of the universe shall be
symphonies in my forehead?

Beloved! Let's look
for that echo of God
that you carried once to love me
and we will set it rolling in the world
beloved,
sleep, sleep...

#35 Alta mar y gaviota

Por tu vida yo soy...
En tus ojos yo vivo la armonía de lo eterno.
La emoción se me riega,
y se ensancha mi sangre por las venas del mundo.

No doy ecos partidos.
Lo inmutable me sigue
resbalando hasta el fondo de mi propia conciencia.

En ti yo amo las últimas huidas virginales
de las manos del alba,
y amando lo infinito
te quiero entre las puertas humanas que te enlazan.

En ti aquieto las ramas abiertas del espacio,
y renuevo en mi arteria tu sangre con mi sangre.

¡Te multiplicas!
¡Creces!
¡Y amenazas quedarte
con mi prado salvaje!

Eres loca carrera donde avanzan mis pasos,
atentos como albas
al sol germinativo que llevas en tu impulso.

Por tu vida yo soy
alta mar y gaviota:
en ella vibro
y crezco...

#35 High Sea and Seagull

For your life I am...
In your eyes I live the harmony of the eternal.
My emotion floods,
and my blood is spread through the veins of the world.

I don't give split echoes.
The immutable follows me
slipping to the bottom of my own conscience.

In you I love the last virginal escapes
from the hands of the dawn,
and loving the infinite
I love you amidst human doors that tie you.

In you I quiet the open branches of space,
and I renew in my artery your blood with my blood.

You multiply!
Grow!
And you threaten to keep
my wild meadow!

You are a crazy race where my steps advance,
attentive as dawns
to the germinating sun that you carry in your impulse.

For your life I am
high sea and seagull:
in it I vibrate
and grow...

#36 Exaltación sin tiempo y sin orillas

Un como huir de pájaros nos aleja del tiempo...
y corren en bandadas tu emoción y la mía
persiguiéndose...

Alguien ha roto el cielo...
Se ha bajado toda la primavera
al surco del amor.

Alta
de música pagana corriéndome las arpas del ensueño;
primitiva,
desandando la cuesta civilzante y tensa;
honda
de instinto en verso y en ola y en abrazo;
fuerte
de claridad y éxtasis multiplicado en ti;
inerte por instantes
dejando pasar nieblas montadas por luceros
diluyéndose...;
camino el incendio de tu vida,
entera en alma y mano
a tu emoción besada por tierra, mar y estrella.

¡Tu selva,
desbandada en la voz universal que te llama y te canta
desde mi primavera en concreción de instintos,
avanza honda caída de ruiseñores sobre mi corazón!

¡Y mi selva,
disuelta en la carrera sideral que empuja toda éxtasis,
detiene el universo en un instante
para volcarlo en ti, con estrellas y todo!...

#36 Exaltation without Time and without Edges

Something like a fleeing of birds distances us from time
and your emotion and mine run in flocks
pursuing themselves...

Someone has broken the sky...
All of spring has descended
to the furrow of love.

Tall
of pagan music the harps of illusion chasing me;
primitive,
retracing the tense and civilizing hill;
deep
of instinct in verse and in wave and in embrace;
strong
of daylight and ecstasy multiplied in you;
inert for moments
letting the fog pass mounted by
diluting lights...,
I walk the fire of your life,
complete in soul and hand
to your emotion kissed by earth, sea and star.

Your woodland,
disbanded in the universal voice that calls you and sings
from my springtime solidifying instincts,
speeds a deep falling of nightingales over my heart!

And my woodland
dissolved in the sidereal race that pushes all ecstasy,
detains the universe in a moment
to capsize it in you, with stars and all!

#37 Te quiero

Te quiero...
y me mueves el tiempo de mi vida sin horas.

Te quiero
en los arroyos pálidos que viajan en la noche,
y no terminan nunca de conducir estrellas a la mar.

Te quiero
en aquella mañana desprendida del vuelo de los siglos
que huyó su nave blanca hasta el agua sin ondas
donde nadaban tristes, tu voz y mi canción.

Te quiero
en el dolor sin llanto que tanta noche ha recogido
el sueño;
en el cielo invertido en mis pupilas para mirarte cósmica;
en la voz socavada de mi ruido de siglos derrumbándose.

Te quiero (grito de noche blanca)
en el insomnio reflexivo de donde ha vuelto en pájaros
mi espíritu.

Te quiero...

Mi amor se escapa leve de expresiones y rutas,
y va rompiendo sombras
y alcanzando tu imagen
desde el punto inocente donde soy yerba y trino.

#37 I Love You

I love you...
and you move the time of my life without hours.

I love you
in the pallid streams that travel in the night,
and never finish conveying stars to the sea.

I love you
in that morning unpinned from the flight of centuries
that fled its white ship to the water without waves
where your voice and my song sadly swam.

I love you
in the pain without tears that on so many nights the dream
has gathered:
in the sky inverted in my pupils to look at you cosmically;
in the hollow voice of my noise of centuries crumbling.

I love you (scream of white night)
in the insomniac thoughts where in birds my spirit
has returned.

I love you...

My love lightly escapes from expressions and routes,
and goes breaking the shadows
and reaching your image
from the innocent point where I am grass and birdsong.

#38 El vuelo de mis pasos

Va descalza la vida
por la nube del mar
desde que alzó hacia ti
mi corazón sus velas.

(No hay ancla que resista
el vuelo de mis pasos
que reman claridades.)

Velas anchas y blancas
desenredan espumas
por tu camino etéreo.
(No hay ancla que resista.)

Rumores sin palabras
aprisionan gaviotas
en un impulso íntimo.
(El vuelo de mis pasos.)

Ancló mi corazón
en un puerto sin buques
rociado de emociones.
(Que reman claridades.)

Va descalza la vida
por la nube del mar...

#38 The Flight of My Steps

Life goes barefoot
over the sea's cloud
since my heart raised
its sails toward you.

(There is no anchor that resists
the flight of my steps
that row daylights.)

Wide and white sails
untangle foams
through your ethereal path.
(There is no anchor that resists.)

Rumors without words
imprison seagulls
in an intimate impulse.
(The flight of my steps.)

I anchor my heart
in a port without ships
sprayed with emotions.
(That row daylights.)

Life goes barefoot
over the sea's cloud...

#39 Unidad

Tengo color de aurora las manos amorosas
y a ratos me hago nido en su risa callada.

Es la noche una inmensa estrella de emociones,
y en ella duermo el sueño que me acuesta en tu alma.

La soledad se ha ido alejando del mundo
que me ha forjado a solas, sin eje ni montañas,
como no sean los suaves revuelos de tu mente
o el infinito giro de tu inquietud más alta.

No estoy sola. Me invade la armonía de tus labios,
y tus ojos intensos por doquiera me asaltan.

Siento el raro deleite de vaciarme la vida
en la fina silueta de tu imagen sin alas.

Aquí estás: en mis años, en mi boca y mi risa
en los destellos vivos de mi actitud extraña,
y a veces te me acercas en la sombra, en el aire,
y en los dedos celestes de la estrella lejana.

(No parece que a instantes me voy perdiendo en largos
espirales de vuelo, amargados de ausencia.)

#39 Unity

My amorous hands are the color of aurora
and at moments I nest myself in their quiet laughter.

The night is an immense star of emotions,
and in her I sleep the dream that lays me in your soul.

The solitude has been distancing from the world
that forged me alone, without axle or mountains:
like the soft gyrations of your mind won't be
or the infinite turn of your highest disquiet.

I am not alone. The harmony of your lips invades me,
and your intense eyes assault me from everywhere.

I feel the rare pleasure of emptying my life
in the fine silhouette of your wingless image.

Here you are: in my years, in my mouth and my laughter
in the live starbursts of my strange attitude,
and sometimes you approach me in the shadow, in the air,
and in the celestial fingers of the distant star.

(It doesn't seem that at moments I lose myself in long
spiral flights, bitter with absence.)

#40 Soy hacia ti

Me veo equidistante del amor y el dolor.
Una mañana fresca me levanta el espíritu
en brisas de palomas.
Otra mañana turbia me nace y me contagia
en mi orilla de nubes y crepúsculos.

¿Quién soy?
Grito de olas lavándose caminos arrastrados e inútiles.
Sollozo de montaña sorprendido en la boca
de leñadores ínfimos.

Piedra haciéndose agua
en fuente tropezada cuando mi voz no cupo de dolor
en los riscos.

¿A dónde voy?
Al punto donde el alma se suelta de luz al infinito.
Al soplo en que la Vida quiso cruzar mi carne,
pura de corazón en explosión de instintos.

A donde tú caminas esperándome
fijo en ti y alejándote del siglo.

Al instante perdido de tu sombra,
cuando mi nombre pese en tu conciencia
lo que mi alma te lleve de Dios mismo.

#40 I Am toward You

I see myself midway between love and pain.
A fresh morning lifts my spirit
on breezes of doves.
Another turbid morning is born and is contagious
in my edge of clouds and twilights.

Who am I?
A scream of waves washing itself of dragged and useless paths.
A mountain sigh surprised in the mouth
of abject woodcutters.

Stone becoming water
in a fountain discovered when my voice had no more room for pain
in the cliffs.

Where am I going?
Where the soul frees itself from light to infinity.
To the moment in which Life wanted to cross my flesh,
pure of heart in an explosion of instincts.

Where you walk waiting for me
sure of yourself and running from the century.

To the lost instant of your shadow,
when my name will weigh on your conscience
what my soul brings you from God himself.

#41 Poema del minuto blanco

Fue una actitud de éxtasis
desnuda en el misterio...

Abandonada y tímida se quedó la sonrisa
más allá de mis labios levantados en vuelo.
Una palabra débil que flotaba en sus ondas
se me hizo silencio...

Los ojos se me fueron perdiendo de sus órbitas
y cayendo en su centro...

Una quietud de rocas se filtró por mis poros
y escondió mis revuelos.

Transparente de esencias se rodó en el instante
mi emoción y mi cuerpo;
y fue el minuto blanco,
más álla de mi vida,
empujándome al cielo.

#41 Poem of the White Minute

It was an attitude of ecstasy
naked in the mystery...

The smile hung there, abandoned and timid
beyond my lips raised in flight.
A weak word that floated in its waves
turned into silence...

My eyes began losing themselves from their orbits
and falling in its center...

A quietude of rocks filtered through my pores
and hid my circling flight.

Transparent of essences my emotion and my body
rolled in the moment;
it was the white minute,
beyond my life
pushing me to the sky.

#42 Insomne

Insomne.
Medianoche de penas desvelándome el alma.
Fuego de estrellas rojas sobre mis sueños blancos.
Lo eterno persiguiéndome.

Camino...
En puntos suspensivos de dolor
anudo tu distancia.
El aire se me pierde.

¿Qué te separa de mis ojos
destrozados y débiles?

¿Cómo no estás aquí,
—vida por mi poema—
diluyéndote?

¿Por qué te llevan de mis manos tiernas
que por no herirte
rozarían la muerte?

¿Por qué nos tienden infeliz frontera
entre tu amor y mi alma,
que en ti crece?

¿Por qué no ves mís lagrimas ahora,
fieles como horizontes, a tu suerte?

Insomne.
Medianoche de lágrimas desvelándome el alma,
y un millón de crepúsculos rompiéndose en mi frente...

#42 Sleepless

Sleepless.
Midnight of sorrows keeping my soul awake.
Fire of red stars over my white dreams.
The eternal pursuing me.

Path...
On an ellipsis of pain
I knot your distance.
I lose the air.

What keeps you from my
weak and destroyed eyes?

Why aren't you here,
—life for my poem—
diluting yourself?

Why do they take you from my tender hands
that rather than hurt you
would stroke death?

Between your love and my soul
why do they spread an unhappy frontier
which grows in you?

Why don't you see my tears now,
faithful as horizons to your fate?

Sleepless.
Midnight of tears keeping my soul awake,
and a million twilights bursting on my forehead ...

#43 Voz del alma restaurada

¡Voz de mi nuevo amanecer,
herida y aterrada!

Todas mis horas tristes a los vientos estallan.
Están sueltos los ríos crecidos de mi dolor.
Soy una desenfrenada marea agigantada de lágrimas.

***

¿Por qué no vienen extasiados pétalos de mi hora feliz?
¿Por qué no os arrancáis las alas para mi alma,
golondrinas maravillosas, conocidas del sol?

¿Por qué esta loca necesidad de tus pupilas,
y de tus manos núbiles como senos de estrella,
oh amor, en forma tibia de caricias y cuerpo?

***

Nada...

Yo sola en mi silencio,
herida y aterrada.

¡Voz de mi nuevo amanecer,
has dominado el mundo para herirlo en mis alas!

¿Por qué me voy pasando de todas las distancias,
sin espera,
sin sangre ya de humanos?

Lloro
el entrañado llanto de la sangre.
Se desenlazan los sollozos
en mi camino contenido que ya quiere ser pájaro.
Quiero ser pájaro con mi camino.
No más golpes de hierro por mi rara soledad petrificada.

Me abriré la conciencia
con esta lluvia tenue que hará crecer la ola
y arrastrará la mano negada a mi sendero,
la mano que me hiere
con veinticuatro horas de vanidad en un día de soberbia.

#43 Voice of the Soul Restored

Voice of my new dawning,
wounded and struck down!

All my sad hours explode in the winds.
The swollen rivers of my pain run wild.
I am an unbridled tide, gianted by tears.

***

Why don't ecstatic petals of my happy hour come?
Why don't you tear your wings out for my soul,
marvellous swallows, known to the sun?

Why this crazy necessity of your eyes,
of your nubile hands like the breasts of a star,
oh love, in warm form of caress and body?

***

Nothing...

I alone in my silence,
wounded and struck down.

Voice of my new dawning.
You have dominated the world to wound it in my wings!

Why do I go on passing all the distances now,
without expectation
without human blood?

I cry
the gut cry of the blood.

The sobs become untied
in my restricted path that now wants to be a bird.
I want to be a bird with my path.
No more iron blows for my rare petrified solitude.

I will open my conscience
with this tenuous rain that will make the wave grow
and will drag the hand denied to my path,
the hand that wounds me
with twenty four hours of vanity in one day of arrogance.

#44 Coloquio sideral

¡Te adoré tanto anoche!
        —Me adoraste en ausencia.
¡Te besé tanto anoche!
        —Me besaste en ausencia.
¡Te miré tanto anoche!
        —Me miraste en ausencia.
—Te adoré
sin pensarte en la forma.

Te besé
sin sentirme en tu rostro.

Te miré
sin mirada y sin sol...
        —¿Y eso es posible, amada?
—Pregúntalo a la nube
que cruzó por mi sueño y se posó en tu alma.

        —¿Que se posó en mi alma?
—Cargada por la brisa, con la última nota
de mi vida en canción.
        —Y la brisa, ¿qué hizo
        al sentirte en sus prados?
—Con los ojos turbados
presenció mi invasión...
        —¿Y no quiso besarte?
—Sus labios no alcanzaron
mi corazón en flor.
Hubo de ver mi rostro
en sonrisa de agua,
contigo en la emoción.
        ¿Y así llegaste, amada?
—Así miré tu alma,
te besé en la sonrisa,
y adoré tu ilusión...

#44 Sidereal Colloquy

I loved you so much last night!
      —You loved me absent.
I kissed you so much last night!
      —You kissed me absent.
I looked at you so much last night!
      —You looked at me absent.
—I adored you
without thinking of you physically.

I kissed you
without feeling myself on your face.

I looked at you
without a look and without the sun...
      —And is that possible, beloved?
—Ask the cloud
that crossed my dream and rested in your soul.

      —That rested in my soul?
—Carried by the breeze, with the last note
of my life in a song.
      —And the breeze, what did it do
      when it felt you in its meadows?
—With confused eyes
it witnessed my invasion...
      —And it didn't want to kiss you?
—Its lips didn't reach
my heart in flower.
It should have seen my face
in a smile of water,
with you in the emotion.
      —And thus you arrived, beloved?
—Thus I looked at your soul,
I kissed your smile,
and adored your illusion...

#45 Yo fui la más callada

Yo fui la más callada
de todas las que hicieron el viaje hasta tu puerto.

No me anunciaron lúbricas ceremonias sociales,
ni las sordas campanas de ancestrales reflejos;
mi ruta era la música salvaje de los pájaros
que soltaba a los aires mi bondad en revuelo.

No me cargaron buques pesados de opulencia,
ni alfombras orientales apoyaron mi cuerpo;
encima de los buques mi rostro aparecía
silbando en la redonda sencillez de los vientos.

No pesé la armonía de ambiciones triviales
que prometía tu mano colmada de destellos
solo pesé en el suelo de mi espíritu ágil
el trágico abandono que ocultaba tu gesto.

Tu dualidad perenne la marcó mi sed ávida.
Te parecías al mar, resonante y discreto.
Sobre tí fui pasando mis horarios perdidos.
Sobre mí te seguiste como el sol en los pétalos.

Y caminé en la brisa de tu dolor caído
con la tristeza inguenua de saberme en lo cierto;
tu vida era un profundo batir de inquietas fuentes
en inmenso río blanco corriendo hacia el desierto.

Un día, por las playas amarillas de histeria,
muchas caras ocultas de ambición te siguieron;
por tu oleaje de lágrimas arrancadas al cosmos
se colaron las voces sin cruzar tu misterio...

Yo fui la más callada.
La voz casi sin eco.
La conciencia tendida en sílaba de angustia,
desparramada y tierna, por todos los silencios.

Yo fui la más callada.
La que saltó la tierra sin más arma que un verso.
¡Y aquí me veís, estrellas,
desparramada y tierna, con su amor en mi pecho!

#45 I Was the Quietest One

I was the quietest one
of all those who made the voyage to your port.

No lewd social ceremonies announced me,
nor the deaf bells of ancestral reflections;
my route was the savage music of the birds
releasing to the air my circling generosity.

No ships heavy with opulence carried me,
no oriental rugs supported my body;
over the ships my face appeared
whistling in the round simplicity of the winds.

I did not weigh the harmony of trivial ambitions
which your hand promised, full of starbursts;
I only weighed on the floor of my agile spirit
the tragic abandon which your gesture occulted.

Your perennial duality was marked by my avid thirst.
You resembled the sea, resonant and discrete.
Over you I went passing my lost hours.
Over me, you followed yourself, like the sun in the petals.

And I walked in the breeze of your fallen pain
with the ingenuous sadness of knowing myself right:
your life was a profound churning of restless fountains
in an immense white river running to the dessert.

One day by the yellow shores of hysteria,
many hidden faces of ambition followed you:
through the waves of your tears uprooted from the cosmos
voices leaked without crossing your mystery...

I was the quietest one.
The voice with almost no echo.
The conscience spread in a syllable of anguish,
scattered and tender, through all the silences.

I was the quietest one.
The one who leapt from earth with no more weapon than a verse.
And here you see me, stars,
scattered and tender, with his love in my breast!

#46 Canción sublevada

Amado,
esta noche de luna,
pálida de dormirme,
se subleva mi verso.

Toda la luz se ha erguido
por mi tronco silvestre de reflejos,
y ora trepa mi anhelo desgarrado,
o se lava los ojos en mi sueño.

Apretado en su pétalo
silba coraje el cielo,
y mi nombre es el nombre repetido
de todas las estrellas en revuelo.

—Tú tienes luna llena,
siempre llena
claridad de emoción por tu sendero—
claman despavoridas
las sombras extraviadas por los cerros.

—Tú tienes el amor—gritan los lirios,
y una distancia azul turba mi pecho.

Amado,
si no hay luz separada a nuestro impulso,
si nos une la vida, el alba, el tiempo,
¿por qué han de desunirnos unas horas
que no son más del hombre que del viento?

¿Por qué tiene la luna
que enternecer mis ojos hacia el sueño,
si tus manos, en pulso de palomas,
pueden más, corazón, que el universo?

¿Por qué corren mis brazos
solos de ti, tu rastro de recuerdos,
si tu vida ya flota por la mía
como alba atajada en mar sin puertos?

#46 Rebellious Song

Beloved,
on this moonlit night,
pale from putting me to sleep,
my verse rebels.

All of the light has stood tall
through my wild trunk of reflections,
and now climbs my torn desire,
or washes its eyes in my sleep.

Crammed in its petal
the sky whistles courage,
and my name is the name repeated
by all the stars in circling flight.

—You have a full moon
always full
clarity of emotion through your path—
the shadows lost in the mountains
shriek in terror.

—You have love—scream the lilies,
and a blue distance troubles my breast.

Beloved,
if there is no light separate from our impulse,
if life unites us, dawn, time
why should a few hours separate us
that are no more of man than of the wind?

Why does the moon have to
make my eyes tender toward sleep,
if your hands in the pulse of doves,
are more powerful, heart, than the universe?

Why do my arms race
your trail of memories without you,
if your life already floats through mine
like a dawn intercepted in a sea without ports.

Amado,
esta noche de luna
pálida de dormirme
se subleva mi verso,
y no hay eco tendido por mi espíritu
que en mi abandono no secunde al cielo...

Beloved,
on this moonlit night
pale from putting me to sleep
my verse rebels,
and there is no echo spread in my spirit
that in my abandon does not second the sky...

#47 Desvelos sin sollozo

Me desvela tu sueño equidistante
de mi vuelo y mi lágrima en descenso.
Ni vuelo claridades desbocadas
ni me tiro en mi llanto de silencio,
porque en toda mi hora inhabitada
eres, fijo de luz, centro de sueño.

No de lágrimas parten
los manantiales hondos que hoy te vierto.
Es un sueño distante de las rocas
el que tendió mi espíritu a tu encuentro.

Sé que duermes. Un sueño sin sentido,
loco y azul, rondándote los nervios
(y desisto de alzarte la conciencia
porque en blanco y azul te sé despierto).

Yo dormiré tu cielo en mis pupilas
mientras el alma vela tu misterio.
En bandadas de sendas recogidas
desvelaré mi amor hacia lo eterno.

#47 Sleepless without Sobbing

I am sleepless from your dream midway
from my flight and my tear in descent.
I fly neither widemouthed daylights
nor do I throw myself in my weeping of silence,
because in all my uninhabited hours
you are fixed by light, center of a dream.

Not from tears part
the deep wellsprings that today I pour you.
It is a dream distant from the rocks
that my spirit spread at your encounter.

I know you sleep. A dream without sense,
crazy and blue, haunting your nerves
(and I desist from raising your conscience
because in white and blue I know you awake).

I will sleep your sky in my pupils
while my soul watches your mystery.
In flocks of gathered paths
I will awaken my love toward the eternal.

#48 Regreso a mí

Otra noche de lágrimas.
Insomne
por las manos vaporosas del tiempo.

No camino.
En mi mismo dolor yo me detengo.

El corazón del aire se me entrega
por donde tú pasaste hace un momento.
Las estrellas me dicen
que me enviaste el sol entre sus dedos.

Como perdidas ondas,
por mi emoción se cuelan tus cabellos.

Me imagino tus ojos,
solos de luz, buscándome por dentro;
y tus brazos vacíos,
en vano recorriendo mi recuerdo...

¡Qué sencillo sería
deshojarme de amor sobre tu cuerpo!

¡A qué escala de mí, junto a mi alma,
te quedarás dormido de silencio!

¡A qué hora saldrán tus golondrinas
a cambiarse las alas en mi pecho!

Un agitado viento de esperanza
parece que me anuncia tu regreso.

Entre el fuego de luna que me invade
alejando crepúsculos te siento.

Estás aquí. Conmigo.
Por mi sueño.
¡A dormirse se van ahora mis lágrimas
por donde tú cruzaste entre mi verso!

#48 Return to Me

Another night of tears.
Sleepless
through the vaporous hands of time.

I don't walk.
I linger in my own pain.

The heart of air surrenders to me
where you passed a moment ago.
The stars tell me
that you sent me the sun between their fingers.

Like lost waves,
your hair filters through my emotion.

I imagine your eyes,
light only, looking for me inside;
and your empty arms,
in vain reviewing my memory...

How simple it would be
to unleaf my love over your body!

At what level of me, next to my soul,
will you fall asleep in silence!

At what hour will your swallows come out
to change their wings on my breast!

An agitated wind of hope
seems to announce your return.

Amid the moon fire that invades me
I feel you distancing twilights.

You are here. With me.
Through my dream.
My tears now go to sleep
where you crossed through my verse!

#49 Poema de mi pena dormida

Con los ojos cerrados, amplia de voces íntimas,
me detengo en el siglo de mi pena dormida.
La contemplo en su sueño...
Duerme su noche triste
despegada del suelo donde arranca mi vida.
Ya no turba la mansa carrera de mi alma
ni me sube hasta el rostro en dolor de pupilas.

Encerrada en su forma,
ya no proyecta el filo sensible de sus dedos
tumbandome alegrías,
ni desentona ritmos
en la armonía perfecta de mi canción erguida.

Ya no me parte el tiempo...
Duerme su noche triste
desde que tú anclaste en la luz de mis rimas.

Recuerdo que las horas se rodaban en blanco
sobre mi pena viva,
cuando corría tu sombra por entre extrañas sombras,
adueñado de risas.

Mi emoción esperaba...
Pero tuve momentos de locura suicida:
¡te retardabas tanto,
y era tanta la música que tu eco traía!

Recuerdo que llegaste elemental de instintos.
¡Tú también de los siglos la ancha pena bebías;
pero fuiste más fuerte y en esfuerzo soberbio,
desterraste tu angustia, y dormiste la mía!

#49 Poem of My Sleeping Pain

With my eyes closed, ample with intimate voices,
I detain myself in the century of my sleeping pain.
I contemplate her in her sleep...
She sleeps her sad night
detached from the ground where my life starts.
It no longer disturbs the tame race of my soul
nor does it rise to my face in a pain of pupils.

Locked in her form
she no longer projects the sensible sharp edge of her fingers
knocking over my happinesses,
nor untunes rhythms
in the perfect harmony of my erect song.

Time doesn't split me anymore...
It sleeps its sad night
since you anchored in the light of my rhymes.

I remember that the hours rolled in white
over my live pain,
when your shadow ran through strange shadows,
seized by laughter.

My emotion waited...
But I had moments of suicidal madness:
you delayed so long
and your echo brought so much music!

I remember that you arrived pure of instincts.
You also drank from the wide pain of the centuries;
but you were stronger and in an arrogant effort
you exiled your anguish, and put mine to sleep!

#50 Canción para llorar y amar

Minúscula...
En mi dolor cabalgo
por la infinita orfandad de los caminos tristes.

No recuerdo el instante en que bajé la vida
hasta ti...

Sólo sé castidad de pena blanca...

Una caricia en tacto de luceros
me sorprendió mi sueño...

Un enorme dolor adolescente
con puertas a lo eterno
me comenzó a latir tu llegada.

Más adentro mi alma
te buscaba la vida
con una luz de lágrimas.

***

El aire fue un misterio de sollozos aislados
depurando la brisa de tu senda y mi senda.
Y mi llanto regó arenales inmensos de nostalgia
para sembrar mi corazón a la bondad de amarte.

Casi fui rosa ávida
para bajo tus manos.

Casi fui casi ola
para sobre tu rostro...

Y seguí largas horas
impulsando mi sueño de su tragedia inmóvil.
Y cerré largas noches
avivando mis pasos
por tu ruta tendida a mi rescate.

#50 Song for Crying and Loving

Minuscule ...
On my pain I gallop
through the infinite orphanhood of the sad paths.

I don't remember the moment in which I lowered my life
to you...

I only know chastity of white sorrow...

A caress in the touch of morning stars
surprised my dream.

An enormous adolescent pain
with doors to the eternal
began to throb at your arrival.

More deeply my soul
looked for your life
with a light of tears.

***

The air was a mystery of isolated sobs
purifying the breeze of your path and my path.
And my weeping irrigated immense sands of nostalgia
to plant my heart in the goodness of loving you.

I was almost an avid rose
in your hands.

I was almost an almost wave
on your face...

And I kept long hours
pushing my dream from its immobile tragedy.
And I closed long nights
vivifying my steps
through your route spread for my rescue.

***

Mi alma abrió a tu alma
como el abrir humilde de una estrella,
y me doblé a tu vida
como inclina su peso hacia la tierra
la espiga fecundada.

***

Desde allí,
dolor y amor me llevan
sujeta la emoción.

¡Qué simple es la conciencia
ante el reclamo cósmico
que ha cruzado mi espíritu!

Me he encontrado la vida
al ascender mi castidad de impulso,
contigo en ti y en todo.

***

My soul opened to your soul
like the humble opening of a star,
and I bent to your life
like the fertilized sprout
inclines its weight to the earth.

***

From there,
pain and love carry
my emotion tied.

How simple is the conscience
before the cosmic reclamation
that has crossed my spirit!

I have found my life
upon ascending my chastity of impulse,
with you in you and in everything.

#51 Te seguiré callada

Te seguiré por siempre, callada y fugitiva,
por entre oscuras calles molidas de nostalgia,
o sobre las estrellas sonreídas de ritmos
donde mecen su historia tus más hondas miradas.

Mis pasos desatados de rumbos y fronteras
no encuentran las orillas que a tu vida se enlazan.
Busca lo ilimitado mi amor, y mis canciones
de espaldas a lo estático, irrumpen en tu alma.

Apacible de anhelos, cuando el mundo te lleve,
me doblaré el instinto y amaré tus pisadas;
y serán hojas simples las que iré deshilando
entre quietos recuerdos, con tu forma lejana.

Atenta a lo infinito que en mi vida ya asoma,
con la emoción en alto y la ambición sellada,
te seguiré por siempre, callada y fugitiva,
por entre oscuras calles, o sobre estrellas blancas.

#51 I Will Follow You Silent

I will follow you forever, quiet and fugitive,
among dark streets ground by nostalgia,
or over stars smiling with rhythms
where your deepest looks rock their history.

My steps unbound from courses and frontiers
can't find the edges that tie themselves to your life.
my love looks for the unlimited, and my songs
with their backs to the static, erupt in your soul.

At peace with desires, when the world takes you
I will bend my instinct and love your footfalls;
and they will be simple leaves that I will unravel
among quiet memories, with your distant form.

Attentive to the infinite that already peeks in my life,
with the emotion on high, and the ambition sealed,
I will follow you forever, quiet and fugitive,
among dark streets, or over white stars.

#52 Canción de tu presencia

Yo te busqué en las vetas desgastadas del tiempo
que llevé por mis hombros, en realidad vacía,
caminando mi anhelo por sobre oscuros rostros
que apenas se rozaban con las miradas mías.

Y te grité en las voces delgadas de los hombres
en un lenguaje sordo, escultor de mentiras,
que se ataron al eco de ruidos moribundos
y ni siquiera izaron sonidos en mis rimas.

Caminé largas noches sobre un dolor estéril,
abandonada y frágil, por todas las orillas,
ahuecando las horas con mis pasos turbados
que llevaban mi impulso de caída en caída.

Y no pude encontrarte por los hondos abismos
de errores y de herencias que tuvieron mi vida.

¡Tan cerca te me hallabas del tronco de mis años
que el roce de mi sueño con tu dolor herías!

Fecunda de tu espíritu, te llevaba en mi alma,
tallado en el poema de mi ambición más íntima,
como un suelo tendido sin árboles ni rocas
en espera del ímpetu que alzara la semilla.

Te conocía en las tiernas mañanas estivales
que besaban mi cara abierta de sonrisas,
y en las gotas de luna que chocaban mi cuerpo
cuando un presentimiento mis sueños extendía.

Te había visto en el verde dormido de los bosques
maternales y tibios que jugueteé de niña,
y en la carrera ingenua de una fuente del río
por llegar hasta el salto que bañaba mis días.

¡Creciéndome los años con fuerza incontenible,
te llevaba en mi sangre universal e indígena,
y te sentía en injerto de cósmicas canciones,
inexorablemente subiendo por mi vida!

#52 Song of Your Presence

I looked for you in the worn veins of time
which I bore on my shoulders, empty in reality,
walking my longing over dark faces
which barely rubbed against my glances.

And I screamed at you in the slender voice of men
in a deaf language, sculptor of lies,
which tied themselves to the echo of moribund noises
and didn't even raise sounds in my rhymes.

I walked long nights over a sterile pain
abandoned and fragile through all the edges,
hollowing the hours with my confused steps
which carried my impulse from fall to fall.

And I couldn't find you in the deep abysses
of errors and heritage that my life had.

So close were you to the trunk of my years
that you wounded the touch of my dream with your pain!

Fertile with your spirit, I carried you in my soul
carved on the poem of my most intimate ambition,
like a field spread without trees or rocks
waiting for the impetus that would raise the seed.

I knew you in the tender summery mornings
which kissed my face open with smiles
and in the moondrops that crashed to my body
when a foreboding extended my dreams.

I had seen you in the sleeping green of the woods
that I played with as a girl, maternal and warm,
and in the ingenuous race of a source of the river
to reach the waterfall that bathed my days.

My years growing with uncontainable force,
I carried you in my blood, universal and indigenous
and I felt you in a graft of cosmic songs,
inexorably rising through my life!

#53 Canción de la verdad sencilla

No es él el que me lleva...
Es mi vida que en su vida palpita.
Es la llamada tibia de mi alma
que se ha ido a cantar entre sus rimas.
Es la inquietud de viaje de mi espíritu
que ha encontrado en su rumbo eterna vía.

El y yo somos uno.
Uno mismo y por siempre entre las cimas;
manantial abrazando lluvia y tierra;
fundidos en un soplo ola y brisa;
blanca mano enlazando piedra y oro;
hora cósmica uniendo noche y día.

Él y yo somos uno.
Uno mismo y por siempre en las heridas.
Uno mismo y por siempre en la conciencia.
Uno mismo y por siempre en la alegría.

Yo saldré de su pecho a ciertas horas,
cuando él duerma el dolor en sus pupilas,
en cada eco bebiéndome lo eterno,
y en cada alba cargando una sonrisa.

Y seré claridad para sus manos
cuando vuelquen a trepar los días,
en la lucha sagrada del instinto
por salvarse de ráfagas suicidas.

Si extraviado de senda, por los locos
enjaulados del mundo, fuese un día,
una luz disparada por mi espíritu
le anunciará el retorno hasta mi vida.

No es él el que me lleva...
Es su vida que corre por la mía.

#53 Song of the Simple Truth

It is not he that takes me...
It is my life that in his life palpitates.
It is the warm call of my soul
which has gone to sing among his rhymes.
It is the restlessness of my spirit travelling
which has found an eternal path in his course.

He and I are one.
One and the same forever among the summits;
wellspring embracing rain and land;
cast in a blast of wave and breeze;
white hand lacing stone and gold;
cosmic hour joining night and day.

He and I are one.
One and the same forever in the wounds.
One and the same forever in the conscience.
One and the same forever in happiness.

I shall emerge from his breast at certain hours
when he sleeps the pain in his pupils,
in each echo drinking from me the eternal,
and in each dawn carrying a smile.

And I shall be light for his hands
when they turn to climb the days,
in the sacred struggle of the instinct
to save itself from gusts of suicide.

If he were led astray one day from the road
by the caged lunatics of the world,
a light fired by my spirit
would announce to them the return to my life.

It is not he who takes me...
It is his life that runs through mine.

#54 Poema de la cita eterna

Lo saben nuestras almas,
ms allá de las islas y más allá del sol.
El trópico, en sandalias de luz, prestó las alas,
y tu sueño y mi sueño se encendieron.

Se hizo la cita al mar... tonada de mis islas,
y hubo duelo de lirios estirando colinas,
y hubo llanto de arroyos enloqueciendo brisas,
y hubo furia de estrellas desabriéndose heridas...
Tú, y mi voz de los riscos, combatían mi vida.

Se hizo al mar tu victoria, sobre palmas vencidas...

Fue paisaje en lo inmenso,
una imagen de mar casi riachuelo,
de río regresando,
de vida, de tan honda, atomizándose.
Y se dió cita eterna la emoción.

El mar, el verdadero mar,
casi ya mío...
el mar, el mar extraño
en su propio recinto...
el mar
ya quiere ser el mar sobremarino...

El mar, tonada entretenida de mis islas,
por traerse una flor de la montaña,
se trajo mi canción en un descuido,
mi canción más sencilla,
la canción de mis sueños extendidos.

Sobre el mar, sobre el tiempo,
la tonada, la vela...
La cita eterna, amado,
más allá de los rostros de las islas que sueñan.

En el pecho del viento van diciendo los lirios,
que en el pecho del mar dos auroras se besan.

#54 Poem of the Eternal Appointment

Our souls know it
beyond the islands and beyond the sun.
The tropic, in sandals of light, lent its wings,
and your dream and my dream ignited.

The appointment was made with the sea...tune of my islands,
and there was sorrow of lilies stretching hills,
and there was weeping of streams' maddening breezes,
and there was fury of stars opening wounds...
You, and my voice of the cliffs, fought my life.

Your victory went to sea, over conquered palm trees...

It was an immense landscape
an image of sea almost rivulet,
of river returning,
of life, from being so deep, atomizing.
And the emotion gave itself an eternal appointment.

The sea, the true sea,
almost mine now...
The sea, the strange sea
in its own precinct...
The sea
wants to be the supermarine sea...

The sea, entertaining song of my islands,
by bringing a flower from the mountain
brought my song in a careless moment,
my simplest song,
the song of my extended dreams.

Over the sea, over time,
the song, the sail...
The eternal appointment, beloved,
beyond the faces of the islands that dream.

In the breast of the wind the lilies are saying
that in the breast of the sea two dawns kiss.

#55 El mar y tú

La carrera del mar sobre mi puerta
es sensación azul entre mis dedos,
y tu salto impetuoso por mi espíritu
es no menos azul, me nace eterno.

Todo el color de aurora despertada
el mar y tú lo nadan a mi encuentro,
y en locura de amarme hasta el naufragio
van rompiendo los puertos y los remos.

¡Si tuviera yo un barco de gaviotas,
para sólo un instante detenerlos,
y gritarle mi voz a que se batan
en un sencillo duelo de misterio!

Que uno en el otro encuentre su voz propia,
que entrelacen sus sueños en el viento,
que se ciñan estrellas en los ojos
para que den, unidos, sus destellos.

Que sea un duelo de música en el aire
las magnolias abiertas de sus besos,
que las olas se vistan de pasiones
y la pasión se vista de veleros.

Todo el color de aurora despertada
el mar y tú lo estiren en un sueño
que se lleve mi barco de gaviotas
y me deje en el agua de dos cielos.

#55 The Sea and You

The race of the sea over my door
is a blue sensation between my fingers,
and your impetuous leap through my spirit
is no less blue, is born in me eternal.

Through the color of awoken auroras,
the sea and you swim to meet me,
and in the madness of loving me into a shipwreck
break the ports and the oars.

If I but had a ship of seagulls,
to detain you for only one moment,
and scream my voice so that you battle
in a simple duel of mystery!

May one in the other find your own voice,
may you interlace your dreams in the wind,
may you fasten stars to your eyes
so together you can give off your starbursts.

May it be a duel of music in the air
the open magnolias of your kisses,
may the waves dress in passions
and passion dress in sailboats.

May the sea and you stretch
the color of awoken aurora in a dream
that will take my ship of seagulls
and leave me in the water of two skies.

#56 No hay abandono

Se ha muerto la tiniebla en mis pupilas,
desde que hallé tu corazón
en la ventana de mi rostro enfermo.

¡Oh pájaro de amor,
que trinas hondo, como un clarín total y solitario,
en la voz de mi pecho!
No hay abandono ...
ni habrá miedo jamás en mi sonrisa.

¡Oh pájaro de amor,
que vas nadando cielo en mi tristeza ...!
Mas allá de tus ojos
mis crepúsculos sueñan bañarse en tus luces ...

¿Es azul el misterio?

Asomada en mí misma contemplo mi rescate,
que me vuelve a la vida en tu destello ...

#56 There Is No Abandon

The darkness has died in my pupils,
since I found your heart
on the window of my sick face.

Oh bird of love,
who warbles deeply, like a solitary and total clarion
in the voice of my breast!
There is no abandon...
nor will there ever be fear in my smile.

Oh bird of love,
who swims the sky in my sadness...!
Beyond your eyes
my twilights dream of bathing in your lights...

Is the mystery blue?

Watching myself I contemplate my rescue,
that returns me to life in your starburst...

#57 Proa de mi velero de ansiedad

¡Si fuera todo mar,
para nunca salirme de tu senda!

¡Si Dios me hiciera viento,
para siempre encontrarme por tus velas!

¡Si el universo acelerara el paso,
para romper los ecos de esta ausencia!

Cuando regreses, rodará en mi rostro
la enternecida claridad que sueñas.
Para mirarte, amado,
en mis ojos hay público de estrellas.

Cuando me tomes, trémulo,
habrá lirios naciendo por mi tierra,
y algún niño dormido de caricia
en cada nido azul que te detenga.

Nuestras almas, como ávidas gaviotas,
se tenderán al viento de la entrega,
y yo, fuente de olas, te haré cósmico...
¡Hay tanto mar nadando en mis estrellas!

Recogeremos albas infinitas,
las que duermen al astro en la palmera,
las que prenden el trino en las alondras
y levantan el sueño de las selvas.

En cada alba desharemos juntos
este poema exaltado de la espera,
y detendremos de emoción al mundo
al regalo nupcial de auroras nuestras.

#57 Prow on My Sailboat of Anxiety

If only I were all sea,
to never get out of your path!

If God would make me wind,
to always find myself in your sails!

If the universe would accelerate its pace,
to break the echoes of this absence!

When you return, the tender clarity that you dream
will tumble across my face.
To look at you, beloved,
there is an audience of stars in my eyes.

When you take me tremulous,
there will be lilies born in my soil,
and some child asleep from a caress
in each blue nest that detains you.

Our souls, like avid seagulls,
will spread out to the wind of surrender,
and I, fountain of waves, will make you cosmic...
There is so much sea swimming in my stars!

We will gather infinite dawns,
the ones that lull the star in the palm grove,
the ones that light the warble in the larks
and rouse the sleep of the jungles.

In each dawn we shall together undo
this poem exalted from the wait,
and we shall detain the world in emotion
for the nuptial gift of our auroras.

#58 Sobre la claridad

Sobre la claridad,
cruzando mar etéreo con remos de rocío,
ensimismadamente,
con dos alas al pecho del sol,
mi amor contigo y tu alma camina.

Hacia el rincón perdido donde comienza el viento...
A la remota playa que no conoce aún su novio de ola.
Hacia el color de un mundo que no ha tenido cuna de pupilas.

Hacia la sed de sueño,
hacia el sueño,
hacia el sueño en azul
donde trepida toda eternidad...

¿No puedes con tu nombre?
¡Arrójalo al sendero,
que siquiera retoñe en ansiedades!

¿Te molestan los pies, como raíces?
¡Hazte un tallo de pasos, y abre el cielo!

¿Qué la razón te abate?
Dile tú a la razón que eres el orbe,
y que si vas demente,
te acompaña la risa de los montes.

¡Vámonos con la vida sobre la claridad!

¡Por aquel agujero va la muerte!

#58 Over the Light

Over the light,
crossing an ethereal sea with oars of spray,
self-absorbed,
with two wings to the breast of the sun,
my love walks with you and your soul.

Toward the lost corner where the wind begins...
To the remote beach which doesn't yet know its bridegroom wave.
Toward the color of a world that has not had a crib of pupils.

Toward the thirst of dream,
toward the dream,
toward the dream in blue
where all eternity trembles...

Can't handle your name?
Throw it to the path,
that it may sprout again in anxieties.

Your feet bother you, like roots?
Make yourself a stalk of steps and open the sky!

That reason brings you down?
Say to reason that you are the orb,
and that if you are demented,
you are accompanied by the laughter of the mountains.

Let's go with life over the light!

Through that hole goes death!

#59 Presencia de amor en la isla

(En Trinidad, Cuba)

Aquí mi corazón dice "te amo"...
en la desenfrenada soledad de la isla
saliéndose en los ojos tranquilos del paisaje.

El mar asciende a veces la lápida del monte.
Es allá cielo verde, como queriendo auparse hasta mis manos.
La loma no ha crecido más alto que una espiga.
La tierra mira y crece.
Van detrás de los trinos saludando los pájaros,
aquí mi corazón, cabalgando el paraje,
dice "te amo" en el verde lenguaje de los bosques.

Recuerdo que me hablarón una vez las estrellas
de un rincón enterrado, sin mirada y sin viaje,
algo así como un mundo detenido en su historia,
como un trino extraviado, como un ala sin ave.

Aquí quieren palomas detenereme el camino...
centinelas ardientes de un pasado inviolable.
Una paz retraída me columpia el espíritu,
y mis pasos se tumban, como muertos, al aire.
Entre el monte y el mar, por escala de estirpe,
¡Trinidad!, de leyenda me saludan tus calles.

Aquí mi corazón, desandándose el tiempo,
dice "te amo" en la sombra legendaria del valle.
Para mirarnos suben sus pupilas insomnes,
cuatro siglos de aurora tirándose al paisaje.

#59 Presence of Love on the Island

(In Trinidad, Cuba)

Here my heart says "I love you"...
in the unbridled solitude of the island
coming through the tranquil eyes of the landscape.

The sea sometimes ascends the gravestone of the hills.
There it is green sky, as if wanting to rise to my hands.
The hill has not grown higher than a shoot.
The earth looks and grows.
They follow the warbles greeting the birds,
here my heart, galloping the area,
says "I love you" in the green language of the woods.

I remember that once the stars talked to me
from a buried corner, without a glance and without a voyage,
something like a world detained in its history,
like a trill astray, like a wing without a bird.

Here doves want to delay my walk...
ardent sentinels of an inviolable past.
A returned peace swings my spirit,
and my steps fall, as if dead, to the air.
Between the hills and the sea, through levels of pedigree,
Trinidad!, your streets greet me from legends.

Here my heart retracing time
says "I love you" in the legendary shadow of the valley.
Four centuries of aurora leaping into the landscape
raise their sleepless pupils to see us.

#60 Cantar marinero

¡Una vela!
¡Una vela nadando en el mar!
¿Es el mar que ha salido a mirarme,
o es mi alma flotando en el mar?

¡Una ola en la vela!
¡Una ola en la vela del mar!
¿Es mi amor que se trepa en el viento,
o es tu vida en las alas del mar?

¡Una vela! ¡Una ola! Dos sueños
entre el cielo y el pecho del mar!
¿Es que el sol se ha calzado de espumas,
o es que somos los brazos del mar?

¡Una vela! ¡Una ola! ¡Un naufragio
en las blancas espaldas del mar!
No hay un puerto que pueda alojarnos...
¡Remaremos el barco del mar!

#60 Chantey

A sail!
A sail swimming in the sea!
Is it the sea that has come out to see me,
or is my soul floating in the sea?

A wave in the sail!
A wave in the sail of the sea!
Is it my love that climbs on the wind,
or is your life on the wings of the sea?

A sail! A wave! Two dreams
between the sky and the breast of the sea!
Is it that the sun has put on shoes of foam,
or that we are the arms of the sea?

A sail! A wave! A shipwreck
on the white shoulders of the sea!
There is no port to harbor us...
We shall row the boat of the sea!

#61 Casi alba

Casi alba,
como decir arroyo entre la fuente,
como decir estrella,
como decir paloma en cielo de alas.

Esta noche se ha ido casi aurora,
casi ronda de luna entre montañas,
como una sensación de golondrina
al picar su ilusión en una rama.

Amanecer, sin alas para huirse,
regresó de emoción hasta su alma,
palomitas de amor entre mis manos
que al asalto de amor subieron castas.

Noche rasgada al tiempo repetido,
detenida ciudad de esencias altas,
como una claridad rompes mi espíritu,
circundas mi emoción como una jaula.

Amor callado y lejos...
Tímida vocecita de una dalia,
así te quiero, íntimo,
sin saberte las puertas al mañana,
casi sonrisa abierta entre las risas,
entre juego de luces, casi alba...

#61 Almost Dawn

Almost dawn,
as if to say a brook in the fountain,
as if to say star,
as if to say dove in a sky of wings.

This night has gone almost aurora,
almost a moon strolling in the mountains,
like a sensation of a swallow
pecking its illusion on a branch.

Sunrise, without wings to flee,
returned from emotion to his soul,
doves of love in my hands
climbed chaste at the assault on love.

Night ripped by time repeated,
detained city of high essences,
like daylight you break my spirit,
you surround my emotion like a cage.

Love quiet and far...
Timid little voice of a dahlia,
thus I love you, intimate,
without knowing your doors to tomorrow,
almost an open smile amid the laughter,
amid play of lights, almost dawn...

#62 Donde comienzas tú

Soy ola de abandono,
derribada, tendida,
sobre un inmenso azul de sueños y de alas.
Tú danzas por el agua redonda de mis ojos
con la canción más fresca colgando de tus labios.
¡No la sueltes, que el viento todavía azota fuerte por mis brazos mojados,
y no quiero perderte ni en la sílaba!

Yo fuí un día la gaviota más ave de tu vida.
(Mis pasos fueron siempre enigma de los pájaros.)
Yo fuí un día la más honda de tus edades íntimas.
(El universo entero cruzaba por mis manos.)
¡Oh, día de sueño y ola...!
Nuestras dos juventudes hacia el viento estallaron.
Y pasó la mañana,
y pasó la agonía de la tarde muriéndose en el fondo de un lirio,
y pasó la alba noche resbalando en los astros,
y pasó la extasiada juventud de la aurora exhibiéndose en pétalos
y pasó mi letargo...
Recuerdo que al mirarme con la voz derrotada,
las dos manos del cielo me cerraron los párpados.

Fué tan sólo una ráfaga,
una ráfaga húmeda que cortó mi sonrisa
y me izó en los crepúsculos entre caras de espanto.
Tú nadabas mis olas retardadas e inútiles,
y por poco me parto de dolor esperando...

Pero llegaste, fértil,
más intacto y más blanco.
Y me llevaste, épico,
venciéndote en tí mismo los caminos cerrados.

Hoy anda mi caricia
derribada, tendida,
sobre un inmenso azul de sueños con mañana.
Soy ola de abandono.
y tus playas ya saltan certeras, por mis lágrimas.

¡Amante, la ternura desgaja mis sentidos...
yo misma soy un sueño remando por tus aguas!

#62 Where You Begin

I am a wave of abandon,
demolished, spread out,
over an immense blue of dreams and wings.
You dance through the round water of my eyes
with the freshest song hanging from your lips.
Don't let go because the wind still strongly whips my wet arms,
and I don't want to lose you, not even in the syllable!

One day I was the seagull most bird of your life.
(My steps were always an enigma of the birds.)
One day I was the deepest of your intimate ages.
(The entire universe crossed through my hands.)
Oh day of dream and wave...!
Our youth exploded toward the wind.
And the morning passed
and the agony of the evening dying at the bottom of a lily passed,
and the dawn night slipping in the stars passed,
and the ecstatic youth of the aurora parading in petals passed
and my lethargy passed.
I remember that seeing myself with defeated voice,
the two hands of the sky closed my eyelids.

It was only a gust,
a humid burst of wind that cut my smile
and raised me in the twilight among astonished faces.
You swam my delayed and useless waves,
and I almost broke from the waiting pain...

But you arrived, fertile,
more intact and more white.
And you took me, epic,
conquering in yourself the closed paths.

Today my caress walks
defeated, fallen,
over an immense blue of dreams with tomorrow.
I am a wave of abandon,
and your beaches leap skillfully through my tears.

Lover, the tenderness tears my senses...
I myself am a dream rowing through your waters!

#63 Canción hacia adentro

¡No me recuerdes! ¡Siénteme!
Hay solo un trino entre tu amor y mi alma.

Mis dos ojos navegan
el mismo azul sin fin donde tú danzas.

Tu arco iris de sueños en mi tiene
siempre pradera abierta entre montañas.

Una vez se perdieron mis sollozos,
y los hallé, abrigados, en tus lágrimas.

¡No me recuerdes! ¡Siénteme!
Un ruiseñor nos tiene en su garganta.

Los ríos que me traje de mis riscos,
desembocan tan solo por tus playas.

Hay confusión de vuelos en el aire...
¡El viento que nos lleva en sus sandalias!

¡No me recuerdes! ¡Siénteme!
Mientras menos me pienses, más me amas.

#63 Inward Song

Don't remember me! Feel me!
There is only a warble between your love and my soul.

Both my eyes navigate
the same endless blue where you dance.

Your rainbow of dreams always has in me
an open meadow among mountains.

Once my sobs were lost,
and I found them sheltered in your tears.

Don't remember me! Feel me!
A nightingale has us in his throat.

The rivers I brought from my cliffs
empty only on your beaches.

There is confusion of flight in the air...
The wind carries us in its sandals!

Don't remember me! Feel me!
The less you think me, the more you love me.

#64 Azul a tierra en ti

Parece mar, el cielo
donde me he recostado a soñarte...

Si vieras mi mirada,
como un ave, cazando horizontes y estrellas...

El universo es mío desde que tú te hiciste
techo de mariposas para mi corazón.

Es tan azul el aire cuando mueves tus alas,
que el vuelo nace eterno, en repetida ola sin cansancio.

No sé si en olas o nube abrirme la ternura
para rodarme al sueño donde duermes.

Es tan callado el viento,
que he podido lograrte entre los ecos.

Soy toda claridad para estrecharte...

Te he visto con los ojos vivos como los ojos abiertos de los bosques,
figurándome en risas y quebradas nadando hasta el océano.

Te he recogido en huellas de canciones marinas
donde una vez dejaste corazones de agua enamorados.

Te he sacado del tiempo...

¡Cómo te he levantado en un lirio de luz
que floreció mi mano al recordarte!

¿Por qué me corre el mar?

Tú eres vivo universo contestándome...

#64 Blue to Earth in You

The sky where I have leaned back to dream you
looks like a sea...

If you could see my gaze,
like a bird hunting horizons and stars...

The universe is mine since you made yourself
a roof of butterflies for my heart.

The air is so blue when you move your wings,
that flight is born eternal, in repeated tireless waves.

I don't know if I should open my tenderness in wave or cloud
to roll myself to the dream where you sleep.

The wind is so quiet,
that I have been able to attain you in the echoes.

I am all daylight to embrace you...

I have seen you with eyes alive like the open eyes of the woods,
imagining myself in laughter and ravines swimming to the ocean.

I have gathered you in traces of chanteys
where you once left hearts of water in love.

I have taken you out of time...

How I have lifted you in a lily of light
that flowered my hand at remembering you!

Why does the sea run in me?

You are a live universe answering me...

#65 El regalo del viento

Me dijeron golondrina ...
Se soltaron las auroras, castas como gotas de invierno hasta mi nueva claridad.
No hubo quien le dijera adiós al último mensaje de la nube.
Era mi vida una vanguardia alada de brisas conteniendo los arroyos del cielo.
A mis pies, desbordado, vagaba el universo ...

Tú ibas sordo de brumas,
adyacente a tí mismo, y sin saberlo,
como una retaguardia de luz por mi sendero.
Nadabas en las noches sobre todos mis pétalos,
y aun no eras posible ...
Mis trenzas enlazaban las vértebras inermes de tus sueños cansados.
Hasta quise prestarte mis alas intercósmicas
para verte en los ojos margaritas y estrellas.

Tú ibas lento de espacio,
adyacente a tí mismno,
en mansa retaguardia de luz por mi sendero.
Aún no eras posible ...
El viento huracanado te acercaba a mi sueño.

¡Aquello era agonía!

Más allá iban mis brisas destrenzando los vientos.
¿Qué castidad de selva evitaba a tus brazos desnudarse en mis cielos?
¿Qué mariposa núbil no hubiera destrozado sus alas esperándote?
¿Por qué mi voz delante, durmiendo a las estrellas,
cuando el amor llamaba a mis espaldas?

Aquello era agonía ...

Más tarde, un golpecito de luz, como paloma,
se irguió desde mis párpados y tropezó tu vida.
Se oyó sobre los aires
como un desplazamiento de auroras y de remos.
Una quietud de nido me sujetó las manos,
y se me fueron riendas, y carruajes, y vuelos.

El viento, huracanado,
se quitó las sandalias,
y las puso en tu pecho ...

#65 The Gift of the Wind

They called me swallow...
The auroras broke free, chaste as winter drops, to my new daylight.
There was no one to say goodbye to the cloud's last message.
My life was a winged vanguard of breezes containing the sky's streams,
At my feet, flooded, the universe loitered...

You went deaf to fogs,
adjacent to yourself, and without knowing it,
like a rear guard of light on my path.
You swam in the nights over all my petals,
and still you weren't possible...
My braids interlaced the vulnerable vertebras of your tired dreams.
I even wanted to lend you my intercosmic wings
to see in your eyes daisies and stars.

You went slow of space,
adjacent to yourself,
in a tame rear guard of light on my path.
Still you weren't possible...
The hurricaned wind neared you to my dream.

That was agony!

Beyond, my breezes were unbraiding the winds.
What woodland chastity kept your arms from undressing in my skies?
What nubile butterfly wouldn't destroy her wings waiting for you?
Why was my voice ahead, putting stars to sleep,
when love called at my back?

That was agony...

Later, a tapping of light, like a dove,
raised itself from my eyelids and tripped on your life.
It was heard over the winds
like a displacement of auroras and oars.
A quietness of nest tied my hands,
and reins, and carriages, and flights left me.

The wind, hurricaned,
took off its sandals,
and put them on your chest...

#66 Naufragio

El sol está nadando con mi nombre en el mar...
Me he quedado desnuda,
fija,
crepuscularia,
y estoy en tí.

Alguien quiso volar mis alas.
Preguntadle a mi amado
dónde se están secando del naufragio del sol.

¿Que mi camino es mío?

¡Sí, todos los caminos son míos,
todos los que comienzan en el pecho de Dios!

#66 Shipwreck

The sun is swimming with my name in the sea...
I am left naked,
fixed,
crepuscular,
and am in you.

Someone wanted to fly my wings.
Ask my beloved
where they are drying from the shipwreck of the sun.

That my path is mine?

Yes, all the paths are mine,
all that begin in God's bosom!

#67 Víctima de luz

Aquí estoy,
desenfrenada estrella, desatada,
buscando entre los hombres mi víctima de luz.

A tí he llegado.
Hay algo de universo en tu mirada,
algo de mar sin playa desembocando cauces infinitos,
algo de amanecida nostalgia entretenida en imitar palomas ...

Mirarte es verme entera de luz
rodando en un azul sin barcos y sin puertos.

Es inútil la sombra en tus pupilas ...
Algún soplo inocente debe haberse dormido en tus entrañas.

Eres, entre las frondas, mi víctima de luz.
Eso se llama amor, desde mis labios.

Tienes que olvidar sendas,
y disponerte a manejar el viento.

¡A mis brazos, iniciado de luz,
víctima mía!

Pareces una espiga debajo de mi alma,
y yo, pleamar tendida bajo tu corazón.

#67 Victim of Light

Here I am
unbridled star, untied,
seeking among men my victim of light.

I have arrived at you.
There is something of the universe in your look,
something of the beachless sea, emptying infinite riverbeds,
something of sleepless nostalgia entertained by imitating doves...

To look at you is to see me completely of light
rolling in a blue without ships and without ports.

The shadow in your pupils is useless...
Some innocent gust must have fallen asleep in your entrails.

You are, among the fronds, my victim of light.
That's called love from my lips.

You must forget paths,
and prepare to manage the wind.

To my arms, initiate of light,
victim mine!

You look like a sprout under my soul,
and I, high tide spread under your heart.

#68 Velas sobre un recuerdo

Todo estático,
menos la sangre mía, y la voz mía,
y el recuerdo volando.

Todo el lecho es un cántico de fuego
echando a andar las ondas del reclamo.
La misma pared siente
que ha bajado a llamarte entre mis labios.

¿Qué grandioso el silencio de mis dedos
cuando toman el verso de los astros,
que se cuelan en rapidas guirnaldas
para esculpirte en luces por mis brazos!

Va gritando tu nombre entre mis ojos,
el mismo mar, inquieto y constelado.
Las olas más infantes te pronuncian,
al girar por mis párpados mojados.

Todo es ternura ágil por mi lecho,
entre cielos y ecos conturbados.
Con tu sendero vivo en mi flor íntima,
he movido lo estático ...

#68 Sails over a Memory

Everything static,
except my blood and my voice
and the memory flying.

The whole bed is a canticle of fire
setting the waves of reclamation to walk.
The very wall feels
that it has descended to call you in my lips.

How grand the silence of my fingers
when they take the verse of the stars,
that filter down in rapid garlands
to sculpt you in light in my arms!

The very sea goes screaming your name in my eyes,
restless and in constellation.
The most infant waves pronounce you,
turning through my wet eyelids.

Everything is agile tenderness in my bed,
between skies and turbulent echoes.
With your live path in my intimate flower,
I have moved the static...

#69 Rompeolas

Voy a hacer un rompeolas
con mi alegría pequeña...
No quiero que sepa el mar,
que por mi pecho van penas.

No quiero que toque el mar
la orilla acá de mi tierra...
Se me acabaron los sueños,
locos de sombra en la arena.

No quiero que mire el mar
luto de azul en mi senda...
(¡Eran auroras mis párpados,
cuando cruzó la tormenta!)

No quiero que llore el mar
nuevo aguacero en mi puerta...
Todos los ojos del viento
ya me lloraron por muerta.

Voy a hacer un rompeolas
con mi alegría pequeña,
leve alegría de saberme,
mía la mano que cierra.

No quiero que llegue el mar
hasta la sed de mi poema,
ciega en mitad de una lumbre,
rota en mitad de una ausencia.

#69 Seawall

I'm going to make a seawall
with my small happiness...
I don't want the sea to know
that pains go through my breast.

I don't want the sea to touch
the shore of my earth...
I have run out of dreams,
crazy from shadows in the sand.

I don't want the sea to look
at blue mourning in my path...
(My eyelids were auroras
when the storm crossed!)

I don't want the sea to cry
a new rainstorm at my door...
All the eyes of the wind
already cry me as dead.

I'm going to make a seawall
with my small happiness,
light happiness of knowing myself,
mine the hand that closes.

I don't want the sea to arrive
at the thirst of my poem,
blind in the middle of light,
broken in the middle of an absence.

#70 Ronda sobremarina por la montaña

—Almamarina... Almamarina...
      Eso me dijo el viento cuando le di la mano en la montaña.

—Si yo me llamo... no sé cómo me llamo.
      ¿No ves allá mi nombre colgando de los pétalos,
      pronunciando en los frescos "buenos dias" del arroyo,
      o abriéndose en el vuelo de alguna golondrina?

—Almamarina...
      Eso me dijo el viento ruborizándose en mis ojos,
      nerviosos,
      enamorándome.

—Pero si soy de la montaña...
—Almamarina...
—Pero si ya le di mi corazón al río...
—Almamarina...
      Y me tomó en los brazos,
      anegando de océanos mi nombre.

—Almamarina..
—Por qué has parado el orbe?
—Almamarina...
—Por qué has retado al risco salvaje?
—Almamarina...
—Por qué pintas mi nombre de azul?
—¡Déjame verde!
      Y me rasgó la risa de los bosques.

—Almamarina...
      Hubo luego, en silencio, como un desplazamiento
      de una niña de agua en la sed de los valles,
      La voz sobremarina se irguió sobre los cerros,
      y partió para siempre con la niña en el talle.

#70 Supersea Stroll through the Mountain

—Seasoul... seasoul...
>   That's what the wind said when I gave it my hand in the mountain.

—If my name is... I don't know what my name is.
>   Don't you see there my name hanging from the petals,
>   pronounced on the fresh "good morning" of the stream,
>   or opening in the flight of some swallow?

—Seasoul...
>   That's what the sea said blushing in my eyes,
>   nervous,
>   courting me.

—But if I belong to the mountain...
—Seasoul...
—But if I already gave my heart to the river...
—Seasoul...
>   And it took me in its arms
>   flooding my name with oceans.

—Seasoul...
—Why have you stopped the orb?
—Seasoul...
—Why have you challenged the wild cliff?
—Seasoul...
—Why do you paint my name blue?
—Leave me green!
>   And it tore my laugh from the woods.

—Seasoul...
>   Later, in silence, there was something like a surge
>   of a water-girl in the thirst of the valleys,
>   The supersea voice rose over the mountains
>   and left forever with the girl on its waist.

#71 Mi senda es el espacio

Para hallarte esta noche las pupilas distantes,
he dominado cielos, altamares, y prados.
He deshecho el sollozo de los ecos perdidos...
tengo el hondo infinito jugando entre mis manos.

Siénteme la sonrisa. Es el último sueño
de una espiga del alba que se unió a mi reclamo...
Yo quiero que adelantes en espíritu y alas
mi cancón enredada de trinos y de pájaros.

Te esperaré la vida. Levántame el ensueño.
Mírame toda en ascuas. Recuéstate en mis labios.
¡Tan simple, que en mitades iguales de armonía,
se rompieran a un tiempo tus lazos y mis lazos!

Vuélvete la caricia. No quiero que limites
tus ojos en mi cuerpo. Mi senda es el espacio.
Recorrerme es huirse de todos los senderos...
Soy el desequilibrio danzante de los astros.

#71 My Road Is Space

To find your distant pupils this night
I have conquered skies, high seas, and meadows.
I have undone the sob of the lost echoes...
I have the deep infinite playing in my hands.

The smile feels me. It is the last dream
of a sprout of dawn that joined my reclamation...
I want you to advance in spirit and wings,
my song entangled in warbles and birds.

I will wait for your life. Lift my illusion.
Look at me all in embers. Rest on my lips.
So simple, that in equal halves of harmony,
your bonds and my bonds would break together!

Become the caress. I don't want you to limit
your eyes in my body. My road is space.
To travel me is to flee from all the paths...
I am the dancing imbalance of the stars.

#72 Canción amarga

Nada turba mi ser, pero estoy triste.
Algo lento de sombra me golpea,
aunque casi detrás de esta agonía,
he tenido en mi mano las estrellas.

Debe ser la caricia de lo inútil,
la tristeza sin fin de ser poeta,
de cantar y cantar, sin que se rompa
la tragedia sin par de la existencia.

Ser y no querer ser ... es la divisa,
la batalla que agota toda espera,
encontrarse, ya el alma moribunda,
que en el mísero cuerpo quedan fuerzas.

¡Perdóname, oh amor, si no te nombro!
Fuera de tu canción soy ala seca.
La muerte y yo dormimos juntamente ...
Cantarte a tí, tan sólo, me despierta.

#72 Bitter Song

Nothing disturbs my being, but I am sad.
Something of a slow shadow beats me,
although almost behind this agony,
I have had the stars in my hand.

It must be the caress of the useless,
the endless sadness of being a poet,
of singing and singing, without breaking
the peerless tragedy of existence.

To be and not want to be... that's the split,
the battle that exhausts all expectation,
to discover that while the soul is dying,
the miserable body still has strength.

Forgive me oh my love, if I don't name you!
Outside of your song I am a dry wing.
Death and I sleep together...
Singing to you alone wakens me.

#73 Constelación de alas

Las más nuevas golondrinas,
las recién consteladas en el tímido universo de mis sueños,
las que no han visto nunca la sensación despedazada,
se han tendido a mirarte en la marea sobremarina de mi vida,
donde eres único tripulante.

Ya de tenerte tanto como un río perdido por entre mi ternura,
el sueño me comienza en tu mundo indefenso a la invasión alada de mi espíritu.

Mis golondrinas bebieron en el redondo amanecer de tu canción,
intacta al alba que desplaza mi tonada,
rompieron todas a trinar en mi garganta,
y se fortalecieron en tus ojos para llegar a mí.

Como auroras que sólo se desvisten en las cumbres,
sus alas vienen quedas y mojadas con las primicias del rocío...
Son tan nuevas las últimas golondrinas consteladas en mi tímido universo de
misterio.
Bandadas de emoción que recorté al pasar por tu camino,
entretenido en trasladarme la canción a la presencia de tu sueño blanco.
Como decir tu vida entregándose en alas.
Tan leves a mi alcance,
como el alba que me regalas todas las mañanas desde tu suelo amanecido,
agigantado con la ternura mía creciendo en cada anhelo inhabitado.

#73 Constellation of Wings

The newest swallows,
the most newly shining constellations in the timid universe of my dreams,
those who have never seen sensation cut into pieces,
have spread out to look at you in the supersea tide of my life,
where you are the only crew member.

From having you so much like a lost river in my tenderness,
my dream begins in your world, vulnerable to the winged invasion of my spirit.

My swallows drank in the round sunrise of your song,
intact in the dawn that displaces my tune
they all broke into warbles in my throat,
and they fortified themselves in your eyes to reach me.

Like auroras that only undress in the summits
their wings come curfewed and wet with the beginning of dew...
They are so new—the latest constellation of swallows in my timid universe of
                                                              mystery.
Flocks of emotion that I cut passing your path,
entertained by transferring my song to the presence of your white dream.
Like saying your life surrendering in wings.
So light at my reach,
like the dawn you give me every morning from your sleepless soil,
gianted with my tenderness growing in each uninhabited desire.

#74 Es un algo de sombra

Como si entre mis pasos se paseara la muerte,
desde el cielo me miran consternados los astros.

Algo esconde paisajes a mis ojos de sueño.
Algo llueve en mi rostro las corolas del llanto.

Algo flota en mi espíritu por encima de tu alma,
algo grave y doliente que destroza mis párpados.

¿Definirlo? Las rosas de mi amor se conmueven,
y no encuentran la nota de la pena en sus labios.

La palabra no puede con mi carga de angustia,
y no cabe en mi verso mi dolor exaltado.

Es un algo de sombra desnutriendo mi vuelo,
un temor de ser poca a la sed de tus brazos,

de perderte una noche desde todas mis alas,
sin un surco en la frente ni un adiós en las manos.

¡Oh, la sed infinita de estrecharte y asirte,
de escuchar que en tu vida soy montaña y soy llano,

que si agreste, sintieras un anhelo de selva,
bastaría ante los riscos que contienen mis pasos,

que si a tus velas frágiles las destrozara el viento
detendrías tu naufragio en mis lirios mojados,

y si aún fuese la tierra poca senda a tus ansias,
en mi verso de espumas hallarías tu barco!

¡Oh, la sed infinita¡ ¡Oh, el temor de perderte!
¡Oh, mis ojos, cubridme, rescatadme del llanto!

¡Contempladlo! En sus labios mis sonrisas se baten,
y aún habita en su rostro mi recuerdo más casto.

Ved la huella de estrellas que le enciende la frente,
son las mismas, las mutuas estrellitas de antaño.

#74 It Is a Something of Shadow

As if between my steps death paraded,
the stars look at me in dismay from the sky.

Something hides landscapes from my dream eyes.
Something rains on my face the corollas of weeping.

Something floats in my spirit over your soul,
something grave and painful that destroys my eyelids.

Define it? The roses of my love are moved,
and can't find the note of pity on their lips.

The word can't cope with my load of anguish,
and my exalted pain can't fit in my verse.

It is a something of shadow sapping my flight,
a fear of being too little at the thirst of your arms,

of losing you one night from all my wings,
without a furrow in my brow nor a goodbye in my hands.

Oh, the infinite thirst of embracing and helping you,
of hearing that in your life I am mountain and I am plain,

that if country-like, you felt a desire of woodland,
the cliffs that contain my steps would satisfy you,

that if the wind destroyed your fragile sails
you would delay your shipwreck in my wet lilies,

and if the earth was still too small a path for your anxieties,
in my verse of foam you would find your ship!

Oh, the infinite thirst! Oh, the fear of losing you!
Oh my eyes, covereth me, rescueth me from the weeping!

Contemplate him! In his lips my smiles battle,
and still my most chaste memory inhabits his face.

See the trace of stars that ignites his forehead,
they are the same, the mutual little stars of yesteryear.

¡Perseguidlo! Aún es mío, aún las notas unidas
de su voz y mi poema aletean el espacio.

Aún recorre las nubes recogiendo mis lágrimas,
por quitarle a mi río la ilusión de mi llanto.

Aún se duerme en la noche sobre todas mis risas,
constelando su sueño con mis trinos cerrados.

Oh, mis ojos! Cerradle los caminos inciertos,
que en las rutas perdidas lo conduzcan mis pájaros.

Follow him! Even now he is mine, even now the melded notes
of his voice and my poem wing through space.

Even now he runs over the clouds gathering my tears,
to take from my river the illusion of my weeping.

Even now he sleeps in the night over all my laughters,
spangling his dream with my closed warbles.

Oh, my eyes! Close his uncertain paths,
that in the lost routes my birds may lead him.

#75 Poema con destino

Si en este sitio,
en este fijo sitio se detuviera el mundo,
Dios no tendría
que comenzar de nuevo la Creación.

Sólo dejarme, como estoy, soñando
a ser lucero enamorando al sol,
y dejarte en las manos albas libres
para la inmensa siembra de mi amor.

¡Qué mundo forjaríamos del mundo!
¡Qué azul nuestro secreto!
¡Hijos de claridad!
¡Flores de viento!
¡Tierra y agua de amor!
¡Aire de sueño!

Las estrellas
llamaríanle hermano al cementerio,
y nadie encontraía
en el lenguaje la palabre "muerte".

Ni morales ni fisicos,
habría más entierros,
y Dios descansaría ...
y tendría otro destino el universo.

#75 Poem with Destiny

If in this place,
in this exact place the world would stop,
God would not have to
restart the creation.

Only leave me as I am, dreaming
of being a morning star courting the sun,
and leaving you free dawns in your hands
for the immense sowing of my love.

What a world we would forge from the world!
How blue our secret!
Children of daylight!
Flowers of the wind!
Land and water of love!
Air of dreams!

The stars
would call the cemetery brother,
and no one would find
the word "death" in the language.

There'd be no more burials
spiritual or physical,
and God would rest...
and the universe would have another destiny.

#76 Poema de la íntima agonía

Este corazón mío, tan abierto y tan simple,
es ya casi una fuente debajo de mi llanto.

Es un dolor sentado más allá de la muerte.
Un dolor esperando... esperando... esperando...

Todas las horas pasan con la muerte en los hombros.
Yo sola sigo quieta con mi sombra en los brazos.

No me cesa en los ojos de golpear el crepúsculo,
ni me tumba la vida como un árbol cansado.

Este corazón mío, que ni él mismo se oye,
que ni él mismo se siente de tan mudo y tan largo.

¡Cuántas veces lo he visto por las sendas inútiles
recogiendo espejismos, como un lago estrellado!

Es un dolor sentado más allá de la muerte,
dolor hecho de espigas y sueños desbandados.

Creyéndome gaviota, verme partido el vuelo,
dándome a las estrellas, encontrarme en los charcos.

¡Yo siempre creí desnudarme la angustia
con sólo echar mi alma a girar con los astros!

¡Oh mi dolor, sentado más allá de la muerte!
¡Este corazón mío, tan abierto y tan largo!

#76 Poem of the Intimate Agony

This heart of mine so open and so simple
is almost a fountain beneath my weeping.

It is a pain sitting beyond death.
A pain waiting... waiting... waiting...

The hours all pass with death on their shoulders.
I alone stay still with my shadow in my arms.

The twilight beating on my eyes does not cease,
nor does life knock me down like a tired tree.

This heart of mine, that doesn't even hear itself,
that doesn't even feel itself from being so mute and so long.

How many times have I seen it on useless paths
picking up mirages, like a starry lake!

It is a pain sitting beyond death,
pain made of spikes and disorderly dreams.

Believing myself a seagull, seeing my flight split,
giving myself to the stars, finding myself in the puddles.

I always believed in undressing my anguish
by simply throwing my soul to spin with the stars!

Oh, my pain, sitting beyond death!
This heart of mine, so open and so long!

#77 Entretanto, la ola

Las sombras se han echado a dormir sobre mi soledad.
Mis cielos,
víctimas de invasoras constelaciones ebrias,
se han desterrado al suelo como en bandadas muertas de pájaros cansados.
Mis puertos inocentes se van segando al mar,
y ni un barco ni un río me carga la distancia.

Sola, desenfrenada en tierra de sombra y de silencio.
Sola,
partiéndome las manos con el deseo marchito de edificar palomas con mis
últimas alas.

Sola,
entre mis calles húmedas,
donde las ruinas corren como muertos turbados.

Soy agotada y turbia espiga de abandono.
Soy desolada y lloro ...
¡Oh este sentirse el alma más eco que canción!
¡Oh el temblor espumado del sueño a media aurora!
¡Oh inútilmente larga la soledad siguiendo mi camino sin sol!

Entretanto, la ola,
amontonando ruidos sobre mi corazón.
Mi corazón no sabe de playa sin naufragios.
Mi corazón no tiene casi ya corazón.
Todo lo ha dado, todo ...
Es gesto casi exacto a la entrega de Dios.

Entretanto, la ola ...
Todo el musgo del tiempo corrompido en un éxtasis
de tormenta y de azote sobre mi ancho dolor.

Tronchadas margaritas soltando sus cadáveres
por la senda partida donde muero sin flor.
Pechos míos, con lutos de emoción, aves náufragas,
arrojadas del cielo, mutiladas, sin voz.

#77 Meanwhile, the Wave

The shadows have gone to sleep on my solitude.
My skies,
victim of drunken invading constellations
have exiled themselves to the ground like dead flocks of tired birds.
My innocent ports go blinding themselves to the sea,
and neither a boat nor a river carry me the distance.

Alone, unbridled on earth by shadow and by silence.
Alone,
breaking my hands with the withered desire to build doves with my last wings.

Alone,
among my humid streets,
where the ruins run like disturbed dead.

I am an exhausted and turbulent bud of abandon.
I am desolate and I cry...
Oh this feeling of the soul more echo than song!
Oh the foaming tremor of the dream at mid-dawn!
Oh uselessly long solitude following my sunless path!

Meanwhile, the wave,
piling noises over my heart.
My heart knows no beach without shipwrecks.
My heart hardly has a heart now.
All, it has given all...
It is a gesture almost exactly like God's surrender.

Meanwhile, the wave...
All the moss of time corrupted in an ecstasy
of torment and of whiplash on my wide pain.

Felled daisies releasing their cadavers
through the broken path where I die without a flower.
Breasts of mine mourning emotion, shipwrecked birds,
hurled from the sky, mutilated, voiceless.

Todo el mundo en mi rostro,
y yo arrastrada y sola,
matándome yo misma la última ilusión.
Soy derrotada...
Alba tanto distante,
que hasta mi propia sombra con su sombra se ahuyenta.

Soy diluvio de duelos,
toda un atormentado desenfreno de lluvia,
un lento agonizar entre espadas perpetuas.
¡Oh intemperie de mi alma!
¡En qué ola sin nombre callaré tu poema!

All the world in my face,
and me dragged and alone,
killing my last illusion.
I am defeated...
Dawn so far away,
that even my shadow is frightened at its shadow.

I am a deluge of sorrows,
all a tormented unbridling of rain,
a slow agonizing between perpetual swords.
Oh, inclemency of my soul!
In what nameless wave will I silence your poem!

#78 Lluvia íntima

Las calles de mi alma andan desarropadas.
La emoción va desnuda tras la sombra acostada del anhelo.
Hay vientos azotando cercano a mi conciencia.
El cielo de mi mente amenaza estallar,
para soltar el hondo dolor amontonado en noches inocentes
sobre el otro dolor de ser ola sin playa donde reposar lágrimas.

Mi dolor va vendado de llanto entre mis ojos,
busca mares de espíritu donde navegar íntimos motivos de tragedia,
quiere crecer, crecer,
hasta doblarme el grito,
y derrumbarme en ecos por la tierra.

#78 Intimate Rain

The streets of my soul walk uncovered.
The emotion goes naked through the reclining shadow of longing.
There are winds whipping near my conscience.
The sky of my mind threatens to explode,
to let go the deep pain piled up in innocent nights
over the other pain of being a wave without a beach to lay tears.

My pain is bandaged with weeping in my eyes,
it looks for seas of spirit where intimate motives of tragedy can navigate,
it wants to grow, grow,
until it bends my scream,
and demolishes me in echoes over the earth.

#79 Naufragio de un sueño

¡Corre, que se me muere,
que se me muere el sueño!
Tanto que lo cuidamos,
y el probrecito, enfermo,
hoy me yace en los párpados,
arropado de versos.

¡Corre, que se me muere,
que de avivarle el pecho,
mis ojos ya no pueden
recoger más luceros!
Ya los luceros, tímidos,
se me esconden de miedo,
y a la intemperie, solo,
se matará mi sueño...
Yo lo conozco, amado,
ya me expira en el verso...

¡Corre, que se me muere
y me ha pedido el cuerpo!

#79 Shipwreck of a Dream

Run, because it is dying,
because my dream is dying!
We cared for it so much,
and the poor thing, sick,
today lies in my eyelids,
blanketed in verses.

Run, because it is dying,
because from animating its breast,
my eyes can no longer
collect more morning stars!
Now the morning stars, timid,
hide from me in fear,
and in the inclemency, alone,
my dream will kill itself...
I know it, beloved,
it expires me in the verse...

Run, because it is dying,
and it has asked for my body!

#80 Exaltación al hoy

Amor...
única llama que me queda de Dios
en el sendero cierto de lo incierto.

Aquí,
desesperada,
me contemplo la vida en un hueco del tiempo.

Entrecortando pasa el sendero de luz
que esperancé de sueño.

¡Oh mañanas azules que se quedaron muertas,
volando en el espacio!

¡Oh anudada caricia que amaneces dispersa,
cuando despierta el cuerpo!

¡Oh querer desterrarme de mis pasos turbados...!
¡Multiplican en ecos!

Aquí, junto al continuo gravitar de la nada,
¡cómo asaltan mi espíritu los silencios más yermos!

Mi esperanza es un viaje flotando entre sí misma...
Es una sombra vaga sin ancla y sin regreso.

Mis espigas no quieren germinar al futuro.
¡Oh el peso del ambiente!
¡Oh el peso del destierro!

¡Amor...!
Hasta la leve ronda de tu voz perturbada,
me partió la ola blanca que quedaba en mi pecho.

#80 Exaltation to Today

Love...
the only flame of God left me
in the certain path of the uncertain.

Here,
desperate,
I contemplate my life in a hollow of time.

The path of light that I dreamed of
passes faltering.

Oh blue mornings that died,
flying in space!

Oh, knotted caress that awakens dispersed,
when the body awakens!

Oh, wanting to exile myself from my confused steps...!
They multiply in echoes!

Here, next to the continuous gravitation of nothing,
how my spirit is assaulted by the most deserted silences!

My hope is a voyage floating in itself...
It is a vague shadow without anchor and without return.

My sprouts don't want to germinate the future.
Oh, the weight of the ambiance!
Oh, the weight of exile!

Love...!
Even the light stroll of your perturbed voice
split the white wave that remained in my breast.

#81 Ya no es mío mi amor

Si mi amor es así, como un torrente,
como un río crecido en plena tempestad,
como un lirio prendiendo raíces en el viento,
como una lluvía íntima,
sin nubes y sin mar...
Si mi amor es de agua,
¿por qué a rumbos inmóviles lo pretenden atar?

Si mi amor rompe suelos,
disuelve la distancia como la claridad,
ataja mariposas al igual que luceros,
y cabalga horizontes como cruza un rosal...
Si el universo es átomo siguiéndome las alas,
¿por qué medirme el trino cuando rompe a cantar?

Si mi amor ya no es mío,
es yo misma borrando las riberas del mar,
yo inevitablemente y fatalmente mía,
germinándome el alma en mis albas de paz...

Si mi amor ya no roza fronteras con mi espíritu,
¿qué canción sin su vida puede ser en mi faz?

¡Si mi amor ya no es mío!
Es tonada de espumas en los labios del mar...

#81 My Love Is No Longer Mine

If my love is thus, like a torrent,
like a river swollen in a full tempest,
like a lily starting roots in the wind,
like an intimate rain,
without clouds and without sea...
If my love is of water,
why do they try to tie it to immovable courses?

If my love breaks ground,
dissolves the distance like daylight,
cuts butterflies the same as morning stars,
and gallops over horizons like crossing a rose bush...
If the universe is an atom following my wings,
why measure my warble when it breaks into song?

If my love is no longer mine,
it is myself erasing the banks of the sea,
me inevitably and fatally mine,
germinating my soul in my dawns of peace...

If my love no longer grazes frontiers with my spirit,
what song without its life can be in my facade?

If my love is no longer mine!
It is a tune of foam in the lips of the sea...

#82 Entre mi voz y el tiempo

En la ribera de la muerte,
hay algo,
alguna voz,
alguna vela a punto de partir,
alguna tumba libre
que me enamora el alma.
¡Si hasta tengo rubor de parecerme a mí!
¡Debe ser tan profunda la lealtad de la muerte!

En la ribera de la muerte,
¡tan cerca!, en la ribera
(que es como contemplarme llegando hasta un espejo)
me reconocen la canción,
y hasta el color del nombre.

¿Seré yo el puente errante entre el sueño y la muerte?
          ¡Presente...!
¿De qué lado del mundo me llaman, de qué frente?
Estoy en altamar...
En la mitad del tiempo...
¿Quién vencerá?
          ¡Presente!
¿Estoy viva?
¿Estoy muerta?
          ¡Presente! ¡Aquí! ¡Presente...!

#82 Between My Voice and Time

On the banks of death,
there is something,
some voice,
some sail about to depart,
some vacant tomb
that courts my soul.
Why, I even blush at looking like myself!
The loyalty of death must be so profound!

On the banks of death,
so close!, on the bank
(which is like contemplating myself arriving at a mirror)
the song recognizes me,
and even the color of my name.

Am I the errant bridge between the dream and death?
        Present...!
From what side of the world do they call me, from what front?
I am at high sea...
In the middle of time...
Who will win?
        Present!
Am I alive?
Am I dead?
        Present! Here! Present...!

#83 Dadme mi número

¿Qué es lo que esperan? ¿No me llaman?
¿Me han olvidado entre las yerbas,
mis camaradas más sencillos,
todos los muertos de la tierra?

¿Por qué no suenan sus campanas?
Ya para el salto estoy dispuesta.
¿Acaso quieren más cadáveres
de sueños muertos de inocencia?

¿Acaso quieren más escombros
de más goteadas primaveras,
más ojos secos en las nubes,
más rostro herido en las tormentas?

¿Quieren el féretro del viento
agazapado entre mis greñas?
¿Quieren el ansia del arroyo,
muerta en mi mente de poeta?

¿Quieren el sol desmantelado,
ya consumido en mis arterias?
¿Quieren la sombra de mi sombra,
donde no quede ni una estrella?

Casi no puedo con el mundo
que azota entero mi conciencia...

¡Dadme mi número! No quiero
que hasta el amor se me desprenda...
(Unido sueño que me sigue
como a mis pasos va la huella.)

¡Dadme mi número, porque si no,
me moriré después de muerta!

#83 Give Me My Number

What are you waiting for? Won't you call me?
Have you forgotten me among the grasses,
my humblest comrades,
the dead of the earth?

Why don't your bells toll?
I'm ready for the leap.
Perhaps you want more cadavers
of dreams dead of innocence?

Perhaps you want more rubble
from more speckled springtimes
more dry eyes in the clouds
more wounded faces in the storms?

Or do you want the wind's coffin
lurking in my tangled hair?
Or do you want the stream's desire
dead in my poet's mind?

Or do you want the sun dismantled,
already consumed in my arteries?
Or do you want the shadow of my shadow,
where not one star remains?

I barely endure the whole world
whipping my conscience...

Give me my number! I don't want
even love to break away from me...
(Dogged dream that pursues me
like a footprint at my steps.)

Give me my number, or else
I will die after dead!

#84 Poema de la estrella reintegrada

"Había una vez una estrella
que se murió de puro miedo,
las golondrinas la encontraron,
las margaritas la entreabrieron,
y fué una fiesta en el rocío,
cuando ascendió cantando un verso,
todos los ríos la besaron,
todas las albas la siguieron..."

Eso me dijo la mañana
que se internó por mi sendero,
lo repitió la tarde blanca,
y entre la noche danza en ecos.

Yo sé la historia de esa estrella...
Su caída breve fue en mi pecho
(por poco el mar se enluta todo
con el color de un sueño muerto.)
Pero ya hay fuentes por mi alma,
para mi barco hay marineros,
vuelan gaviotas sobre mi alma,
y hasta en mis ojos hay veleros.

Amo el dolor que se me escapa
por donde viene mi gran sueño...
uno me eleva para el alma,
otro me salva para el tiempo.

¡Dolor y amor! De las estrellas,
juntos bajaron a mi encuentro.
Dos horizontes apretados
que se me funden alma adentro...

"Había una vez una estrella..."

¡Qué inmenso es ser al creerse muerto!

#84 Poem of the Restored Star

"There was once a star
that died of pure fear,
the swallows found it,
the daisies opened it,
and it was a feast in the dew,
when it ascended singing a verse
all the rivers kissed it,
all the dawns followed it..."

That's what the morning told me
that penetrated my path,
the white afternoon repeated it
and in the night it dances in echoes.

I know the history of that star...
Its brief fall was in my breast.
(The sea almost dressed in mourning
the color of a dead dream.)

But already there are fountains for my soul,
for my ship there are sailors,
seagulls fly over my soul,
and even in my eyes there are sailboats.

I love the pain that escapes me
where my great dream comes...
One elevates me for the soul,
another saves me for time.

Pain and love! Together from the stars
they descended to my encounter.
Two tight horizons
that fuse deep in my soul...

"There was once a star..."

How immense is being, when you thought yourself dead!

#85 Inclinación al vuelo

¿Partir? ¡Para que lleves una ruta de lágrimas
colgada a la impaciente raíz de tu existencia!
¡Para que se te borren los ojos en las albas
de tanto figurarme jugando entre sus hebras!

¿Partir? ¡Para que el tiempo te encuentre taciturno
sobre unas pocas flores y unas algas enfermas...
—porque si parto quiero unos ojos que miren
con el alma del agua—tengo miedo a la tierra!

¿Partir? ¡Para que nunca tu voz vuelva a pintarme
los paisajes de sueño en que he hundido mi senda,
para que tus dos manos ya no vuelvan a alzarme
a recoger del cielo su cosecha de estrellas!

¿Partir? ¡Para que tumben tu horizonte de trinos,
al saber que se ha muerto tu núbil centinela,
para que vuelva tu alma al polvo del camino,
derrotada y humilde, harapienta y deshecha!

¡No! Yo no quiero el sueño que enamora mi vida
prometiendo a mi espíritu la quietud que él anhela.
Yo no quiero dejarte desnudo a la intemperie
de un planeta gastado, exprimido, y sin fuerzas...

#85 Inclination to Flight

Depart? So you can take a route of tears
hanging from the impatient root of your existence!
So your eyes can be erased in the dawns
from so much imagining me playing among their threads!

Depart? So time can find you taciturn
over a few flowers and some sick algae...
—if I depart I want eyes that see
with the soul of water—I am afraid of the earth!

Depart? So your voice will never paint for me
the dream landscapes where I have sunk my path,
so your hands won't come back to lift me
to gather the sky's harvest of stars!

Depart? So they can down your horizon of warbles,
upon knowing that your nubile sentinel has died,
so your soul can return to the dust of the path,
defeated and humble, tattered and undone!

No! I do not want the dream that courts my life
promising my spirit the quiet that it desires.
I don't want to leave you naked in the inclement weather
of a worn planet, wrung, and weak...

#86 ¡Oh lentitud del mar!

He tenido que dar, multiplicarme,
despedazarme en órbitas complejas...
Aquí en la intimidad, conmigo misma,
¡qué sencillez me rompe la conciencia!

Para salvarme el mundo del espíritu,
he tenido que armar mis manos quietas,
¡cómo anhelo la paz, la hora sin ruido,
cuando nada conturbe mi existencia!

Todo soñar se ha muerto en mis pupilas,
a mis ojos no inquietan las estrellas,
los caminos son libres de mi rumbo,
y hasta el nombre del mar, sorda me deja.

¡Y aún me piden canciones por palabras,
no conciben mi pulso sin poemas,
en mi andar buscan, trémulos, los astros,
como si yo no fuese por la tierra!

¡Oh lentitud del mar! ¡Oh el paso breve
con que la muerte avanza a mi ala muerta!
¿Cómo haría yo para salvarte el tiempo?
¿Qué me queda del mundo? ¿Qué me queda...?

#86 Oh, Slowness of the Sea!

I have had to give, multiply myself,
shred myself into complex orbits...
Intimately here, with myself,
what simplicity breaks my conscience!

To save my world of the spirit
I have had to arm my still hands,
how I long for peace, the noiseless hour,
when nothing will disturb my existence!

All dreaming has died in my pupils,
stars don't disquiet my eyes,
paths are free of my course,
and even the name of the sea leaves me deaf.

And still they ask me to trade songs for words,
they can't imagine my pulse without poems,
trembling, they seek stars in my steps
as if I didn't walk on earth!

Oh, slowness of the sea! Oh, brief step
of death advancing to my dead wing!
What can I do to save you time?
What's left me of the world? What's left me...?

#87 ¡Oh mar, no esperes más!

Tengo caído el sueño,
y la voz suspendida de mariposas muertas.
El corazón me sube amontonado y solo
a derrotar auroras en mis párpados.

Perdida va mi risa
por la cuidad del viento más triste y devastada.
Mi sed camina en ríos agotados y turbios,
rota y despedazándose.

Amapolas de luz, mis manos fueron fértiles tentaciones de incendio.
Hoy, cenizas me tumban para el nido distante.

¡Oh mar, no esperes más!
Casi voy por la vida como gruta de escombros.
Ya ni el mismo silencio se detiene en mi nombre.
Inútilmente estiro mi camino sin luces.
Como muertos sin sitio se sublevan mis voces.

¡Oh mar, no esperes más!
Déjame amar tus brazos con la misma agonía con que un día nací.
Dame tu pecho azul,
y seremos por siempre el corazón del llanto...

#87 Oh Sea, Wait No More!

My sleep has fallen,
my voice hangs from dead butterflies.
My heart rises angry and alone
to defeat auroras in my eyelids.

My laughter wanders lost
in the saddest and most devastated city of wind.
My thirst walks in waning and turbid rivers,
broken and shredding itself.

Poppies of light, my hands were fertile temptations of fire.
Today, ashes knock me into the distant nest.

Oh sea, wait no more!
I go through life almost like a grotto full of rubble.
Now not even silence itself lingers in my name.
Uselessly I stretch my unlit path.
Like the graveless dead my voices rebel.

Oh sea, wait no more!
Let me love your arms with the same agony I was born with.
Give me your blue breast,
and we shall forever be the heart of weeping...

#88 Ruta de sangre al viento

Cuando ya no te acunen margaritas
porque me van siguiendo,

cuando pidas al viento por mi nombre,
y el viento haya olvidado hasta mi eco,

cuando yo sea un celaje cruzando tu memoria,
¿con qué amor cuidarás las almas de mis versos?

¿Con el amor de ave que siguió mis mañanas,
cuando encontré mi trino rodando por tus vuelos?

¿Con el amor de agua que desplazó mi angustia,
cuando mis olas tímidas te surcaron el sueño?

¿Con el amor callado de embelesos y de éxtasis
con que amaste en las noches mis ensueños viajeros?

¿Con el amor de espiga que desafío corrientes,
y me hincó en los picachos alados, junto al cielo?

¿Con el amor pequeño, descuidado y ausente
con que amaste mis juegos infantiles y tiernos?

¿Con cuál amor, tus manos tomarán blandamente,
el cuerpecito inmóvil de tu triste recuerdo?

¿Le hablarás de mi rostro
a los callados versos?

¿Le dirás que me viste abriéndoles la vida
sobre un lecho de olas y fantásticos remos?

¿Le enseñarás la huella de pájaros y trinos
que conmigo en las alas, inundaron tu pecho?

¿Le regarás el ansia de besarme los ojos,
con la imagen en risas de mi último ensueño?

#88 Route of Blood to the Wind

When daisies no longer cradle you
because they follow me,

when you ask the wind for my name,
and the wind has forgotten even my echo,

when I shall be pretty clouds crossing your memory,
with what love will you care for the souls of my verse?

With the bird-love that followed my mornings,
when I found my warble rolling in your flights?

With the water-love that displaced my anguish,
when my timid waves plowed your sleep?

With the quiet love of rapture and ecstasy
with which you loved my wandering dreams in the night?

With the sprout-love that defied currents,
and plunged me on the winged peaks by the sky?

With the small love, careless and absent
with which you loved my childish tender games?

With what love will your hands take blandly,
the small still body of your sad memory?

Will you speak of my face
to the silent verses?

Will you tell them you saw me opening life to them
over a bed of waves and fantastic oars?

Will you show them the trail of birds and warbles
that with me in their wings, flooded your breast?

Will you water their yearning to kiss my eyes,
with the image of laughter in my last illusion?

¿Le ocultarás la historia
que tumbó mi velero?

¿O llevarás sus almas a una tumba de nubes
que conmigo llegaron y conmigo se fueron?

¡Si tus ojos se quedan a espiarme en las cumbres!
¿Con qué amor, amor mío, cuidarás de mis versos?

Will you hide the history
that downed my sailboat?

Or will you take their souls to a tomb of clouds
that came and left with me?

If your eyes stay to spy on me in the summits!
With what love, my love, will you care for my verse?

#89 Poema para las lágrimas

Como cuando se abrieron por tus suelos mis párpados,
rota y cansadamente, acoge mi partida.

Como si me tuvieras nadando entre tus brazos,
donde las aguas corren dementes y perdidas.

Igual que cuando amaste mis ensueños inútiles,
apasionadamente, despídeme en la orilla...

Me voy como vinieron a tus vuelos mis pájaros,
callada y mansamente, a reposar heridas.

Ya nada más detiene mis ojos en la nube...
Se alzaron por alzarte, y ¡qué inmensa caída!

Sobre mi pecho saltan cadáveres de estrellas
que por ríos y por montes te robé, enternecida.

Todo fué mi universo unas olas volando,
y mi alma una vela conduciendo tu vida...

Todo fue mar de espumas por mi ingenuo horizonte...
Por tu vida fue todo, una duda escondida.

¡Y saber que mis sueños jamás solos salieron
por los prados azules a pintar margaritas!

¡Y sentir que no tuve otra voz que su espíritu!
¡Y pensar que yo nunca sonreí sin su risa!

¡Nada más! En mis dedos se suicidan las aves,
y a mis pasos cansados ya no nacen espigas.

Me voy como vinieron a tu techo mis cielos...
fatal y quedamente, a quedarme dormida...

Como el descanso tibio del más simple crepúsculo,
naturalmente trágico, magistralmente herida.

Adios. Rézame versos en las noches muy largas...
En mi pecho sin lumbre ya no cabe la vida...

#89 Poem for Tears

As when my eyelids opened through your fields,
broken and tired, welcome my departure.

As if you had me swimming in your arms,
where the waters run demented and lost.

Just as when you loved my useless dreams,
passionately, dismiss me at the edge...

I leave like my birds came to your flights,
quiet and tamely, to comfort wounds.

Now nothing else keeps my eyes in the cloud...
They rose to lift you, and what an immense fall!

Over my breast leap cadavers of stars
that tenderly I stole from you by rivers and hills.

All my universe was a few waves flying,
and my soul a sail leading your life...

All was a sea of foam through my ingenuous horizon...
Through your life went everything, a hidden doubt.

And to know that my dreams never went out alone
through the blue meadows to paint daisies!

And to feel that I had no other voice than their spirit!
And to think that I never smiled without their laughter!

Nothing else! In my fingers the birds commit suicide,
and at my tired steps no shoots grow now.

I leave like my skies came to your roof...
fatal and curfewed, to fall asleep...

Like the tepid rest of the simplest twilight,
naturally tragic, magisterially wounded.

Goodbye. Pray verses to me in the very long nights...
In my fireless breast, there is no room for life...

#90 Letanía del mar

Mar mío,
mar profundo que comienzas en mí,
mar subterráneo y solo
de mi suelo de espadas apretadas.

Mar mío,
mar sin nombre,
desfiladero turbio de mi canción despedazada,
roto y desconcertado silencio transmarino,
azul desesperado,
mar lecho,
mar sepulcro...

Azul,
lívido azul,
para mis capullos ensangrentados,
para la ausencia de mi risa,
para la voz que oculta mi muerte con poemas.

Mar mío,
mar lecho,
mar sin nombre,
mar a deshoras,
mar en la espuma del sueño,
mar en la soledad desposando crepúsculos,
mar viento descalzando mis últimos revuelos,
mar tú,
mar universo...

#90 Litany of the Sea

Sea mine,
sea profound that begins in me,
sea subterranean and alone
of my field of tightened swords.

Sea mine,
sea without name,
turbid strait of my shredded song,
broken and dislocated transmarine silence,
desperate blue,
sea bed,
sea sepulchre...

Blue,
livid blue
for my bloody buds,
for the absence of my laughter,
for the voice that hides my death with poems...

Sea mine,
sea bed,
sea nameless,
sea untimely,
sea in the foam of the dream,
sea in the solitude marrying twilights .
sea wind unshoeing my last circling flights,
sea you,
sea universe...

#91 Poema con la tonada última

¿Qué a dónde voy con esas caras tristes
y un borbotón de venas heridas en mi frente?

Voy a despedir rosas al mar,
a deshacerme en olas más altas que los pájaros
a quitarme caminos que ya andaban en mí como raíces...

Voy a perder estrellas,
y rocíos,
y riachuelitos breves donde amé la agonía que arruinó mis montañas
y un rumor de palomas
especial,
y palabras...

Voy a quedarme sola,
sin canciones, ni piel,
como un túnel por dentro, donde el mismo silencio se enloquece y se mata.

#91 Poem with the Last Tune

Where am I going with those sad faces
and a bubbling of wounded veins on my forehead?

I'm going to throw roses in the sea,
undo myself in waves higher than birds
remove paths that already walked in me like roots...

I'm going to lose stars,
and dewdrops,
and brief rivulets where I loved the agony that ruined my mountains
and a special
murmur of doves
and words...

I'm going to stay alone,
without songs nor skin,
as in a tunnel, where the very silence goes crazy and kills itself.

#92 Más allá del mar

Por encima del mar
por sobre tus miradas tú.

Montaña estremecida en mi
sollozo
y en mi no ser
y en el cósmico con doble instante
donde tú eres paloma
y manantial,
y risa,
y navío de olas no nacidas
y tripulante y todo...

Así, gimiente, ardiente caracol de sonidos,
desconocido de la paz
y de la lumbre
y del vacío
y de toda posible dimensión presente.

Así, árbol querido y apetecido del dolor
te busco y te apetezco
solo y gimiéndote.

Sombra salida de mi sombra
tú, para mi sonido,
quizás para mi muerte
tú, amor siempre distante,
tú corazón destrozado
de tanto amarme
tú, manantial cansado
de tanto reposarme
en tu sonrisa.

#92 Beyond the Sea

Over the sea,
over your stares, you.

Mountain shaken
in my sob
and in my non-being
and in the cosmic with a double moment
where you are a dove
and a wellspring,
and laughter,
and a ship of unborn waves
and crew member and everything...

Thus moaning, flaming seashell of sounds,
unknown to peace
and the morning star
and space
and all possible present dimension.

Thus, tree beloved and desired by pain,
I look for you and crave you
alone, crying for you.

Shadow sprung from my shadow
you, for my sound,
perhaps for my death,
you, love always distant,
you, heart broken
from loving me so much,
you, spent wellspring
from cradling me so much
in your smile.

#93 Poema para tu soledad sin sonido

Multipresente.
Unica.

Unico en mí.
Y en la terrible soledad que
espanta toda piedra,
cuando no estoy...

Unico en mi aletear sin voces de
golondrinas falsas.

Unico
en la memoria de un sueño
no vivido.

Unico
en la agonía de un dolor mutuo
y único.

Unico en ti
y en mí,
desoladoramente.

Unico hasta en el mar
prestado a mi silencio.

Para tu soledad
desaté la distancia de tu
vida y la mía
y estoy en ti,
viva
y multipresente.

#93 Poem for Your Silent Solitude

Multipresent.
Unique.

Unique in me
And in the terrible solitude that
frightens all stone,
when I am not present...

Unique
in my wingbeating without voices of
false swallows.

Unique
in the memory of a dream
not lived.

Unique
in the agony of a pain mutual
and unique.

Unique in you
and in me,
desolately.

Unique even in the sea
lent to my silence.

For your solitude
I unleashed the distance
of your life and mine
and I am in you,
alive
and multipresent.

#94 Poema del hijo no nacido

Como naciste para la claridad
te fuiste no nacido.

Te perdiste sereno,
antes de mí,
y cubriste de siglos
la agonía de no verte.

No quisiste la orilla de la angustia
ni el por qué de unas horas que pasan lentamente
en la vida,
sin dejar un sollozo,
ni un recuerdo,
ni nada.

No quisiste la aurora.
Ni quisiste la muerte.
Rechazaste el olvido,
y en la flauta del aire avanzaste perpetuo.

No quisiste el amor en féretro de olas
ni quisiste el silencio que deja el túnel breve
donde ha dormido el hombre.

Tuyo, inmensamente tuyo,
como naciste para la claridad
te fuiste no nacido,
nardo entre dos pupilas que no supieron nunca
separar el eco de la sombra.
Manantial sin rocíos lastimeros,
pie fértil caminando para siempre en la tierra.

#94 Poem of the Unborn Child

As you were born for daylight
you departed unborn.

You lost yourself serenely
before me,
and covered with centuries
the agony of not seeing you.

You didn't want the edge of anguish
nor the why of some hours that pass slowly
in life,
without leaving a sigh,'
nor a memory,
nor anything.

You didn't want the aurora.
Nor death.
You rejected oblivion,
and blew perpetual in the flute of the air.

You didn't want love in a coffin of waves
nor the silence left by the brief tunnel
where man has slept.

Yours, immensely yours,
as you were born for daylight,
you departed unborn,
spikenard between two pupils that never knew
how to separate the echo from the shadow.
Wellspring without painful dewdrops,
fertile foot forever walking the earth.

#95 Media tarde

Media tarde
sollozos de piedra y de cauces
remotos a mi alrededor.

Media tarde
Nueva York contemplaba su
feria de verano.
El alma contemplaba su verdad
en la sincera y única
inimitable verdad de su presente.
Una paloma huía su siempre
vivo y tierno y difunto quejido
lastimero.

Aquí soy yo,
y eres tú en mi tristeza
conmigo en la solemne claridad del relámpago
que no comprende nadie,
en la siempre vestida ausencia de toda maravilla
que no sea nuestro nombre
y nuestro nido
a veces desparramado por
las ramas del aire.

Y tú, retamo enternecido
en mi agonía
desde que me sufriste,
y tú, ala del trino,
canción sin puerto abierto sino para buscarlo,
estás aquí, en mi piel,
como un "moriviví"
o como un ala rota de un misterio presente
renovando,
recomponiendo,
reviviendo,
reamando tus vuelos intercósmicos
que sólo dicen
            "Tú".

#95 Mid-Afternoon

Mid-Afternoon
sobs of stone and riverbeds
far from my surroundings.

Mid-Afternoon
New York contemplated its
summer fair.
The soul contemplated its truth
in the sincere and unique
inimitable truth of its present.
A dove fled its always
alive and tender and dead painful
moan.

Here I am I,
and you are in my sadness
with me in the solemn light of the lightning
that no one understands,
in the always dressed absence of wonder
that is not our name,
and our nest
sometimes scattered through
the branches of the air.

And you, bristle made tender
in my agony
since you suffered me,
and you, wing of the warble,
song without an open port but looking for one,
you are here, in my skin,
like a *morivivi*
or like a broken wing of a mysterious present
renewing,
repairing,
reliving,
re-loving your intercosmic flights
that only say
        "You."

#96 Poema con un solo después

Era una rama verde la inmensa soledad...
De ella salían nidos buscando ruiseñores ,
pies aplastando pétalos
y rubios cementerios inclinándose al cielo...

Yo nada más alzaba los tímidos cadáveres...
Yo nada más caía gota a gota a la nada,
mientras un ojo abierto de tentación suicida
acechaba mi alma entre mi carne frágil.

Por poco pierde el aire su dimensión más alta.
Por poco el sol se cae de angustia en la tiniebla.
Por poco el mar se esconde para siempre en su fondo.

Pero volvió la risa en dulce serenata
de saberse más blanca.
La tierra se refugia en todas sus auroras
y me ofrece infinitos donde expira el sollozo.

#96 Poem with a Single Afterwards

The immense solitude was a green branch...
From it came nests looking for nightingales,
feet flattening petals
and blond cemeteries inclining to the sky...

I only raised the timid cadavers...
I only fell drop by drop into nothingness,
while an open eye of suicidal temptation
ambushed my soul in my fragile flesh.

The air almost lost its highest dimension.
The sun almost fell from anguish into the darkness.
The sea almost hid forever in its bottom.

But the laughter returned in sweet serenade
of knowing itself whiter.
The earth takes refuge in all its auroras
and offers me infinities where the sob expires.

#97 Retorno

Indefinidamente,
larga de sombra y ola,
quemada en sal y espumas y calaveras imposibles,
se me entristece la tristeza;
la tristeza sin órbita que es mía desde que el
mundo es mío,
desde que ardió la tiniebla
anunciándome,
desde que se hizo mío el motivo inicial
de todo llanto.

Como que quiero amar
y no me deja el viento.
Como que quiero retornar
y no acierto el porqué, ni adonde vuelo.
Como que quiero asirme a la ruta del agua,
y toda sed ha muerto.

Indefinidamente...

¡Qué palabra más mía;
qué espectro de mi espectro!
Ya no hay ni voz,
ni lágrimas,
no hay espigas remotas;
no hay naufragios;
no hay ecos;
ni siquiera una angustia;
¡hasta el silencio ha muerto!

¿Qué dices, alma, huirme?
¿A dónde llegaré donde no esté yo misma
tras mi sombra?

#97 Return

Undefined,
long of shadow and wave,
burned in salt and foam and impossible skulls,
my sadness saddens;
the orbitless sadness that is mine
since the world is mine,
since the darkness burned
announcing me,
since the initial motive made itself mine—
of all weeping.

As if I want to love
and the wind won't let me.
As if I want to return
and I can't define the why, nor where I fly.
As if I want to seize the route of the water,
and all thirst has died.

Undefined...

What a word so very mine;
what a spectre of my spectre!
Now there is not even voice,
nor tears,
no remote sprouts;
no shipwrecks;
no echoes;
not even an anguish;
even silence has died!

What do you say, soul, flee me?
Where shall I arrive where I am not
behind my shadow?

#98 Voces para una nota sin paz

(Para Julia de Burgos Por Julia de Burgos)

Será presente en tí tu manantial sin sombras.
Estarás en las ramas del universo entero.
Déjame que te cante como cuando eras mía
en la llovizna fresca del primer aguacero.

Tu mano en semi-luna, en semi-sol y en todo
se refugiaba núbil, sobre la mano mía.
Porque yo te cuidaba, hermanita silvestre
y sabes que lloraba en tus claras mejillas.

Será presente en tí tu manantial sin sombras.
Estarás en las ramas del universo entero.
Pero ¿dónde dejaste tu paz?—En cada herida—
me contestan tus ojos anegados por dentro.

Déjame que te cante como cuando eras mía,
hermanita silvestre, como cuando trepamos
el astro que salía a dormir soledades
entre nuestras pupilas destiladas de amor.

Déjame que te cante como cuando eras mía,
y era paz el silencio de mi profunda ola,
y era paz la distancia de tu
nombre y mi nombre
y era paz el sollozo de la muerte que espera.

Será presente en tí tu manantial sin sombras.
Estarás en las ramas del universo mío
y todas las estrellas se bajarán cantando
la canción del espacio refugiada en un río.

#98 Voices for a Note without Peace

(For Julia de Burgos by Julia de Burgos)

Your shadowless wellspring will be present in you.
You will be in the branches of the entire universe.
Let me sing to you like when you were mine
in the fresh drizzle of the first rainstorm.

Your hand in half-moon, in half-sun and in everything
took nubile refuge in my hand.
Because I watched over you, wild little sister,
and you know I cried in your clear cheeks.

Your shadowless wellspring will be present in you.
You will be in the branches of the entire universe.
But where did you leave your peace?—In every wound—
your eyes answer, flooded inside.

Let me sing to you like when you were mine,
wild little sister, like when we climbed
the star that came out to sleep solitudes
in our pupils distilled with love.

Let me sing to you like when you were mine,
and peace was the silence of my deep wave
and peace was the distance
of your name and my name
and peace was the sob of death that waits.

Your shadowless wellspring will be present in you.
You will be in the branches of my universe
and all the stars will descend singing
the song of space refuged in a river.

#99 Te llevarán

Para ese día de sombra que llegará, amor mío,
como risco volcado dentro de un manantial,
para ese día de espanto y pañuelos al viento
cantemos desde ahora, que la vida se va.

Cantemos, sí cantemos, que al cantarle al silencio,
a la sorda derrota y a la impar soledad,
venceremos la muerte, venceremos la nada,
y a la cumbre del tiempo nuestras almas irán.

Cantemos, sí, cantemos que hay un solo minuto
uno solo aguardando nuestro mundo cruzar:
ese minuto trágico que hace tiempo nos ronda
con su oferta de lágrimas y mañanas sin paz.

¡Te llevarán! Los ecos del viento me lo dicen,
los labios del mar lloran que sí. ¡Te llevarán!
Partirás, y mis ojos que tanto te nutrieron,
bajarán quedamente a nutrir a la mar.

Podrás amarme en sueños, pero mi voz, mi risa,
mis ojos con riachuelos, de tí se ocultarán.
Puede estrecharte el eco que ha estrechado mi nombre
desde mis labios, ¡nunca mis labios besarás!

Y cuando se alce el ruido marino, entre las noches
apagadas y crueles de tu pena inmortal,
mi fiel camino de olas llevará hasta tu sueño
la ternura que mi alma te ha salvado del mar.

Amado, mis verdugos ya me han medido el paso,
el color de mis huellas conocen, y mi ajuar:
el pudor duerme nupcias eternas con la forma;
hacia el alma es muy largo el camino que andar.

¡Te llevarán! Para esa eternidad de llanto
cantemos desde ahora que la vida se va.
Para ese día de espanto y pañuelos al viento
la canción de la muerte nos llegará del mar.

#99 They Will Take You

For that day of shadow that will come, my love,
like a cliff poured into a wellspring,
for that day of fright and handkerchiefs in the wind
let's sing now because life is leaving.

Let's sing, yes, sing, because singing to the silence,
to the deaf defeat and the odd solitude,
we will conquer death, conquer nothingness,
and our souls will go to the summit of time.

Let's sing, yes sing, that there is only one minute,
only one guarding our world crossing:
that tragic minute that for some time haunts us
with its offer of tears and tomorrows without peace.

They will take you! The wind's echoes tell me,
the lips of the sea weep yes. They will take you!
You'll part, and my eyes which nourished you so
will descend curfewed to nourish the sea.

You will be able to love me in dreams, but my voice, my laughter,
my eyes with rivulets, will be hidden from you.
The echo that has stretched my name from my lips
may reach you, but never will you kiss my lips!

And when the sea noise rises, in the cruel
and darkened nights of your immortal pain,
my loyal path of waves will carry to your sleep
the tenderness my soul saved for you from the sea.

Beloved, my executioners have already measured my step,
they know the color of my trail, and my trousseau:
modesty sleeps eternal nuptials with appearance;
the way to the soul is a very long walk.

They will take you! For that eternity of weeping
let's sing now that life is leaving.
For that day of fright and handkerchiefs in the wind
the song of death will reach us from the sea.

#100 ¿Y...?

¿Y si dijeran que la vi llorando
sobre la piedra dura, y la más fértil?
¿Y que el alba se aisló para besarla
de toda nube, de todo muerto caracol,
de toda rama errante?

Pasaba el río, sonriente de verla amanecer
con un viaje de estrellas en el pecho.
Pasaba la distancia de un mar remoto aún.

Pasaba cierta,
determindada y
especial tristeza
pronunciando futuros.
Pasaba Dios descalzo
amándola
como una maravilla de angustias.

¿Y si dijeran que la vi llorando
sobre la piedra dura y la más fértil?

Fué allá sobre los cerros;
mirando el siempre azul de la montaña,
donde me dió su sed entre sollozos
su sed de ríos, de mar y de cascadas,
y de un Dios vivo,
simple, como el sencillo caracol no muerto.

¿Y si dijeran que la vi llorando
con las lágrimas,
y que determinada
especial, y en tristeza
vi mi sombra llorando también
entre su sombra?

#100 And...?

And if they say I saw her crying
over the hard rock, and the most fertile?
And that the dawn isolated itself to kiss her
from every cloud, from every dead snail,
from every errant branch?

The river smiling at seeing her awaken
with a voyage of stars on her breast passed.
The distance of a still remote sea passed.

A sure,
determined
and special sadness
pronouncing futures passed.

God barefoot,
loving her
like a marvel of anguishes passed.

And if they say I saw her crying
over the hard rock, and the most fertile?

It was there, over the hills;
looking at the ever blue of the mountain,
where she gave me her thirst between sobs,
her thirst of rivers, of sea and cascades,
and of a live God,
simple, like the plain snail not dead.

And if they say I saw her crying
with the tears,
and that especially
determined, and in sadness
I saw my shadow crying too
inside her shadow?

#101 Eramos tres

Eramos tres...
Una naciendo de una espiga
Una rompiendo de un alboroto
trágico de fórmulas.

Una amontonando el corazón de Dios
para darle justicia al universo.
Una recogía estrellas.
Una era fiera triste de retazos azules.
Una sabía crecer sobre su nombre
desde un maligno eco.

Eramos tres...
ausentes,
taciturnas,
como tres barcos anegando un puerto.

Hoy, sollozantes,
trémulas,
presentes,
somos, redescubiertas,
una misma,
somos la dura esfinge de la angustia,
somos el alma viva del silencio.

#101 We Were Three

We were three...
One aborning from a shoot
One breaking from a tragic
noise of formulas.

One piling the heart of God
to give justice to the universe.
One gathered stars.
One was a sad wild animal of blue remnants.
One knew how to grow over her name
from a malignant echo.

We were three...
absent,
taciturn,
like three ships flooding a port.

Today, sobbing,
tremulous,
present,
we are rediscovered,
one and the same,
we are the hard sphinx of anguish,
we are the living soul of silence.

#102 ¿Milagro yo?

Llovizna caída gota a gota
para mirar sepulcros.
¡Quién no dijera viento!

¡Quién aupara mis brazos sobre la soledad,
hasta dejarme quieta como ausente reflejo,
allá donde no es nada,
ni habita la nostalgia,
ni solloza el adiós de un amor moribundo!

Soy
dilatada tonada de un amor que no es mío.

Quiero
crecer de pies adentro
desterrada de todo,
agonizar lo inútil que en cada vida vive,
y golpea y moribunda reverdece feroz,
para la angustia.

Ecuación de las olas y del aire remoto
permanezco,
redonda, en el abismo donde caen las estrellas.

Permanezco
perenemente yo,
como un agonizar perpetuo de mí misma
sin escalas ni voz para escucharme.

Quiero
despiertamente,
sin piedad,
con un dulce reposo sin reposo,
irme perdiendo sola entre todos los ecos
y que entre grito y grito,
haya,
una callada ausencia de distancias
para abrirme los brazos a la nada.

#102 Miracle I?

Drizzle falling drop by drop
to look at sepulchres.
Who wouldn't say wind!

Who lifts my arms over the solitude,
leaving me quiet like an absent reflection,
there, where nothing is,
where not even nostalgia lives,
where not even the goodbye of a dead love weeps!

I am
a long tune of a love not mine.

I want
to grow from inside my feet
exiled from everything,
to agonize over the useless that lives in each life,
and beats, and dead, ferociously relives,
for the anguish.

I remain
an equation of the waves and the far wind,
round, in the abyss where stars fall.

I remain
perennially me,
like a perpetual agonizing of myself
without levels nor voice to hear myself.

I want,
wide awake,
without pity,
with a sweet repose without repose,
to go losing myself alone among the echoes,
and that between scream and scream,
there be
a silent absence of distances
to open my arms to the nothing.

#103 Tres caminos

Tres caminos me duelen...
Tú,
mi madre
y el río.

Una dulce sonrisa se hizo
horizonte triste
en mi cielo angustiado
desde que ella partió
inocente y feliz hacia su alba perpetua.

Tú te tragaste el grito
de mi existencia cósmica,
con capullos,
palomas y rocíos, y lastimantes
lágrimas
y tal vez una sombra de mis voces felices.

Entre mi soledad desarropada,
tú,
nostalgia incansable de ayeres
y futuros,
sólo entre sombra y eco,
labio del infinito que te inundas
profundo
en el azul que es mío.

Tú.
Solamente tú,
Río Grande de Loíza,
podrás darme la risa para
el camino eterno,
allá, bajo tus aguas.

#103 Three Paths

Three paths hurt me...
You,
my mother
and the river.

A sweet smile became
a sad horizon
in my anguished sky   .
since she parted
innocent and happy to her perpetual dawn.

You swallowed the scream
of my cosmic existence,
with rosebuds,
doves and dews and hurtful
tears,
and perhaps a shadow of my happy voices.

Amid my undressed solitude,
you,
untiring nostalgia of yesterdays
and futures,
alone between shadow and echo,
lip of the infinite that floods you
deeply
in the blue that is mine.

You,
only you,
Río Grande de Loíza,
can give me the laughter for
the eternal path,
there, below your waters.

#104 Nada soy

Nada soy para tí, que me llevas de niña
en la tristeza azul de tu nostalgia.
Nada para la niña ausente
que nutriste de risas y de lágrimas.

Nada para su soledad,
su soledad solemne de camándula;
nada para su corazón de tierra,
donde llora un "coqui" recién nacido,
y un niño que no avanza.

Nada para su azul perpetuo
donde duermen sus lágrimas.
Nada desde el silencio que la borra
como se borra el agua.

Nada desde el espejo de tus ojos
que estallaron de amor sobre mi alma.

Nada desde la rosa que me huye
de tu tierna caricia desolada.

Nada desde tí mismo en agonía
para la muerte breve de mi alma.

#104 I Am Nothing

I am nothing to you, who bears me since girlhood
in the blue sadness of your nostalgia.
Nothing for the absent girl
you nourished with laughter and tears.

Nothing for her solitude,
her solemn rosary solitude;
nothing for her earthy heart,
where a newborn *coquí* cries,
and a child who does not progress.

Nothing for her perpetual blue
where her tears sleep.
Nothing from the silence that erases her
like water is erased.

Nothing from the mirror of your eyes
that exploded from love over my soul.

Nothing from the rose that flees me
from your desolated tender caress.

Nothing from you in agony
for the brief death of my soul.

#105 Partir

Partir sobre un guijarro
no es partir,
es dolorosamente la ausencia de la nada.

Separarse de todo lo que existe,
inevitablemente confundirse
con el más grande y único silencio.

Sin embargo partir,
separarse de todo lo que existe
es eco
y corazón
y verdad sin distancias
entre tú
y mi lluvia de hojas angustiadas.

Y no sabemos la palabra
¿por qué?
Como en la claridad se van durmiendo lirios
y a veces en la ola
se oye el sollozo del mar eternizándose,
sabemos
tú,
y mi corazón,
y mi eco inevitable
que es verdad sin distancias,
la palabra "partir".
Por allá dice el viento
borrado en una lágrima:
"¿Qué canción quedó muda;
por qué?"

#105 Parting

Parting over a pebble
is not parting,
it is painfully the absence of nothingness.

To separate from all that exists,
inevitably confusing oneself
with the greatest and only silence.

And yet, parting,
separating from all that exists
is an echo
and heart
and truth without distances
between you
and my rain of anguished leaves.

And we don't know the word.
Why?
As in the daylight the lilies fall asleep
and sometimes in the wave
one hears the sob of the sea eternalizing,
we know,
you,
and my heart,
and my inevitable echo,
that the word "parting,"
is truth without distances.
Over there says the wind
erased in a tear:
"What song was silenced?
Why?"

#106 Desde adentro

Es un lamento.
Es un grito sin lágrimas.

Desde adentro.
Desde el fondo de todo lo inevitable.
Desde el sollozo en espiral de espadas.
Desde la rama trágica
de un silencio perfecto.

Desde el azul caído
en los pies de la noche.
Desde la tempestad de
un sueño solitario.

Desde ti
y desde mí
grita un lamento
sin lágrimas
diciendo:
¡Adiós!

#106 From Within

It is a lament.
It is a tearless scream.

From within.
From the bottom of all the inevitable.
From the spiralling cry of swords.
From the tragic branch
of a perfect silence.

From the fallen blue
at the feet of the night.
From the tempest of
a solitary dream.

From you
and from me
a tearless lament
screams
saying:
Goodbye!

#107 Poema para mi muerte

Ante un anhelo

Morir conmigo misma, abandonada y sola,
en la más densa roca de una isla desierta.
En el instante un ansia suprema de claveles,
y en el paisaje un trágico horizonte de piedra.

Mis ojos todos llenos de sepulcros de astro,
y mi pasión, tendida, agotada, dispersa.
Mis dedos como niños, viendo perder la nube
y mi razón poblada de sábanas inmensas.

Mis pálidos afectos retornando al silencio
—¡hasta el amor, hermano derretido en mi senda!—
Mi nombre destorciéndose, amarillo en las ramas,
y mis manos, crispándose para darme a las yerbas.

Incorporarme el último, el integral minuto,
y ofrecerme a los campos con limpieza de estrella
doblar luego la hoja de mi carne sencilla,
y bajar sin sonrisa, ni testigo a la inercia.

Que nadie me profane la muerte con sollozos,
ni me arropen por siempre con inocente tierra;
que en el libre momento me dejen libremente
disponer de la única libertad del planeta.

¡Con qué fiera alegría comenzarán mis huesos
a buscar ventanitas por la carne morena
y yo, dándome, dándome, feroz y libremente
a la intemperie y sola rompiéndome cadenas!

¿Quién podrá detenerme con ensueños inútiles
cuando mi alma comience a cumplir su tarea,
haciendo de mis sueños un amasijo fértil
para el frágil gusano que tocará a mi puerta?

Cada vez más pequeña mi pequeñez rendida,
cada instante más grande y más simple la entrega;
mi pecho quizás ruede a iniciar un capullo,
acaso irán mis labios a nutrir azucenas.

#107 Poem for My Death

Facing a desire

To die with myself, abandoned and alone,
on the densest rock of a deserted island.
In the instant a supreme longing for carnations,
and in the landscape a tragic horizon of stone.

My eyes full of star graves
and my passion, spread, drained, dispersed.
My fingers like children, watching the cloud disappear
and my reason populated by immense sheets.

My pale feelings returning to silence
—even love, melted brother in my path!—
My name untwisting, yellow in the branches,
and my hands, tensing to deliver me to the grasses.

To join the last, the integral minute,
to offer myself to the countryside with a star's cleanliness,
and later fold the leaf of my simple flesh
and drop without a smile, nor a witness to the inertia.

Let no one profane my death with sobs,
nor blanket me forever with innocent earth;
that in the free moment I may freely
take the planet's only freedom.

With what ferocious happiness my bones will begin
to seek little windows in the dark flesh
and I, giving myself, giving myself, fierce and freely
to the inclemency and alone breaking my chains!

Who could detain me with useless illusions
when my soul begins to complete its work,
making of my dreams a fertile dough
for the fragile worm who will knock at my door?

Each time smaller my defeated smallness,
each instant grander and simpler the surrender,
my breast perhaps will roll to start a rosebud,
perhaps my lips will nurture white lilies.

¿Cómo habré de llamarme cuando sólo me quede
recordarme, en la roca de una isla desierta?
Un clavel interpuesto entre el viento y mi sombra,
hijo mío y de la muerte, me llamarán poeta.

What shall I call myself when all that is left
is to remember myself on the rock of a deserted island?
A carnation between the wind and my shadow,
son of mine with death, will call me poet.

#108 Agua, vida y tierra

Yo fui estallido fuerte de la selva y el río,
y voz entre dos ecos, me levanté en las cuestas.
De un lado me estiraban las manos de las aguas,
y del otro, prendíanme sus raíces las sierras.

Cuando mi río subía su caricia silvestre
en aventuras locas con el rocío y la niebla,
con el mismo amor loco que impulsaba mi sueño,
lejos de sorprenderlo, me hospedaba en las sierras.

Pero si alguna sombra le bajaba a los ojos,
me repetía en sus aguas hasta dar en la arena,
y era mi grito nuevo como un tajo del monte
que anegaba las calles y golpeaba las puertas.

A veces la montaña se me vestía de flores
e iniciaba en mi talle curvas de primavera.

¡Quién sabe en qué mañana se apretaron mis años
sobre senos y muslos y caderas de piedra!

Se treparon mis ojos al rostro de los árboles
y fueron mariposas sus vivas compañeras:
así es como en los prados voy buscando las flores,
y alas pido en las almas que a mi vida se acercan.

Mis dedos arañaron la fuerza de los riscos,
y juraron ser índices de mis futuras vueltas;
por eso entre los cuerpos doblados de los hombres,
como puntales puros de orientación se elevan.

Yo fui estallido fuerte de la sierra y el río,
y crecí amando el río e imitando la sierra...

Una mañana el aire me sorprendió en el llano:
¡ya mi raíz salvaje se soltaba las riendas!
Pálidas ceremonias saludaron mi vida,
y una fila de voces reclamaron la prenda...

#108 Water, Life & Earth

I was a strong crash of the forest and the river,
and voice between two echoes, I rose in the hills.
From one side the water's hands reached for me,
and from the other, the sierras planted their roots in me.

When my river raised its wild caress
in crazy adventures with the spray and the fog,
with the same crazy love that impelled my dream,
far from surprising it, I was a guest in the sierras.

But if some shadow lowered to his eyes,
it repeated me in its waters until striking sand,
and my new scream was like a slash in the mountain
that flooded the streets and beat on doors.

Sometimes the mountain dressed in flowers for me,
and put curves of spring in my waist.

Who knows in what morning my years were squeezed
against breasts and thighs and hips of stone!

My eyes climbed to the face of the trees
and butterflies were their live companions:
that's how I go looking for flowers in the meadows
and ask for wings from the souls that come near my life.

My fingers scratched the strength of the cliffs,
and swore to be pointers of my future sallies;
that's why among the bent bodies of men
they rise like pure road-markers.

I was a strong crash of the sierra and the river,
and I grew loving the river and imitating the sierra...

One morning the air surprised me in the valley:
already my savage root released its reins!
Pale ceremonies greeted my life,
and a parade of voices demanded the jewel...

Mis labios continuaron el rumor de las fuentes
donde entrañó mis años y abastecí las venas.
¡De ahí mi voz de ahora, blanca sobre el lenguaje,
se tiende por el mundo como la dio la tierra!

My lips continued the murmur of the fountains
where I cut my teeth and filled my veins.
From there my voice of now, white on the language,
spreads over the world as given by the earth!

#109 El rival de mi río

Yo te fui contemplando desde la carne al alma,
y me sentí culpable de un extraño delito
que me subía a los ojos en chispeantes miradas,
y se rompía en mi rostro en rubor infinito.

De pronto fue tornándose en pájaro mi boca,
y un sentimiento cósmico inundó mis sentidos;
me escondí en el secreto que estalló en tus pupilas,
y adiviné en tu rostro al rival de mi río.

¡Río Grande de Loíza!... Alárgate en su vida.
¡Río Grande de Loíza!...Alárgate en su espíritu,
a ver si te descubres en la flor de su alma,
o en el sol de sus ojos te contemplas tú mismo.

Él tiene en sus caricias el gesto de tu abrazo,
y en sus palabras cuelgan rumores parecidos
al lenguaje que llevas en tu boca de agua
desde el más quieto charco al más agreste risco.

Tú me besaste un día despertándome el alma;
él también me ha besado con un beso tan límpido,
que no sé allá en mi espíritu si posar extasiada
en el beso del hombre o en el beso del río.

¡Quién sabe si al vestirme con mi traje de carne,
y al sentirte enroscado a mi anhelo más íntimo,
surgiste a mi presencia en el río de sus ojos,
para entregarte, humano, y sentirte más mío!

¡Quién sabe si al bajarte del lomo de la tierra
para besarme toda en un loco delirio,
te humanizaste en su alma, y brotaste en corrientes
que una a una en mi tierra de emoción hizo nido!

¡Oh rival de mi río!... ¿De dónde me llegaste?
¿En algún país remoto te bañaste conmigo,
mientras en otra playa, con alguna doncella
se entregaba en amores mi voluptuoso río?

#109 The Rival of My River

I contemplated you from the flesh to the soul,
and I felt guilty of a strange crime
that rose in my eyes in sparkling looks,
and broke across my face in an infinite blush.

Suddenly my mouth began turning into a bird
and a cosmic sentiment flooded my senses:
I hid in the secret that exploded in your pupils,
and I divined in your face the rival of my river.

Río Grande de Loíza!...Elongate yourself in his life.
Río Grande de Loíza!...Elongate yourself in his spirit,
see if you discover yourself in the flower of his soul,
or in the sun of his eyes you contemplate yourself.

He has in his caresses the gesture of your embrace,
and on his words hang murmurs like the language
that you carry in your mouth of water
from the quietest pond to the wildest cliff.

You kissed me one day awakening my soul;
he too kissed me with such a limpid kiss
that my spirit doesn't know whether to pose ecstasied
in the kiss of man or in the kiss of the river.

Who knows if dressing in my suit of flesh
and feeling you curled around my most intimate desire,
you surged in my presence in the river of his eyes,
to surrender, human, and feel yourself more mine!

Who knows if dismounting from the loin of the earth
to kiss me in a crazy delirium,
you humanized in his soul, and erupted in currents
that nested one by one in the land of my emotion!

Oh rival of my river!... Where did you come from?
Did you bathe with me in some remote country
while on another beach with some virgin
my voluptuous river surrendered in love?

¿Me sorprendiste acaso en algún aguacero
violando claridades y callando suspiros,
portavoz ambulante de una raza de agua
que me subió a las venas en un beso del río?

¡Río Grande de Loíza!... Yo lo fui contemplando
desde la carne al alma: ese fue mi delito.
Un sentimiento cósmico estre meció mi vida,
y me llegó el amor... tu rival presentido.

Did you surprise me perhaps in some rainfall
violating daylights and silencing sighs,
traveling spokesman of a race of water
that rose to my veins in a kiss of the river?

Río Grande de Loíza!...I contemplated him
from the flesh to the soul: that was my crime.
A cosmic sentiment shook my life,
and love arrived... your predicted rival.

#110 El encuentro del hombre y el río

Recuerdo que los árboles recogieron sus sombras,
pálidos como sueños paralelos a mi alma.
Nubes recién bañadas se asomaron a verme
y un silencio de pájaros adornó mi llegada.

(Aparecía en el valle la luz de aquella niña
que venía por las tardes a seguir las quebradas.
La novia del Río Grande dibujaba a lo lejos
su rostro hecho de plumas y caricias de agua.

Volvía la amante suave, por los ojos del río,
la adolescente frágil que su cuerpo entregaba,
la que se fuera en noches a espiar las estrellas,
y que un día entre los hombres su vestido enredara.)

Mariposas que nunca levantaron el vuelo
fueron a dar al río la noticia anhelada.
Cuentan las margaritas que por breves momentos
la emoción de mirarme le detuvo las aguas.

(Desde aquel vago instante en que perdí su senda,
no levantó los ojos, ni enamoró más algas.
Me imaginaba siempre jugando en las orillas,
o dormida de amor, sobre su blanca espalda.)

Envuelta en el misterio de ser mujer o sueño,
yo caminaba a ciegas sobre mi propia alma.
De frente, mi amor loco por el río se encendía,
y a mi lado, mi amante, la emoción me inundaba.

Cuando perdí en mis pasos el impulso del río,
me le solté a la vida con voz desesperada,
y ya dura de golpes, sorpendí entre mis años,
una mano que en luces mi dolor levantaba.

Yo le amé, por sus hondas incursiones celestes,
que callaron el hondo silencio de mi alma,
y noté que mis venas se poblaban de instintos
cada vez que sus brazos con mis brazos rozaban.

#110 The Encounter of the Man And the River

I remember that the trees gathered their shadows,
pale as dreams parallel to my soul.
Clouds recently bathed peeked to see me
and a silence of birds adorned my arrival.

(There appeared in the valley the light of that girl
who came in the evenings to follow the ravine.
The Río Grande's fiancee drew in the distance
her face made of feathers and caresses of water.

The tender lover returned through the eyes of the river,
the fragile adolescent who surrendered her body,
who went at night to spy on the stars,
who one day would entangle her dress among men.)

Butterflies who had never flown
gave the river the longed for news.
The daisies say that for a few moments
the emotion of looking at me arrested his waters.

(From that vague instant in which I lost his road,
he didn't lift his eyes nor court more algae.
He imagined me always playing at the banks,
or asleep with love, upon his white back.)

Wrapped in the mystery of being a woman or a dream,
I walked blind over my own soul.
Facing me, my crazy love for the river was ignited,
and at my side, my lover; the emotion flooded me.

When I lost the impulse of the river in my steps,
I loosened to life with a desperate voice,
and hardened from blows, I found among my years
a hand that lifted my pain in lights.

I loved him for his deep celestial incursions,
which quieted the deep silence of my soul,
and I noticed my veins were populating with instincts
each time his arms rubbed against my arms.

Su amor fue recogiendo los virgenes paisajes
que al río, en su locura de amor, se le olvidaran;
y la humana corriente que saltó de su anhelo,
fue más ancha que el mar, y más fuerte que el agua.

Recuerdo que algún día yo le hablé de mi río,
y una como tormenta se agitó en sus entrañas.
No sé si fue mi pecho que tembló de recuerdo,
o si fueron mis ojos que asomaron nostalgias.

Me tomó de la mano como flor de misterio,
y siguió los guijarros que yo un día desandara.
Así fue que los valles recobraron inquietos
la chiquilla silvestre del sendero de plata.

Por un instante el alma se me fue de los pasos,
y me olvidé la vida, y me doblé las alas:
por entre las cortinas de extraviados relámpagos,
enteros de verdad, hombre y río se miraban...

Nunca tuvo más fuentes la bondad de mi amante!
¡La locura del río nunca tuvo más alma!
Los dos, claros de fuerza, se amaron en mi espíritu,
y besaron a un tiempo, mi emoción que lloraba.

Unos juncos morados que a mi lado dormían
recogieron el eco de unos labios de agua:
dicen lirios ingenuos que los juncos sensibles
nunca se despertaron por no herir la montaña.

(Tal vez en lo más íntimo del corazón del río
presenciaron los lirios una muerte de alma...)

His love went gathering the virgin landscapes
that the river in his madness of love forgot;
and the human current that leapt from his longing,
was wider than the sea, and stronger than the water.

I remember that one day I told him about my river,
and something like a storm roared in his entrails.
I don't know if it was my breast that trembled with remembrance,
or if my eyes showed nostalgias.

He took my hand like a flower of mystery,
and followed the pebbles that one day I would retrace.
Thus the restless valleys recovered
the wild child of the silver road.

For an instant my soul left my footsteps
and I forgot life, and folded my wings:
and through the curtains of stray lightning,
full of truth, man and river looked at each other...

Never had my lover's generosity more fountains!
The madness of the river never had more soul!
The two, clear with strength, loved in my spirit,
at once kissed my emotion which cried.

Some purple rush that slept at my side
gathered the echo of some lips of water:
ingenuous lilies say that the sensible rush
never awoke so as not to wound the mountain.

(Perhaps in the deepest intimacy of the river's heart
the lilies witnessed the death of a soul...)

#111 Mi poema de agua

(Y me senté a llorar
mi poema de agua,
a la orilla del río
que me besó aún vestida
de yerbas y guijarros...)

¡A orillas de mi río más me duele el instante en que heriste mi vuelo!

La ilusión me florece manantiales de llanto que se me escapan trémulos
y se besan en agua mi emoción y los prados, irrumpiendo en riachuelos.

¡Cuántas quejas me dicen las pupilas del río—ola de mis ensueños—
que me quiere en la nube más lejana del mundo, asomada en reflejos!

Siento el suave reproche de sus labios cansados de perseguirme en besos,
que recuerdan la infancia, cuando mis pies ligeros preocupaban al viento.

(Era yo la más novia de las novias del río y la más de su pecho.)

En las blancas mañanas sus aguas me rizaban de lirios los cabellos.
Ahora riza tu amor una rosa de lágrima que me inunda por dentro.

Mi emoción en los árboles jugueteaba en el logro de un poema sin versos
cuando rubia la luna, la raíz de los montes se trepaba a mis dedos.

Iba yo en río de alas flotando por las nubes con espumas al cuello.
(Hoy pesa en mi garganta la mano del sollozo contenido y discreto...)

* * *

Veo la sombra del agua apagando las luces de mi vagar incierto,
y otra vez el perdón para el hombre atrevido que burló su secreto.

El río sube al ímpetu que me empuja una lágrima al partirse en un verso;
pero el poema se huye y a las aguas tranquilas va a dormir su silencio...

(¡Cómo no amar al río que me besa las lágrimas que tu amor saca al viento!)

#111 My Water Poem

>(And I sat to cry
>my water poem,
>at the river's bank
>which kissed me though I dressed
>in grasses and pebbles...)

At the banks of my river the moment you wounded my flight hurts me more!

The illusion flowers wellsprings of weeping which escape me, tremulous,
and my emotion and the meadows kiss in water bursting in rivulets.

How the pupils of the river complain—wave of my illusions—
who loves me in the farthest cloud of the world, appearing in reflections!

I feel the smooth reproach of his lips tired of pursuing me in kisses,
which remember infancy, when my fast feet worried the wind.
(I was the favorite bride of the river's brides, the most frequent at his breast.)

In the white mornings his waters curled my hair with lilies.
Now your love is curled by a rose of tears that wells inside me.

My emotion played in the trees seeking a poem without verses
when the blond moon, root of the mountains, climbed on my fingers.

I was a river of wings floating through the clouds with foam at my neck.
(Today the hand of a discreet and tight sob weighs on my throat...)

***

I see the water's shadow turning off the lights of my uncertain idleness,
and pardoning again the daring man who mocked its secret.

The river rises at the force that pushes my tear breaking in a verse,
but the poem flees and sleeps in the tranquil waters...

(How can I not love the river that kisses my tears which your love
takes out to the wind!)

#112 Mi madre y el río

Casi humanos, los gritos de la noche se fueron.
Ella me alzó de un salto con su mano de estrella.
Fue tu risa tendida su primera caricia
en mi aurora, ¡oh, mi río, consternado de ausencia!

Mis muñecas se hicieron de tus juncos morados;
mis cabellos de viaje, de tus ondas inquietas.
Ella no quiso verme sino rodando en oro
por el beso amarillo de tus aguas abiertas.

En tus fuentes nacieron, a la sed de los lirios,
las luciérnagas vivas de mis castas entregas.
Ella no fue trenzando mis espigas de sueño
para otra armonía que tu anhelo poeta.

En tus iras de agua te soltaba las manos
enredadas al ancla silvestre de las piedras.
Ella quiso ver libres tus arterias paganas
para cuando mi sangre por tu cuerpo subiera.

Su sollozo en tus labios era brisa de pájaros
fatalmente intuyendo mi destino en tu senda.
Ella te fue educando a mi amor, y fue blanca
en sus espaldas tibias nuestra cita primera.

Casi humanos, los gritos me penetran la carne.
Ella se fue, ¡oh, mi río consternado de ausencia!
Se me fue de las manos como rosa extraviada
y me dejó en el alma toda ella en esencias...

Nunca olvidó tus ojos de paloma perdida
cuando conmigo en brazos se tardaba en las yerbas;
vivía los sueños mudos de mi ingenuo noviazgo
como una santa loca sujetada en la tierra.

¡Oh, mi río! ¡Oh, mi río! Por su amor me detuve
largas mañanas ágiles a buscarte en la niebla.
Por su amor fui buscándote en los rostros más puros,
hasta amarte en el hombre que logró mi conciencia.

#112 My Mother and the River

Almost human, the night screams left.
She lifted me in a leap with her starry hand.
Your spread laughter was her first caress
in my aurora, oh my river dismayed by absence!

My dolls were made of your purple rushes;
my voyaging hair, of your restless waves.
She only wanted to see me rolling in gold
through the yellow kiss of your open waters.

The lively fireflies of my chaste surrenders,
were born in your fountains by the thirsty lilies.
She was not braiding my stems of sleep
for any harmony but your poetic desire.

In your angry waters she freed your hands
entangled in the rustic anchor of the stones.
She wanted to see your pagan arteries free
for when my blood would rise through your body.

Her sigh on your lips was a breeze of birds
fatally intuiting my destiny in your route.
She was teaching you to love, and our first
date was white on her warm back.

Almost human, the screams penetrate my flesh.
She left, oh my river dismayed by absence!
She left from my hands like a lost rose
and left in my soul all of herself in essences...

She never forgot your eyes of a lost dove
when embracing me she lingered in the grasses;
she lived her mute dreams of my ingenuous engagement
like a crazy saint bound on the earth.

Oh my river! Oh my river! For her love I loitered
long agile mornings to find you in the fog.
For her love I sought you in the purest faces,
until loving you in the man who won my conscience.

Ella se fue, ¡oh, mi río!, como trino cerrado:
la siguieron mil pájaros recogiendo sus huellas.
Su capricho de rara soledad en mí tuvo
lluvias hondas, en pueblos de emociones inéditas.

¡Oh, mi río! ¡Oh, mi llanto! Vuestras aguas crecidas
se estarán encontrando ¡en que mar de tragedia!
¡En qué suelo sin pájaros que liberten la angustia
estarán naufragando nuestras nubes inmensas!

¡Oh, mi río, tus ojos pueden más horizontes
que las brisas partidas de mis manos pequeñas!
¡Por tu anhelo de verte perpetuado en mi carne
busca el santo espejismo donde su alma me espera!

Ella sé que me quiere abrazar en tus brazos:
me lo dijo una noche, asaltada de estrellas.
Su ternura intangible traspasaba mis formas,
y, ¡oh, mi río! es la hora de adornarle la senda.

¡Oh, los gritos humanos! ¡Cómo parten mi sangre!
¡Oh, mi río, libértala de sus anclas de tierra!
No le digas que sigo atajada en el suelo...
Que me busque en los astros o en la voz de las selvas.

She left, oh my river! Like a closed warble:
a thousand birds followed gathering her footprints.
Her whimsy of rare solitude stirred in me
deep rains in cities of unpublished emotions.

Oh my river! Oh my weeping! Your crested waters
will be meeting in what sea of tragedy!
On what land without birds that free anguish
will our immense clouds be shipwrecked!

Oh my river, your eyes hold more horizons
than the breezes broken in my small hands!
For your desire to see yourself perpetual in my flesh
look for the holy mirage where her soul awaits me!

I know she wants to embrace me in your arms:
she told me one night, afflicted by stars.
Her intangible tenderness pierced my forms,
and, oh my river, it is time to decorate her path.

Oh, the human screams! How they break my blood!
Oh, my river, free her of her earthly anchors!
Don't tell her that I'm cut down on the ground...
Let her seek me in the stars or the voice of the woodlands.

#113 Vuelta al sendero único

¡Río de mi silencio en
arenales áureos sobre mi corazón!

Me he silenciado para estrechar la vida
que palpita en mí mísma,
y seguirme por todos los caminos que han bebido
el peso de mis lejanas sensaciones caminantes.

¡Caminito de brotes sensoriales
que se partió con un filo de hastío!

¡Caminito de sugestiones estériles
que se acabó en su primer encuentro
con la luz de mi mente!

¡Caminito de actitud desbocada
que fue tapado con las hojas del que incita
y desprecia a un mismo tiempo!

¿Dónde, pues, echar a andar
definitivamente,
este dios vivo que llevo en mis canciones
y mis pasos sin órbita?

Todos los caminitos que he recorrido a ciegas
se han partido en mi carne de tanto caminar su distancia,
amarrada a un árbol infructífero que grita:—¡Detente!

Río de mi silencio
en arenales áureos sobre mi corazón!

Sigo silenciada escuchando mi vida integral
que ha vuelto de todos los caminos encorvados,
y está fija en el punto de partida
¡hacia horizontes nuevos!

¿Bastará la experiencia?

#113 Return to the Only Path

River of my silence
in golden sands upon my heart!

I have silenced myself to tighten the life
that pulses in me,
to follow myself through the paths that drank
the weight of my far walking sensations.

Little path of sensorial sprouts
split with the edge of disgust!

Little path of sterile suggestions
finished in its first encounter
with the light of my mind!

Little path of wild attitude
covered with leaves of the inciter
who scorns at the same time!

Where then, shall I set to walking
definitively
this live God that I carry in my songs
and my orbitless steps?

The paths that I have blindly walked
have split in my flesh from over-walking their distance
tied to a fruitless tree that screams—Stay!

River of my silence
in golden sands upon my heart!

I am silent listening to my integral life
returned from all the curved paths,
fixed at the point of departure
toward new horizons!

Will experience do?

Mi vida se conmueve.
Mis pies le han arrancado las alas a un pájaro volando...
Mis manos se han proclamado amigas
de las islas del viento...
Mis ojos han seguido la curva salpicada de estrellas
de las olas del cielo...
Mi emoción se ha rasgado las vetas amarillas
de un pasado ya muerto...

¡Milagro de haberme acercado hasta mi vida!
Me comienzo a mover por el camino interminable que atraviesa
mi propio corazón en el espacio.

My life is touched.
My feet have plucked the wings of a flying bird...
My hands have proclaimed friendship
with the islands of the wind...
My eyes have followed the arc of the sky splashed
with stars by skywaves...
My emotion has mined the yellow veins
of a past now dead...

Miracle of having come close to my life!
I start to move on the endless path that pierces
my own heart in space.

#114 Sombras ...

Al llegarme a la calle que da hasta el infinito
asaltaron mi rostro muchos ojos hambrientos.
Las miradas se echaron a treparme la vida,
y tras breve saludo, observaron mi gesto.

Hubo suaves pupilas que besaron mis pasos,
y las hubo muy blancas que lograron mi pecho;
unas fueron escolta en mi ruta de alba,
y las otras, la sangre de mi pena bebieron.

Poco a poco mis pasos se me fueron doblando,
y sentí en mis espaldas algo así como un peso:
cara al mundo, mis ojos contemplaron los ojos
enmarcados en furia de una fila de ciegos.

Me miraron los unos con sonrisa burlona
pretendiendo atajarme de mi rumbo certero;
y agarrándose al hilo de un ayer desviado,
otros, crueles, me hundieron sus bestiales intentos.

Yo volví hacia adelante mi emoción y mis ojos,
y me fui transformando en un hondo silencio...
Pueden fieras pasiones hacer ruido en mi viaje:
¡son sombras que no aciertan las luces de mi gesto!

#114 Shadows ...

When I arrived at the street that faces infinity
my face was assaulted by many hungry eyes.
The stares started to climb my life,
and after a brief greeting, observed my gesture.

There were soft pupils that kissed my steps,
and some very white reached my breast;
some were escorts on my path of dawn,
and others drank the blood of my pain.

Little by little my steps began to bend,
and I felt something like a weight on my back:
face to the world, my eyes contemplated the eyes
framed in the fury of a row of blind men.

Some looked at me with a mocking smile
pretending to cut me off from my certain course;
and grabbing onto the thread of a deviated yesterday,
others, cruel, buried in me their bestial intent.

I turned my emotion and my eyes forward,
and I began transforming into a deep silence...
Fierce passions can make noise on my voyage:
they are shadows that miss the lights of my gesture!

#115 Ella

La que juzga mi alma por la piel que me arropa
ni siquiera se extiende lo que alcanza su voz.

Pobremente cargada con herencia de normas
se tuerce en el abismo donde la luz no llega.

Su figura se alinea en la red de las fórmulas,
y su mente se rinde, seca y lacia de ideas.

Por ella hablan los siglos su impiedad lujuriosa.
Lo finito hace huella en su endeble sentir.

Desposadas del vicio del no ser, la coronan,
y se está por el mundo, numerada y con fin.

¿Qué culpa la persigue?
¡Son tantas las entradas para el soplo de ayer!

¡Piedad para su alma, que no siempre se encuentra
una voz comprensiva en labios de mujer!

#115 Her

Whoever judges my soul by the skin that blankets me
doesn't even extend herself to what her voice reaches.

Poorly loaded with a heritage of standards
she twists in the abyss where light doesn't reach.

Her figure aligns in the net of the formulas,
and her mind surrenders, dry and limp of ideas.

Through her the centuries speak their impious lust.
The finite makes a footprint in her weak feeling.

Married to the vice of not being, she is crowned,
and she is in the world, numbered and with an end.

What fault pursues her?
So many are the entrances for the gust of yesterday!

Pity her soul, not always does one find
an understanding voice on the lips of a woman!

#116 El hombre y mi alma

¡Qué caricia larga de acción me sube por las venas
anchas de recorrerme!

Me veo inmóvil de carne esperando la lucha
entre el hombre y mi alma,
y me siento invencible,
porque mi ahora es fuerte columna de avanzada
en la aurora que apunta,
es grito de corazón vacío en la nave del mundo,
es esfuerzo de ola tendido en playa firme
para arrasar calumnias de las conciencias rotas.

Entre el hombre y mi alma
se ha cruzado la espada ...
(La mente es una intérprete que traduce la fuerza
en ideas que avanzan.)

De mi lado se bate la conciencia del hombre
en un sol de principios sobre el Soy de las almas.

En la mano del hombre se defiende la hueca
escultura de normas sobre el tiempo moldeada.

Ha sonado la lucha...
Y me siento intocada...
Estoy sobre los siglos con fiereza de olas ...
¡Nadie palpe la sombra que mi impulso ahuyentara!

#116 The Man and My Soul

What a long lasting caress rises in my veins
wide from travelling me!

I see myself rigid flesh, waiting for the struggle
between the man and my soul,
and I feel invincible,
because my now is a strong column of advance
in the aurora that aims,
it's an empty hearted scream in the ship of the world,
it's an effort of the wave spread on a firm beach
to raze calumnies from broken consciences.

Between the man and my soul
the sword has crossed...
(The mind is an interpreter that translates strength
into ideas that advance.)

On my side the conscience of man is beaten
in a sun of principles over the Am of souls.

In the hand of man the hollow sculpture
of standards defends itself moulded over time.

The struggle has sounded...
And I feel untouched...
I am upon the centuries with the ferocity of waves...
No one touches the shadow that my impulse frightens!

#117 El triunfo de mi alma

A veces se encuentra una a sí misma en el alejamiento
de muchas cosas,
y el alma toma un vuelo como de pájaros cantando
en pos de mariposas.

¡Qué deleite sensual es irse poco a poco
bajando de los riscos sin calma
donde nuestros instintos extraviados
treparon por algún tiempo la pureza del alma!

¡Y saberse despierta rechazando superficies adoptivas
que se adhirieron sin voluntad al pensamiento,
mientras vamos hundiendo las sombrías tentaciones
que nos sorprenden por momentos!

¡Ser afirmación de alma y energía dándose sólo
a las brevísimas alturas,
y recibir únicamente la emoción de lo grande
y el roce infante de las conciencias puras!

¡Cuánta estrella se refugia detrás de la azulada
onda de la tierra
huyendo a la visión torcida del hombre
que sólo carne y soledad encierra!

¡Y cuánto ciego hay que contempla alma adentro
la vibración de todas las estrellas,
conocedor de un mundo interior que sólo sabe
visiones celestiales y sensaciones bellas!

* * *

Yo fui estrella tendida a todas las visiones...
Hoy me cierro del mundo, callada de canciones...

La estrella de mi espíritu ha dado un vuelo épico
sobre la sombra estrecha del ambiente
y ha hincado su destello lavado de caídas
en la actitud sin sombras de mi mente.

#117 The Triumph of My Soul

Sometimes one finds herself in the distancing
of many things,
and the soul takes flight like singing birds
chasing butterflies.

What a sensual delight to descend little by little
from the cliffs without calm
where our strayed instincts
climbed for some time the purity of the soul!

And know oneself awake in rejecting adopted surfaces
that adhered involuntarily to thought,
while we sink the somber temptations
that surprise us at times!

To be an affirmation of soul and energy giving oneself solely
to the briefest heights,
and receive only the emotion of the great
and the infant spray of pure consciences!

How many stars take refuge behind the bluish
wave of the earth
fleeing the twisted vision of man
who encompasses only flesh and solitude!

And how many blind men are there that contemplate soulward
the vibration of all the stars
connoisseurs of an interior world that only knows
celestial visions and beautiful sensations!

***

I was a star spread to all visions...
Today I close myself to the great world, silent of songs...

The star of my spirit has taken an epic flight
over the narrow shadow of the ambiance
and has kneeled its sparkle washed of falls
in the shadowless attitude of my mind.

Agiles ideas me sueltan la emoción atada
a un suelo estéril de nudos materiales
con únicas salidas sin retorno a una ilusión
de sensaciones pobres y ráfagas sensuales.

¡Y camino mi vuelta a la mañana de la vida en un salto
de rumbos y de errores pasados,
conmigo de la mano, mirando el triunfo de mi alma
sobre el ¡ay! de los hombres encorvados...!

Agile ideas free my emotion tied
to a sterile ground of material knots
with unique exits of no return to an illusion
of poor sensations and sensual gusts.

And I take my stroll around the morning of life in a leap
of courses and past errors,
with myself by the hand, looking at the triumph of my soul,
over the ay! Of the hunched men...!

#118 Emoción exaltada sin respuesta

Atormentada.
Corazón partido y escapándose en emociones blancas
con una sombra débil colgando en cada impulso.

No están quietas mis golodrinas íntimas
por no sé qué misterio de golondrinas falsas.

Yo que perdí fronteras
me encuentro torturada por el límite extraño
de mi propio destierro.

Más allá de mi espíritu
un eco involuntario se complace
en repetir la idea que avanza sin pudor, desnuda
de tragedia;
y mi nombre gastado
le da la mano al tiempo.

Honda sonrisa triste me mira del silencio
de una cara de fuga
empobrecida de claridad y fuerza.

¡Qué espejo de martirio
filtra terror ardiendo
por mi cerebro en llamas!

Nada me aquieta el pecho.
Ni pensar que te quiero,
fértil de claridad,
y que ato a tu existencia
mi más simple destello.

Más fuerte que mis años
de voluntad olímpica, dominando inquietudes,
va este minuto trágico sobre mi fuerza viva
crispándome los nervios...

La sombra del mañana me vigila la vida
desde el no ser fantástico de mi sueño exaltado.

#118 Exalted Emotion without Reply

Tormented.
Heart split and escaping in white emotions
with a weak shadow hanging in each impulse.

My intimate swallows are not still
for I don't know what mystery of false swallows.

I who lost frontiers
find myself tortured by the strange limit
of my own exile.

Beyond my spirit
an involuntary echo is pleased
to repeat the idea which advances shameless, naked
of tragedy;
and my worn name
gives its hand to time.

A deep sad smile looks at me from the silence
of a face of escape
impoverished of clarity and strength.

What a mirror of martyrdom
filters burning terror
through my brain in flames!

Nothing quiets my breast.
Not even thinking that I love you,
fertile with clarity,
and that I tie to your existence
my most simple starburst.

Stronger than my years
of Olympic will, dominating restlessness,
this tragic minute goes over my live strength,
convulsing my nerves...

The shadow of tomorrow stands watch over my life
from the fantastic not being of my exalted dream.

Soy dichosa de impulsos.
Me reproduzco.
Amo.

¿Qué camino de noche me amenaza?
¿Por qué la rosa muda no se quedó sin voz
a distancia segura de mi espíritu?
¿Por qué heriste la luz, ¡oh Dios imperturbable!
por donde yo cruzaba tendida, hace un momento?

I am blessed with impulses.
I reproduce myself.
I love.

What night path threatens me?
Why didn't the mute rose stay voiceless
at a safe distance from my spirit?
Why did you wound the light, oh imperturbable God!
where I passed spread out, a moment ago?

#119 Vaciedad

Estoy en blanco
sobre el impulso que me anda la vida.

Como si en mí callara toda voz de existencia,
me echo a andarme yo misma
sin preguntar apenas qué ala de mariposa triste
recogerá mis pasos.

Voy en tumbos cayendome en los instantes largos de dolor
que han subido mi sensación hospitalaria,
y me beso en su sangre
por la gota de angustia que volverá mañana.

Se me aprieta el silencio...
Me prosigo en la entraña.
Con voz precipitada de nostalgia
me veo en mi alegría,
pobre, hace mucho tiempo, de soledad.

Beso su noche corta entre cien risas abandonadas
y me vacío en un deseo de descorrerme toda.

Me he dejado llegar allí donde el polvo
tiene color de nada,
al instante sin tiempo donde muere mi sombra.
Allí donde mi sueño sólo él mismo se oye
desde su canción muda,
y la idea avanza sin sonido al punto de partida.

¿Dónde comienza aquel momento triste
que ahogó la danza de mi espíritu,
detenido en cien penas apretadas?

¿Dónde se ensancha en goces la bondad del momento?
¿Dónde suena mi vida en el polvo sin notas del instante
que se aleja sin tregua de sí mismo?

Todo aquí tiene soplo de infinito,
y ni siquiera es ...

#119 Vacuum

I am in white
over the impulse that walks my life.

As if all voice of existence silenced in me,
I set myself walking
barely asking what wing of sad butterfly
will gather my steps.

I tumble, falling in the long moments of pain
which have raised my hospitable feeling,
and I kiss myself in its blood,
the drop of anguish that will return tomorrow.

My silence tightens...
I pursue myself in my entrails.
With a voice started by nostalgia
I see myself in my happiness,
poor of solitude for a long time.

I kiss its short night among a hundred abandoned laughs
and I empty myself in a desire to flow completely.

I have let myself go where the dust
has the color of nothing,
at the instant without time where my shadow dies.
There where my dream only hears itself
from its mute song,
and the idea advances without sound to the point of departure.

Where does that sad moment begin
that drowned the dance of my spirit,
arrested in one hundred compressed pains?

Where does the generosity of the moment widen in joy?
Where does my life sound in the dust with notes of the instant
that distances without a trace of itself?

Everything here has a gust of the infinite,
and doesn't even exist...

Hasta los ojos se me pierden ahora
en la sombra sin límites del vuelo reflexivo
donde he trepado, en manantial, mi mente.

Estoy en blanco
sobre el impulso que me anda la vida,
entre el minuto que acaba de pasar
y el puerto de la nada...

Now even my eyes get lost
in the endless shadow of the reflexive flight
where in a wellspring, I lifted my mind.

I am in white
over the impulse that walks my life,
between the minute that just passed
and the port of nothing...

#120 Canción de mi sombra minúscula

¡A veces la vida me quiere estallar en canciones
de angustia inesperada!

Yo quisiera quedarme en el secreto de mis penas
punzantes como estrellas,
pero mi alma no puede alcanzar el silencio
del poema sin palabras,
y salta por mis labios hecha polvo de vibraciones íntimas.

Hay una sola puerta abierta en el camino a donde va mi vida
desconocida de sonrisas.
Me echo a buscar su rastro,
como si el cosmos se hubiese concentrado en su energia
y hasta ella fuese mi emoción hecha pedazos
de mariposas destrozadas.

Mi emoción rueda ahora por una de esas islas salvajes
de dolor.
Me he sentido llegar allí donde se mueren
las canciones felices,
y el dolor se da cita con la pintura transparente del cielo.

Me duele aquella rosa prematura que se cayó en mis ojos
herida por los pétalos rosados;
y la última mirada de una novia del aire
que se murió de castidad al sentirse de carne
para el beso del hombre.

Sangra en el dolor del atardecer caído en mis espaldas
la pena del crepúsculo que no volverá a enamorar
la margarita pálida del bosque.

Solloza de misterio en mi vuleo de nube
una gota de lágrima que se subió al espacio
llevado por una espiga de rocío.

Todo el dolor que rueda en el instante abandonado
viene a danzar su ritmo en mi carne atormentada
de ansiedad cósmica.

#120 Song of My Minuscule Shadow

Sometimes my life wants to explode in songs
of unexpected anguish!

I would like to stay in the secret of my pains
pricking like stars,
but my soul can't reach the silence
of the poem without words,
and leaps through my lips made dust by intimate vibrations.

There is only one door open in the path where my life passes
unknown to smiles.
I start to find its trail,
as if the cosmos had concentrated its energy
and my entire emotion would go there,
as pieces of destroyed butterflies.

My emotion wheels through one of those savage islands of pain.
I have felt myself arrive where
happy songs die,
and pain makes a date with the transparent paint of the sky.

The premature rose that fell in my eyes wounded by
rosy petals hurts me;
and the last look of a bride of the air
who died of chasteness upon feeling she was flesh
for the kiss of man.

The pain of the twilight that won't woo again
the pale daisy of the woods
bleeds in the pain of the evening fallen on my back.

Taken by a sprout of spray
a teardrop that rose to space
cries from mystery in my cloud flight.

The pain that wheels in the abandoned instant
comes to dance its rhythm in my flesh tormented
by cosmic anxiety.

Y la emoción me estalla en canciones inútiles,
dentro de este espejismo de grandeza
de donde parte,
minúscula,
mi sombra ...

And the emotion explodes in useless songs,
inside this mirage of greatness
from which my shadow,
minuscule,
departs...

#121 Confesión del sí y del no

(Se agita inhumano,
amenazando turbar la fertilidad alba del instante,
aquel triste pasado que caminé a ciegas
por las playas oscuras del mundo.)

Eso dice la boca de los vientos que soplan hacia atrás.
Eso dicen las almas pegadas a sus cuerpos
sin alas extendidas.
Eso dice la gente que confunde la piedra
con el terrón azul del firmamento.

De pie por mi conciencia,
me detengo a pensar en el eco que ruge su ladrido
a mis pies.
No me espantan sus rosas mustias sobre mi senda.
No me azotan los últimos esfuerzos de los vientos cansados.

No me hiere el dolor de mis caídas
asombradas de la ruindad del hombre;
altas como horizontes me crecen en el alma,
cual espejos de una etapa desierta
que fertilizo ahora con mi actitud consciente de bondad.

Allí donde sólo creció la locura del niño,
donde los caminos se empaparon de mis ingenuous desvíos,
y mis lágrimas despavoridas se bajaron a recorrer la pena,
se trueca hoy la amargura en derrotero santo.

Las orillas vigiladas de espinas
que atajaron mis pasos hacia senderos infinitos de luz,
se deshacen hoy ante las pulsaciones arrolladoras de mi espíritu,
que vuela sobre una lluvia de transparente claridad.

El polvo donde dejé pedacitos de alma
en sangre de sueños abandonados,
se levanta del suelo ingrávido
y en olas frescas de emoción y de alas
se vuelve a mi presencia...

#121 Confession of the Yes and the No

(That sad past that I blindly walked
through the dark beaches of the world
inhumanly agitates itself,
threatening to disturb the fertile dawn of the moment.)

That's what the mouth of the winds that blow backwards say.
That's what the souls stuck to their bodies
without extended wings say.
That's what the people who confuse the rock
with the blue clod of the firmament say.

Standing due to my conscience,
I pause to think in the echo that growls its bark
at my feet.
Its musty roses on my path do not startle me.
The last efforts of the tired winds do not whip me.

Astonished at the malice of man
the pain of my falls does not wound me;
high like horizons they grow in my soul,
mirrors of a deserted period
that I fertilize now with my conscious attitude of kindness.

There where only the madness of the child grew,
where the paths saturated themselves with my ingenuous detours
and my tears, terrified, descended to review the pain,
today the bitterness is bartered in a holy course.

The edges guarded by thorns
that pricked my steps toward infinite paths of light,
dissolve today before the rolling pulses of my spirit,
that flies over a rain of transparent clarity.

The dust where I left small pieces of my soul
in the blood of abandoned dreams,
rises from the ethereal floor
and in fresh waves of emotion and wings
turns to my presence...

Aquellas últimas heridas que recibí en la mano
abierta sin maldad a la caricia loca
de los vientos mundanos
que cruzaban el tiempo,
se sonríen ahora desde mi fondo blanco
más adentro del roce donde el dolor me abrió surcos
maravillosos de purezas ocultas ...

Así, de pie por mi conciencia,
veo yo la sombra de las noches que anduve
la distancia del hombre
en nostalgia de avances e incursiones profundas.

Nada de sueños tristes ajándome los ojos
por las venas del llanto.
Nada de brazos inclinados en actitud
de sostener un peso:
¡que nada más existe en las voces que llegan
del otro lado de mi vida!

He sabido la inmensidad del cielo alto sobre las rosas,
y la inquietud extraña de mi alma
por alcanzarse en la hora sin tonos que no ha llegado aún.

He logrado el silencio amplio de encuentros íntimos
donde se rompe la ilusión de murmullo
de las mentes delgadas que persiguen mi adiós.

Desde aquí miro el suelo,
con escudo de estrellas fijas sobre mi frente.

¡Nada turba la fertilidad alba del instante
que recogió mi vida fugitiva de cariño,
al verte aparecido en mi conciencia
como una vida blanca que llegaba
en rescate de la mía!

Those last wounds to my hand
(open without malice to the crazy caress
of the mundane winds
that crossed time)
smile now from my white foundation
deeper in the chafing where pain opened in me
marvelous furrows of occult purities...

Thus, standing due to my conscience,
I see the shadow of the nights I walked
the distance of man
in the nostalgia of progress and profound incursions.

Nothing of sad dreams wrinkling my eyes
through the veins of crying.
Nothing of arms inclined as if
sustaining a weight:
nothing else exists in the voices that arrive
from the other side of my life!

I have known the immensity of the sky high above the roses,
and the strange disquiet of my soul
to reach itself in the toneless hour yet to arrive.

I have achieved the ample silence of intimate encounters
where the illusion of murmur breaks
from the slim minds that pursue my goodbye.

From here I look at the ground,
with a shield of fixed stars over my forehead.

Nothing disturbs the fertile dawn of the moment
that gathered my life fleeing from affection,
upon seeing you appear in my conscience
like a white life that arrived
to rescue mine!

#122 Hoy

Tú tú, eternamente tú,
mi corazón hallado en el otoño
de una vida angustiada
y sin espera.

Le diste corazón al universo
que se ocultaba en mí,
y supiste los cauces
de mi alma
y recogiste pétalos aislados
en la flor del cariño,
para prender la rosa
que fue tuya
desde el azul incierto
de un primero de octubre
enamorado.

Y sigues tú, eternamente tú,
único, horizontal,
verdinegro y azul
pajarito de amor,
fértil mañana blanca
de todas mis nostalgias.

Y sigues tú, aurora
desbordada,
en el alma de mi alma,
en mis ayeres descompasados,
en mis futuros inocentes,
en el total presente de mi existencia
cósmica.

#122 Today

You, you, eternally you,
my heart found in the autumn
of a life anguished
and hopeless.

You gave heart to the universe
that hid in me,
and knew the riverbed
of my soul
and gathered isolated petals
from the flower of affection,
to light the rose
that was yours
from the uncertain blue
of a first of October
in love.

And you continue you, eternally you,
unique, horizontal,
verdi-black and blue
small bird of love,
fertile white morning
of all my nostalgias.

And you continue you, aurora
spilling
in the soul of my soul,
in my rhythmless yesterdays,
in my innocent futures,
in the total present of my cosmic
existence.

#123 Poema del rumbo nuevo

Iba fiel la tormenta sobre mi alma cansada
cuando te apareciste con ternura de estrella.

Las ráfagas huyeron del suelo y de mis llantos
y me quedé dormida en tus luces inmensas.

Desperté luego en sueños inocentes y alados,
y partí con tu mano a incendiar primaveras.

Caminitos infantes entreabrieron sus almas,
y me dieron, risueños, sus pisadas primeras.

Nuevos soles brotaron de la faz del espacio,
y hubo como una senda de Dios sobre mi senda.

Y juntitos subimos al rincón de lo grande
para izarnos de amor sobre nuevas esferas.

#123 Poem of the New Course

The storm passed faithful over my tired soul
when you appeared with the tenderness of a star.

The gusts fled from the ground and my weeping
and I fell asleep in your immense lights.

I awoke later in innocent and winged dreams,
and I left with your hand to ignite Springs.

Tiny infant paths opened their souls,
and smiling gave me their first steps.

New suns budded on the face of space,
and there was something of a road of God over my road.

And nestled we climbed to the corner of greatness
to raise ourselves in love over new spheres.

#124 Poema para la tentación
del mar en primavera

Se hallaba en espirales
la luz sobre la música
y un verso deshacía
la tonada del aire.
¿Te acuerdas? Los relámpagos
desolaban el trueno
tardío y solitario
en una tumba breve.

El corazón del viento
se retardaba en olas
para besar tu vida
recostada en la mía.
Huracanes de rosas
aplacaban en ti
cada vez que tus ojos
retozaban espinas.

Una vez la armonía
de una gota de nube
orquestó todo el aire
con tu voz y la mía.
Y surgió mi Río Grande
de Loíza, y tu espíritu
se meció en la agonía
de ser grito perpetuo.

#124 Poem for the Temptation
of the Sea in Spring

The light over the music
was seen in spirals
and a verse unmade
the tune of the air.
Do you remember? The lightning bolts
desolated the late and solitary
thunder in a brief tomb.

The heart of the wind
lingered in waves
to kiss your life
reclining in mine.
Hurricanes of roses
died down in you
each time your eyes
pruned thorns.

Once, the harmony
of a clouddrop
orchestrated all the air
with your voice and mine.
And my Río Grande de Loíza
surged, and your spirit
rocked in the agony
of being a perpetual scream.

#125 Cuando me enamorabas

Cuando me enamorabas
montado en un lucero más lejano que el sol
tus pupilas ardían claridades
inmensas.

Hasta la nube recien cristal
envidiaba el infinito donde
yo yacía.

Un río, en juventud
perpetua,
nos llamaba desde aquí
y desde allá.
(El brote del encuentro,
y la añoranza íntima de mi novio de agua.)

Un remo solitario
se extendía
para multiplicarse
en nuestras vidas.

Aquella cosa muda
que se llama silencio,
o puerto desolado,
se derrotó en el sueño
maravilloso y hondo
de nuestra voz completa.

Era cuando eras mío
en emoción completa
cuando me enamorabas,
montado en un lucero
más lejano que el sol.

#125 When You Courted Me

When you courted me
mounted on a morning star more distant than the sun
your pupils burned immense
clarities.

Even the cloud recently crystal
envied the infinite where
I lay.

A river, in perpetual
youth,
called us from here
and from there.
(The bud of the encounter,
and the intimate yearning of my water groom.)

A solitary oar
stretched
to multiply itself
in our lives.

That mute thing
called silence,
or desolate port,
was defeated in the marvellous and deep dream
of our complete voice.

When you were mine
in total emotion
when you courted me,
mounted on a morning star
more distant than the sun.

#126 Ven

Silénciame ...
Soy flauta de vida maltratada
y quieró ser silencio.

Aquiétame ...
Soy ráfaga que todo lo voltea
y quiero ser quietud

Despiértame ...
Soy sueño de náyade ilusoria
y quiero ser verdad.

Silénciame.
Aquiétame.
Despiértame.
¡Oh, amado!
Y encontrarás en mi
la luz de lo ideal.

#126 Come

Silence me...
I am a mistreated flute of life
and I want to be silence.

Quiet me...
I am a gust that turns everything over
and I want to be quietude.

Wake me...
I am the dream of an imaginary naiad
and I want to be truth.

Silence me...
Quiet me...
Wake me...
Oh beloved!
And you will find in me
the light of the ideal.

#127 Será en el Mar de Moira

Será en el mar de Moira
donde el mar se haga el viento
nuevamente en su espiga
y habrá azul a distancia
para el ascenso núbil
de la canción del musgo,
y habrá un violín de adioses
para el dolor perpetuo
y un eco miserable
perdiéndose en el tiempo,
y la palabra amor
se alzará de la tierra
en volcán inocente
que renueva universos;
y tú, serás distinto,
a la vez que quien eres,
y yo, soltando remos,
libertaré mi verso
hacia lo que uno sabe:
hacia el pino,
hacia el eco.

#127 It Will Be in the Sea of Moira

It will be in the sea of Moira
where the sea will become the wind
new in its blossom
and there will be blue at a distance
for the nubile ascension
of the song of the moss,
and there will be a violin of goodbyes
for the perpetual pain
and a miserable echo
losing itself in time,
and the word love
will rise from the earth
in an innocent volcano
that renews universes;
and you shall be different,
while who you are,
and I, releasing oars
will free my verse
toward what one knows:
toward the pine,
toward the echo.

#128 ¡Amor!

¡Amor! La tierra lleva pasos de primavera,
y es un sueño la tarde que se apea en los tejados.

En un amplio descuido, por la puerta del día
se me fue yendo el pecho con tu nombre en los brazos.

¡Mundo sol sin caminos esté preso en mis dedos!
¡Mundo mar sin arenas esté suelto en mis párpados!

Es un doble infinito la pupila del día:
tú quemando mis olas; yo tu luz navegando.
El color aquí tiene nombre fiel de azucenas;
las ideas son leves como inviernos alados;
corre azul la sonrisa jugueteando en los templos:
aquí Dios es mas niño, mas feliz e innombrado.

Yo no sé a qué distancia de lo real va mi vida:
sólo siento a Dios niño y a tu amor en mis manos,
... y la tarde, mirando la locura de mi alma,
no se atreve a cerrarse, y me entrega sus pájaros.

#128 Love!

Love! The earth bears steps of Spring,
and the afternoon is a dream that dismounts on the rooftiles.

In a careless moment, my breast slipped through
the day's door with your name in its arms.

This prisoner in my fingers is a pathless world sun!
This one freed in my eyelids is a sandless world sea!

The pupil of day is a double infinity:
you burning my waves; I your light navigating.
The color here has the true name of white lilies;
the ideas are light like winged winters;
the smile runs blue playing in the temples:
here God is more child, happier and unnamed.

I don't know how far from the real my life travels:
I only feel God the child and your love in my hands,
...and the afternoon, looking at the craziness of my soul,
does not dare to close itself, and gives me its birds.

#129 Yo quiero hablarle a Dios

Yo quiero hablarle a Dios
de la maravillosa
sinfonía
que existe
en el sol
de tu frente.

Y decirle que amo,
que he revivido
el aire
que curó el manantial
de mi mal desterrado.

#129 I Want to Talk to God

I want to talk to God
about the marvellous
symphony
that exists
in the sun
of your forehead.

And tell him that I love,
that I have revived
the air
that cured the wellspring
of my exiled illness.

#130 ¡Shalimar!

¡Shalimar! ¡Shalimar!
Pedazo de corriente turbia
porque no te decifras,
y el ojo de una nube
te envía y te sonríe.

¡Shalimar! ¡Shalimar!
Con tu cuerpo de núbil estrellita,
y tu corazón verde
de soles angustiados,
y tu ausencia,
y tu presencia íntima,
y tu color de mar donde no habitas,
y tu soledad viva,
extraña
y nunca quieta.

Pareces un navío
siempre lleno de estrellas,
de estrellas que comienzan en ti
y que se van fugando
por el ojo del orbe,
hasta decirle a Dios:

"¡Dame el ancla del mundo!"

#130 Shalimar!

Shalimar! Shalimar!
Piece of a turbulent current
because you do not decipher yourself,
and the eye of a cloud
sends you and smiles at you.

Shalimar! Shalimar!
With your body of small nubile star,
and your green heart
of anguished suns,
and your absence,
and your intimate presence
and your color of sea where you don't inhabit,
and your live solitude,
strange
and never still.

You look like a ship
always full of stars,
of stars that start in you
and that escape
through the eye of the orb
until they say to God:

"Give me the anchor of the world!"

#131 Camino ardiendo

Camino ardiendo
corazón ardiendo
debajo de la risa.

Para el color de flamboyanes
donde termina todo frío,
donde tú y yo, y la vida
se enamoran,
y donde el tiempo
detiene su caracol
profundo
para la voz que existe.

Te amo,
al silencio le duele
algo de fuga.

Te amo,
a la raíz de un Dios
casi perfecto
le van naciendo espigas
porque te amo.

A la arena de mis ojos
profundos
le duelen ecos míos.

"Me voy muriendo en ti,"
me dicen tus miradas
invencibles al tiempo.

Pero, camino ardiendo,
corazón ardiendo,
debajo de la risa un sepulcro
imperfecto me dice:
"Ven, porque te amo."

#131 Burning Path

Burning path
burning heart
beneath the laughter.

For the color of the Flamboyant trees,
where everything cold ends,
where you and I, and life
fall in love
and where time
detains its profound
seashell
for the voice that exists.

I love you,
the silence hurts
from something of escape.

I love you.
At the root of a God
nearly perfect
blossoms are being born
because I love you.

The sand of my profound
eyes
is hurt by my echoes.

"I am dying in you,"
your looks say
invincible to time.

But, burning path
burning heart,
beneath the laughter an imperfect
sepulchre says:
"Come, because I love you."

#132 Como cuando no exista

Como cuando no exista
mis manos serán tuyas
en el hondo cadáver
de mi sueño mas alto,
la menuda caricia
de esqueletos azules
te hablarán a la sombra
de una sombra perfecta.

Espera que agonice
tu sonrisa en la mía,
serás como de luto,
iniciando lamentos
y una voz amarilla
descansará en la tuya.

#132 Like When I Won't Exist

Like when I won't exist
my hands will be yours
in the deep cadaver
of my highest dream,
the small caress
of blue skeletons
will speak to you in the shadow
of a perfect shadow.

Wait for your smile
to agonize in mine,
you will be as in mourning
initiating laments
and a yellow voice
will rest in yours.

#133 Eramos solos

Hoy, ¡quién le dijo
al viento que fuimos
soledades?

¿Quién le dijo
al silencio
que invadimos
su angustia?

Eramos solos,
éramos solitarios,
éramos silenciosos,
y la angustia era el eje
de nuestras mutuas vidas.

Y seguiremos siendo más hondos
que el silencio
y más solos que aquella soledad no vencida.

#133 We Were Alone

Today, who told
the wind we were
solitudes?

Who told
the silence
that we invaded
its anguish?

We were alone,
we were solitary,
we were silent,
and anguish was the axle
of our mutual lives.

And we shall go on being deeper
than the silence
and more alone than that unconquered solitude.

#134 Poema sin sentido

¿Para qué la agonía
de alimentar un sueño
que nació en claridades
y se agita en la nada?

La tonada del orbe se escondió
entre tinieblas
al sorber realidades
el rocío de dos almas.

El ayer nos recuerda en el fondo
del cielo
que dejó sus estrellas
en humana belleza,
y el sollozo del aire nos conduce
entre pétalos
al minuto en que en besos
nos cruzamos las sendas.

Hoy se mueren las horas
en prosaico cadáver
por ser grande el amor
pero breve la brisa
que alimenta la jaula
de inocentes jilgueros
que en un canto se amaron
y en un llanto se olvidan.

#134 Poem without Meaning

Why the agony
of nourishing a dream
that was born in clarities
and is agitated in Nothingness?

The tune of the orb hid
among shadows
when the dew of two souls
drank realities.

Yesterday remembers us at the bottom
of the sky
that left its stars
in human beauty
and the sigh of the air guides us
among petals
to the minute where in kisses
we crossed paths.

Today the hours die
in prosaic cadaver
because love is grand
but the breeze is brief
that feeds the cage
of innocent finches
that loved in a song
and in a sob forget.

#135 Paisaje interior

Desnudos de inquietudes vuelcan sobre mi alma
guirnaldas de emoción.

Ráfagas de pasado revolotean
en el grave mutismo de mi vida
como espinas de astros lejanos.

Presente en ángulos alargados hasta el infinito
juega manantiales de luz
en el sendero intimo de mi espíritu.

¡Oh, complicación suprema del vivir!
¿Dónde está la raíz que te subió a las almas
sedientes de sosiego?

¿Dónde está la fuente fecundísima
de donde penden tus arroyos
despeñando la placidez tranquila de las vidas?

¿Dónde está tu legión inquisitiva
que sorprende en el secreto íntimo de las tinieblas
el refugio de los espíritus atormentados?

¡Oh, desnudos de inquietudes,
ráfagas de pasado,
ángulos de presente,
¡callad!, ¡callad!,
en la transmutación de mi alma
hacia lo no vivido!...

#135 Interior Landscape

Nudes of restlessness pour garlands of emotion
over my soul.

Squalls of the past circle
in the grave silence of my life
like thorns of faraway stars.

Wellsprings of light play
in angles stretched to the infinite
on the intimate road of my spirit.

Oh, supreme complication of living!
Where is the root that lifted you to the souls
thirsty for calm?

Where is the fertile fountain
where your streams hang
hurling the placid quiet of lives?

Where is your inquisitive legion
that in the intimate secret of shadows
surprises the refuge of the tormented spirits?

Oh nudes of restlessness,
squalls of the past,
angles of the present
hush!, hush!
in the transmutation of my soul
toward the un-lived...!

#136 Mi cerebro se ha hecho
estrella de infinito

Mi cerebro se ha hecho
estrella de infinito
para albergar la nada...

Porque tu corazón
descendió en una nube
hacia el latir de un pétalo
moribundo y vacío.

¿Por qué rodar en mustias
avenidas de espanto?

¿Por qué romper la alegre
vibración de rocío?

¿Por qué desintegrarnos
en vértebras cansadas
cuando el mar sigue azul
y la rosa aún es rosa?

#136 My Brain Has Become
a Star of the Infinite

My brain has become
a star of the infinite
to shelter the Nothing...

Because your heart
descended in a cloud
toward the beating
of a moribund and empty petal.

Why wander on musty
avenues of fright?

Why break the happy
vibration of the dew?

Why disintegrate
in tired vertebrae
while the sea continues blue
and the rose is still red?

#137 Poema de la fuga en tu recuerdo

Se acabó la alegría de mi carne risueña,
se acabó la ternura de mi triste sendero,
en las redes de mi mal se me acerca:
una tumba en las alas de mi amado febrero.

Nací sola de luces. Conquisté claridades,
tuve citas inmensas con los magos luceros;
pero nada más gime mi cariño en la tierra.

¡Es la hora de irme al azul cementerio!

Me despido del mundo entonando canciones
como siempre la misma de los ecos más yertos.

En tu traje de galas que una noche me diste
me devuelvo a la tierra, en tu llanto, febrero.

#137 Poem of the Escape in Your Memory

The happiness of my smiling flesh is finished,
the tenderness of my sad path is finished,
in the nets of my malady it approaches me:
a tomb on the wings of my beloved February.

I was born alone of lights. I conquered daybreaks,
had immense appointments with the magic morning stars;
but nothing else moans my affection in the earth.

It's time for me to go to the blue cemetery!

I say goodbye to the world intoning songs,
as usual, the one with the most rigid echoes.

In the evening gown that you gave me one night
I return to the earth in your weeping, February.

#138 Llanto de sangre en rosas

Hermosura de sangre...
Inocente hermosura florecida en mi llanto.
Doble, crepuscular, temeraria y profunda
persecución de soles en mi mundo escudados.

Cada pétalo gime total, sobre mis hombros,
donde llevo la vida como un niño asustado.
Allá abajo, en el pozo ancestral de mis sueños
enloquecen las íntimas claridades de antaño.

En el fondo de un lirio se estremecen gaviotas.
Las espigas se estiran en plegaria a los astros.
Las retamas expiran de pudor, lentamente,
y las algas se hunden bajo el trágico manto.

¡Oh hermosura, tu roja vibración no contuvo
en el golpe primero tu traido espadazo!
Reclamaste una vida iniciada de estrellas,
e imperial te sonríes en belleza y en rapto.

Una vez sorprendiste el dolor en mis ojos
y cegaste mis lágrimas de amor en vil engaño.
Hoy cegaste una vida contagiada de lumbres,
y enigmática y bella eterniza tu acto.

#138 Weeping Blood on Roses

Beauty of blood...
Innocent beauty flowering in my weeping.
Double, crepuscular, daring, and profound
persecution of suns shielded in my world.

Each petal deeply moans over my shoulders,
where I carry the world like a frightened child.
Down there, in the ancestral well of my dreams
the intimate daybreaks of yesteryear go mad.

In the bottom of a lily, seagulls tremble.
The thorns stretch in prayer to the stars.
The yellow gorse expire from shyness slowly;
and the algaes sink beneath the tragic mantle.

Oh beauty, your red vibration did not hold
at the first slash of transported swordblow!
You reclaimed a life started in stars,
and imperial, you smile in beauty and in rapture.

Once you surprised the pain in my eyes
and blinded my tears of love in vile deceit.
Today you blinded a life contagious with flames,
and enigmatic and beautiful you eternalize your act.

#139 Este destino mío

Este destino mío
de asesinar claveles,
de romper soledades,
de doblarme sin flor.

¡Cómo me nace y muere
a un mismo tiempo
el alma!

¡Con qué blanca sonrisa
me atajaría la voz!

Pero todo me duele,
la tentación, la calma,
la orillita de un sueño
donde Moira existió.

No me queda ninguna
rosa luz en mi sombra.

Humanamente muero;
nada de azul
ni brisas
que columpian la roca
que en mí
se perpetuó.

Humanamente, y libre,
y distante, y materia
que allá abajo muy hondo
rimaré una canción.

#139 This Destiny Mine

This destiny mine
of assassinating carnations,
of breaking solitudes,
of bending without a flower.

How my soul
is born and dies
at the same time!

With what white smile
will it cut my voice short!

But everything hurts me,
temptation, calm
the small edge of a dream
where Moira existed.

I have no rose light
left in my shadow.

I die humanly;
nothing of blue
nor breezes
that swing the rock
that in me
perpetuated itself.

Humanly, and free,
and distant, and matter
that down there, very deep
I will rhyme a song.

#140 Que me quieres en verde

Al aire lo complico
con mi fuga
del mundo
porque no estás presente.

¡Quiéreme, claridad !
.¡Arroyo mío, quiéreme;
revienta las estrellas
y trae al cielo
a verme
y a decirme,
en tormentas,
que me quieres
en verde!

#140 That You Love Me in Green

I complicate the air
with my escape
from the world
because you are not here.

Love me, daylight!
Stream mine love me!
Burst the stars
and bring the sky
to see me
and to tell me,
in storms,
that you love me
in green!

#141 Quedó el silencio mudo

Quedó el silencio mudo
como una sombra ausente.

Quedó Dios de rodillas
ante tu inmensa soledad
y mi abandono.

Quedó el aire despierto
para abrazar
la angustia inútil
de tu carne y mi carne,
y de tu espíritu y mi llanto
sin lágrimas.

Y quedó un alba más
sin anunciarse,
mientras
inútilmente nos buscamos
en la ribera de un ensueño muerto.

#141 The Silence Was Left Speechless

The silence was left speechless
like an absent shadow.

God was left on his knees
before your immense solitude
and my abandon.

The air was left awake
to embrace
the useless anguish
of your flesh and my flesh,
and of your spirit and my weeping
without tears.

And another dawn was left
without announcing itself,
while
uselessly we looked for each other
on the banks of a dead illusion.

#142 Tardía, sin heridas

Tardía,
sin heridas
me va sangrando la existencia,
y no acierto la huella de seguirme por dentro.

Todo lo sabe el corazón
para sufrir callado,
y la muerte se sube gota a gota,
imperturbablemente,
hasta escalar la orilla donde sueño.

¿Quién amarró la angustia
para soltarla, toda, en mis pupilas?
¿Por qué la forma inútil
se rebela a perderme?

Quiseria convertirme del tamaño
de Dios
para empezar a recrear
un mundo.
¡Así despertará la paz
para quererme!

#142 Tardy, without Wounds

Tardy,
without wounds
my existence is bleeding,
and I can't find the inner trail to follow myself.

The heart knows everything
to suffer silently,
and death climbs drop by drop
imperturbable,
until it scales the edge where I dream.

Who tied anguish
to release it all in my pupils?
Why does the useless form
rebel to lose me?

I want to become the size
of God
to start a world
anew.
Thus will peace awaken
to love me!

#143 Tengo el desesperante
silencio de la angustia

Tengo el desesperante silencio
de la angustia
y el trino verde herido ...

¿Por qué persiste el aire
en no darme el sepulcro?

¿Por qué todas las músicas
no se rompen a un tiempo
a recibir mi nombre?

—¡Ah, sí, mi nombre,
que me vistió de niña
y que sabe el sollozo
que me enamora el alma!

#143 I Have the Desperate
Silence of Anguish

I have the desperate silence
of anguish
and the green warble wounded...

Why does the air persist
in not giving me the sepulchre?

Why don't all the musics
break at once
to receive my name?

Ah, yes, my name,
that dressed me like a girl
and who knows the sigh
that woos my soul!

#144 Adiós ...

Adiós...
La miserable estrella de la tierra
nos dice adiós.

La miserable estrella
interpuesta, entre
el gusano y el rocío.

La miserable estrella
que goza en su miseria
de ser capullo estéril de luz
sobre unas yerbas.

Nos dice adiós la miserable
estrella...
Nos dice adiós...adiós...adiós.

Estoy sobre el silencio,
preguntando ¿por qué?
¿Por qué la miserable
estrella me dice
"adiós",
nos dice "adiós"?

¿Por qué?

#144 Goodbye ...

Goodbye...
The miserable star of the earth
says goodbye to us.

The miserable star
posed between
the worm and the dew.

The miserable star
that rejoices in its misery
of being a sterile blossom of light
upon some grasses.

It says goodbye to us the miserable
star...
It says goodbye...goodbye...goodbye...

I am over the silence,
asking why?
Why does the miserable
star say to me
"goodbye"
say to us, "goodbye?"

Why?

#145 ¿En dónde está
el sonido especial de la luz?

¿En dónde está el sonido
especial de la luz
y el cielo del espíritu
dónde está retratándose?

El mar partió mi nombre
en dos, y en claridades,
y una sombra imborrable
se borró del crepúsculo.

¿Qué le pasó a la ola?
Un anticipo trágico
de lumbres la seguía
y encontró su azul
falda de espumas
en su río.

#145 Where Is
the Special Sound of the Light?

Where is the special
sound of the light,
and the sky of the spirit,
where is it photographing itself?

The sea split my name
in two and in daylights,
and an uneraseable shadow
was erased from the twilight.

What happened to the wave?
A tragic anticipation
of lights followed it
and found its blue
skirt of foam
in its river.

#146 Campo - 1

¡Ese camino real abandonado!
¡Esa niña que va descalza tumbando mariposas!
¡Esa mañana amarga que se lava la cara en el arroyo!

Campo ...
Jíbara atolondrada igual que la inocencia que te llena los párpados ...
Semilla taciturna que quieres no nacer en desvelada tierra de preguntas ...
Potro que ensillas manso horizonte armado de llanto campesiono...

¡La tradición está ardiendo en el campo!
¡La esperanza está ardiendo en el campo!
¡El hombre está ardiendo en el campo!

Es la tierra que se abre, quemada de injusticias.
No la apagan los ríos;
no la apagan los charcos;
ni el apetito de las nubes;
ni el apetito de los pájaros.

La brasa está en el pecho robusto de raíces,
pecho de tierra adulta madura para el salto,
y para que desemboquen en sus ojos las estrellas ignoradas,
y para recibir a Dios en sus barrios,
y para secarse las tormentas del cuerpo entumecido,
y para ponerle guardarraya a los amos.

Tiene pasos de luz la tierra blanca.
Tiene brazos de fe la tierra negra.
Tiene pulmón de viento la tierra enrojecida.

Hay mucho monte erguido desalojando cerros para la gran fogata,
para el desquite de los surcos,
para el sepulcro de las zafras.

¡Madura ...
recogerá la tierra su cosecha de hombres libertados!

¡La tiniebla hay que echarla del campo!
¡Con los riscos, si faltan los brazos!

#146 Countryside - 1

That royal path abandoned!
That girl who goes barefoot battling butterflies!
That bitter morning that washes its face in the stream!

Countryside...
Bewildered country girl, like the innocence that fills your eyelids...
Taciturn seed that wants not to be born in a sleepless earth of questions...
Colt who saddles a tame horizon armed with peasants weeping...

Tradition is burning in the countryside!
Hope is burning in the countryside!
Man is burning in the countryside!

It is the earth that splits open, burning from injustice.
The river can not put it out;
the ponds can not put it out;
nor the appetite of the clouds;
nor the appetite of the birds.

The ember is in the robust breast of roots,
breast of adult earth ripe for the leap,
and for the ignored stars to empty in your eyes
and to receive God in your neighborhoods,
and to dry the storms of the swollen body,
and to put limits on owners.

Steps of light has the white earth.
Arms of faith has the black earth.
Lungs of wind has the reddened earth.

There are many tall mountains evicting hills for the great bonfire,
for the revenge of the furrows,
for the sepulchre of the sugar harvest.

Ripe...
the earth will gather its harvest of free men!

The darkness must be chased from the countryside!
With the cliffs, if arms are lacking!

#147 Campo - 2

Eran de pomarrosa y de cerezo.
¡Mis árboles!
Tenían mucho de mí.

¡Si era locura verme por encima del viento!
¡Si eran sueños mis ojos al trepar un cerezo!
¡Si era más charco y monte mi razón que universo!

¡Oh llanto campesino!
Suéltame una vereda de tus riscos cerrados,
que quiero devolverte esta hora blanca.
Soy tu raíz oculta entre peñas y abrojos,
pero también fui ala ...

La infancia, como un niño, se ha salido a jugar
con mi ternura.
Me mira como un lirio
húmedo todavía por la creciente en risas del arroyo.
Su vocecita limpia se cierra en mi nostalgia
como si se durmiera llamando mariposas.

No es un cuento de ira lo que quiere este niño.
¡Mi infancia busca infancia!
recuerdo aquella tarde que lloré sobre la hoja de un moriviví
porque no despertaba.

Un día me quedé contemplando tan loca el horizonte,
que el sol me tendió lágrimas.
Mi regalo más íntimo al arroyo
era hincarme las manos con limoneros pálidos
para después regarme por las aguas.

Parece que al nacer me oyeron los guayabos,
y las lajas morenas,
y el río precoz,
porque a ratos se echaban a imitar mis sollozos,
sobre todo en las noches, cuando todos los cerros
se bajaban al agua.

#147 Countryside - 2

They were rose-apple and cherry.
My trees!
They had much of me.

Wasn't it craziness to see me above the wind!
Weren't my eyes dreams climbing a cherry tree!
Wasn't my reason more pond and forest than universe!

Oh peasant tear!
Loosen a footpath for me on your closed cliffs,
I want to return this white hour to you.
I am your root hidden among rocks and thorns,
but I was also a wing...

Infancy, like a child, has gone out
to play with my tenderness.
It looks at me like a lily
still humid from the laughter flooding the stream.
Its clean small voice closes in my nostalgia
as if it fell asleep calling butterflies.

It is not a story of rage that this child wants.
My infancy seeks infancy!
I remember that afternoon that I cried over a leaf of *morivivi*
because it wouldn't wake.

One day I became so crazed contemplating the horizon,
that the sun extended tears to me.
My most intimate gift to the stream
was to prick my hands with pale limes
and sprinkle myself over the waters.

At birth it seems the guava trees heard me,
and the dark brown flagstones,
and the precocious river,
because at intervals they would imitate my sighs,
above all at night, when the hills
would descend to the water.

Yo no sabía nunca el mismo caminito
hacia el pozo sediento,
sediento por entregarse a mí con toda la moñtana.
¡Y mis árboles,
los guardias voluntarios de mi niñez,
esos soldados mudos armados de iridiscencias de pájaros discretos,
estandartes sin patrias,
escopetas del tiempo manejadas tan sólo por la tierra!

¡Mis árboles!
¡Esos sabrán guardarte, campesino!
Esos sabrán crecer desde tu llanto
desparramados como criaturas predestinadas
por tu certero suelo horizontado.
Esos sabrán arder,
sabrán endurecerte para la gran conquista.

¡Oh llanto campesino ...!
Niño venido de tan lejos con mi infancia en los brazos.
Yo te regalo, niño,
la ofensiva despierta de mis árboles.

Soy un niño crecido amontonando escombros
de inocencias robadas,
un niño ensangretado enarbolando gritos
con todos los harapos de mis cuestas,
un pueblo en quien no quiere retroceder la infancia.

I never knew the same small path
to the thirsty well,
thirsty from surrendering to me with the whole mountain.
And my trees,
the voluntary guards of my childhood,
those mute soldiers armed with the iridescence of discreet birds,
banners without nations,
rifles of time handled only by the earth!

My trees!
They will know how to guard you, peasant!
They will know how to grow from your weeping
spread like predestined creatures
over your horizontal accurate soil.
They will know how to burn,
they will know how to harden you for the great conquest.

Oh peasant tear...!
Child come from so far with my infancy in her arms.
I give you child
the alert offensive of my trees.

I am a child grown piling rubble
of stolen innocences,
a bloodied child furling screams
with all the tatters of my hills,
a people in whom infancy won't recede.

#148 Ronda nocturna

Soledad de una noche con alma,
que no rimas
con tu sombra que esculpe tinieblas;
que te huyes de tu cuerpo dormido
y en fronda rondando te quedas;
ven, acércate a mí,
que mi alma también se me escapa
del silencio de un cuerpo que duerme
para irse a azotar a la inercia nochera.

Demos vuelta al arco nocturno
y vaguemos por toda la selva
trasnochando la pena en las hojas
dormidas y secas
y cantando una copla a la vida
que se mueve en las cosas despiertas.
Soledad de una noche con alma
quiero ser tu ideal compañera.

Hace tiempo te andaba buscando
para juntas rondar por la selva.
Soy tu imagen vestida de mundo.

En el fondo no soy sino una
inquietud viva y honda
en la noche ambiental que me cerca
y por eso se niega mi alma
a dormir en la inercia nochera
y te invita a rondar, para juntas
trasnochar nuestra música interna.

#148 Night Stroll

Solitude of a night with soul,
you do not rhyme
with your shadow that sculpts darkness;
that you flee from your sleeping body
and strolling in the fronds you stay;
come, come closer to me,
because my soul also escapes me
from the silence of a body that sleeps,
to go and whip the nocturnal inertia.

Let's take a turn around the nocturnal arc
and laze through all the forest
transnighting the pain of the leaves
sleeping and dry
and singing a couplet to life
that moves in things awake.
Solitude of a night with soul,
I want to be your ideal companion.

I have been seeking you for a while
so together we could stroll through the forest.
I am your image dressed as the world.

At bottom I am but a
restlessness alive and deep
in the ambient night that encloses me,
and thus my soul refuses
to sleep in the nocturnal inertia,
and invites you to stroll so that together
we may transnight our internal music.

#149 Perpetuamente insomne

Perpetuamente insomne...Así quiero tu vida
en la maravillosa fantasía de tu vuelo
donde has vuelto a raptarme mi tesoro de alas,
a la vez que insaciado cautivastes mis remos.

Por el dulce tormento de elevarme contigo
a escalar sin escalas el camino del viento;
por volver a ahuyentarme del dolor de mi sombra,
cuando lleno de ocasos, olvidaba luceros;
por la grave osadía de cavar mis fronteras
y con trazos agónicos fabricarme de nuevo,
hallarás el castigo capital de mi espíritu
abonado en mi llanto de encontrarme en el cielo.

Que tus ojos se cierren no más para mirarme
en el suelo hecho llamas de tu indómito pecho;
que tu ilusión germine alumbrando tus noches
y así, perpetuamente, seas aurora de sueños.

#149 Perpetually Sleepless

Perpetually sleepless...That's how I want your life
in the marvelous fantasy of your flight
where you have again abducted my treasure of wings,
while insatiable, you captured my oars.

For the sweet torment of elevating with you
to scale the stairless path of the wind;
to return to scare myself from the pain of my shadow,
when full of sunsets I forget morning stars;
for the grave audacity of excavating my frontiers
and with agonizing strokes fabricating myself anew
you will find the capital punishment of my spirit
paid in my weeping at finding myself in the sky.

May your eyes close only to look at me
on the ground made flames of your indomitable breast;
may your illusion germinate illuminating your nights
and so, perpetually, you may be an aurora of dreams.

#150 Las primeras lágrimas

Son las primeras lágrimas...
Son lágrimas de amor...

No fueron sus afluentes
bañados en dolor.

No fue nota breve
amago de ilusiones,
ni su tibia caída
descenso de pasión.

Pero no quiero, amado,
más lágrimas de amor...

¿Quieres para mis ojos
besos, versos y flor?

Piensa bien en la historia
que en amor nos unió.

Cuida bien el presente
y no turbes mi voz.

#150 The First Tears

They are the first tears...
They are tears of love...

Their flowing was not
bathed in pain.

It was not a brief note
threat of illusions,
nor their tepid fall
descent of passion.

But I don't want, beloved,
more tears of love...

Do you want for my eyes
kisses, verses, and a flower?

Think carefully of the history
that in love united us.

Take good care of the present
and don't disturb my voice.

#151 Adiós en Welfare Island

Tiene que partir de aquí,
en este mismo instante
mi grito al mundo.

En algun lugar la vida fue olvidada
y busco refugio en profundidades de lágrimas
y pesares
sobre este gran imperio de soledad
y oscuridad.

¿Dónde está la voz de la libertad
libertad de reír,
de moverse
sin el pesado fantasma del desespero?

¿Dónde está la forma de la belleza
inquebrantable en su velo simple y puro?
¿Dónde está el calor del cielo
virtiendo sus sueños de amor en espíritus quebrados?

Tiene que partir de aquí.
en este mismo instante,
mi grito al mundo.
Mi grito que no es más mío,
pero de el y de ella para siempre,
los camaradas de mi silencio,
los fantasmas de mi sepultura.

Tiene que partir de aquí
olvidado pero inquebrantable,
entre camaradas del silencio
muy adentro en Welfare Island
mi despedida al mundo.

> Goldwater Memorial Hospital
> Welfare Island, NYC
> Fev., 1953

#151 Farewell in Welfare Island

It has to be from here,
right this instance,
my cry into the world.

Life was somewhere forgotten
and sought refuge in depths of tears
and sorrows
over this vast empire of solitude
and darkness.

Where is the voice of freedom,
freedom to laugh,
to move
without the heavy phantom of despair?

Where is the form of beauty
unshaken in its veil simple and pure?
Where is the warmth of heaven
pouring its dreams of love in broken spirits?

It has to be from here,
right this instance,
my cry into the world.
My cry that is no more mine,
but hers and his forever,
the comrades of my silence,
the phantoms of my grave.

It has to be from here,
forgotten but unshaken,
among comrades of silence
deep into Welfare Island
my farewell to the world.

> Goldwater Memorial Hospital
> Welfare Island, NYC
> Feb., 1953

#152 El sol en Welfare Island

El sol
le brilla en desesperación
a mi triste corazón.

¡Los pájaros que cantan estan todos afinando
himnos eternos de libertad
dentro mi tierra de silencio
y mi alma responde:
Soledad!

¡Las margaritas reflejan su dulzura
en mis jardines escondidos
buscando una sonrisa de libertad
y mis labios responden:
Soledad!

¡El río, bailando imagenes
para mis ojos desternurados,
implora una mirada alegre
y mis ojos responden:
Soledad!

El sol,
sólo el sol inmortal
le brilla en desesperación
a mi triste corazón.

Porque mi alma pide sólo
soledad,
mi sonrisa depende de
soledad
mis ojos estan llenos de
soledad
y yo soy toda soledad
en un corazón rebelde.

> Goldwater Memorial Hospital
> Welfare Island, NYC.
> April 30, 1953

#152 The Sun in Welfare Island

The sun
is shining in despair
at my sorrowful heart.

Singing birds are all tuning
eternal hymns of freedom
into my land of silence
and my soul responds:
Solitude!

Daisies mirror their sweetness
into my hidden gardens
seeking a smile of liberty
and my lips respond;
Solitude!

The river, dancing images
for my untendered eyes
implores a look of cheerfulness
and my eyes respond:
Solitude!

The sun,
only the sun immortal
is shining in despair
at my sorrowful heart.

For my soul asks just
solitude,
My smile depends on
solitude,
my eyes are full of
solitude
and all of me is loneliness
in a rebellious heart.

Goldwater Memorial Hospital
Welfare Island, NYC
April 30, 1953

#153 Romance de La Perla

El sol se sale muriendo
en sombras del caserío,
y el mar se lame la vida
sobre horizonte de niños.

Duerme el hombre su ancha pena
del llanto de pan del hijo,
y toma forma de piedra
por la escalera del risco.

¿A dónde se irán sus pasos
hinchados de ahuecar bríos
en la antesala del sordo
capitalista edificio?

Ni la mañana le esconde
la mueca de su suplicio,
ni echa de ver que en sus ojos
hay ausencia de rocío ...

¡Una mirada vacía
lo tira de nuevo al nido!
¡Perla! La perla encrespada
como un hotel colectivo
en una mancha que el mar
se sacudió en raro ímpetu:

¡Perla! La perla dejada
en un fantástico olvido
para ilusión de los hombres
heridos de hambre y de frío.

¡Perla! La perla tirada
desde el tejado del risco,
que bajo tu blanca pena
exprime dolor de siglos.
¡Piedra que miras al cielo
como arrabal desteñido!

¿Quién dice noche estrellada
ante los ojos caídos

#153 Romance of "The Pearl"

The sun rises dying
in the shadows of the shacks,
and the sea licks its life
on a horizon of children.

The man sleeps his wide pain
at his child's cry for bread,
and takes the form of stone
through the stairs up the cliff.

Where will his steps go
swollen from hollowing brio
in the lobby of the deaf
capitalist building?

Not even the morning hides
the grimace of his torment,
nor reveals that in his eyes
there is an absence of dew...

An empty look
throws him back to the nest!
Pearl! The pearl crimped
like a collective hotel
in a stain that the sea
shook off in a rare impetus:

Pearl! The pearl left
in a fantastic forgetfulness
as an illusion for men
wounded by hunger and cold.

Pearl! The pearl thrown
from the rooftiles of the cliff,
that under your white sorrow
squeezes pain of centuries.
Stone that looks at the sky
like a faded slum!

Who says starry night
before the fallen eyes

de esa frontera del hambre
que va apretándose en gritos?

¿Quién dice marco de espumas
ante el puntal de martirio
que se reseca en las almas
huéspedes del precipicio?

La vida rueda temblando
sobre el jirón extendido
en un juego con la muerte
que quiere atrapar el risco.

El mar se lame la vida,
y el sol se arropa de frío ...
en cada lecho de muerte
vigila el sueño de un niño ...

¡Perla! La perla más blanca
de la gran mina del rico.
¡Perla! Que ya te desgastas,
de balancearte en suspiros.

¡Perla! Que ya te derrumbas
bajo tu pecho sombrío
mientras se elevan cuarteles
y el mar se infecta de tiros.
¡Piedra que miras al cielo
como arrabal desteñido ...!

El color rojo se tiende
en tinte de último aviso
sobre el puñal de tus noches
y tus puntales caídos.

Al otro lado del mar
nos duele tu sed de siglos.
Tu voz resuena más lejos
que los cañones temidos.

En la antesala del mundo
ya anuncia el sol colectivo.
¡Perla! ¡Levanta tus manos
y alza tu dolor en bríos ...!

of that frontier of hunger
that cramps in screams?

Who says frame of foam
at the pillar of martyrdom
that becomes brittle in the souls
that are guests of the precipice?

Life turns trembling
over the extended tatter
in a game with death
who wants to trap the cliff.

The sea licks its life,
and the sun blankets itself from the cold...
in each death bed
the dream of a child stands watch...

Pearl! The whitest pearl
of the great mine of the rich.
Pearl! Already wearing out
from balancing on sighs.

Pearl! Already crumbling
beneath your somber breast
while barracks are erected
and the sea is infected with gunshots.
Stone that looks at the sky
like a faded slum...!

The color red is spread
in a tint of last warning
over the dagger of your nights
and your fallen pillars.

At the other side of the sea
your thirst of centuries hurts us.
Your voice resounds farther
than the feared canons.

In the world's foyer
the collective sun is announced.
Pearl! Lift your hands
and raise your pain in brio ...!

#154 A José Martí

(Mensaje)

Yo vengo de la tierna mitad de tu destino;
del sendero amputado al rumbo de tu estrella;
el último destello del resplandor andino,
que se extravio en la sombra, perdido de tu huella.

Yo vengo de una isla que tembló por tu trino,
que hizo tu alma más fuerte, tu llamada más bella;
a la que diste sangre, como diste camino
(que al caer por tu Cuba, ya caíste por ella).

Y por ella, la América debe un soplo a tu lumbre;
su tiniebla hace un nudo de dolor en tu cumbre,
recio Dios antillano, pulso eterno, Martí.

Porque tengamos cerca de la muerte, un consuelo,
Puerto Rico, mi patria, te reclama en su suelo,
y por mi voz herida, se conduce hasta tí!

#154 To José Martí

(Message)

I come from the tender half of your destiny;
from the amputated path on the road to your star:
from the last starburst of the Andean splendor,
that strayed in the shadow, lost from your imprint.

I come from an island that trembled at your warble,
that made your soul stronger, your call more beautiful;
to which you gave blood, like you gave a road to follow
(that upon dying for your Cuba, you died for her).

And for her, America owes a bellow to your fire;
its darkness makes a knot of pain on your summit,
vigorous Antillean God, eternal steady hand Martí.

Because near to death we will have one consolation,
Puerto Rico, my homeland, clamors for you on its soil,
and through my wounded voice, conveys itself to you!

#155 Ya no es canción

¿Canción?
¿Canción?
¡No!
Ya no es canción.
Es grito.

Grito que rompe de una voz redonda
empujando orillas,
atajando cañones,
desintegrando tiranías.

Ya no es canción.
Es grito.
Grito proletario
que irrumpe a un tiempo
de todas las bocas de la tierra
para anunciar
el ímpetu rojo del presente.

Ya no es canción.
Es grito.
Grito de fuerza viva,
de hombres que luchan,
de mentes que se libertan,
de brazos sueltos
prestos a no caer.

Las masas rugen.
Piensan.
Son.

#155 It Is No Longer a Song

Song?
Song?
No!
It is no longer a song.
It is a battlecry.

A battlecry that breaks from a round voice
pushing edges,
slashing canons,
shattering tyrannies.

It is no longer a song.
It is a battlecry.
Proletarian battlecry
that erupts in unison
from all the mouths of the earth
to announce
the red impulse of the present.

It is no longer a song.
It is a battlecry.
Battlecry of living strength,
of men who struggle,
of minds that free themselves,
of free arms
ready not to fall.

The masses roar.
Think.
Are.

#156 Amante

Amante:
por tan sólo una hora
vuélvete todo vida ...
despójate
de todo lo que en tí
       sueñe
       obedezca
       o razone;
aléjate de trabas
hasta que seas
un fleco de Natura
       sin alma
       sin herencia
       sin razón
Entonces ... tómame
que yo te daré lirios en mis labios salvajes;
pequeñas cumbres fugitivas;
madreselvas silvestres;
niveas espumas perfumadas;
esperanza en azul de nueve lunas maternales;
y haré de tí
por siempre
un destello de vida
en la nada social.

#156 Lover

Lover:
for just one hour
become life...
rid yourself
of all that in you
>   dreams
>   obeys
>   or reasons;
distance yourself from barriers
until you are
a fringe of Nature without
>   soul
>   heritage
>   reason.
Then... take me
I will give you lilies in my savage lips;
small fugitive summits;
wild honeysuckle;
snowy perfumed foam;
blue hope of nine maternal moons;
and I will make of you
forever
a starburst of life
in the social nothing.

#157 "Es algo de lo
eterno al goce del minuto"

Es algo de lo eterno al goce del minuto
lo que tu empeño busca
por la ruta encendida de los claros anhelos.

En mi carne mortal y deseada
hay un poco de azul del infinito
y en mis ojos extaticos vislumbres divinas
como en la clara fuente
se retrato un lucero.

Si; tengo alma escondida
en lo hondo de este abismo
de mi carne de fuego,
esencia que perdura
haciendo noble
esta carne sensible y tentadora.

¿Qué buscas en la ruta de los claros anhelos?
¿La eternidad? ¿La hora?
¿Lo quieres todo?
Porque no serías noble si ansiaras una sola.

Déjame y no me tomes ni me aspires.
Pueden romper el vaso tus pasiones
y derramar la esencia contenida
ahogando las mentidas ilusiones.

#157 "It Is Something of the Eternal Enjoying the Minute"

What your desire looks for
on the burning road of the clear longings
is something of the eternal enjoying the minute.

In my mortal and desired flesh
there is a bit of blue of the infinite
and in my ecstatic eyes, divine glimmers,
like in the clear fountain
a light photographed itself.

Yes my soul is hidden
in the depth of this abyss
of my flesh of fire;
essence which endures
making this sensitive and tempting flesh
noble.

What do you seek on the road of the clear longings?
Eternity? The hour?
You want everything?
Yes, you wouldn't be noble if you desired one only.

Leave me and do not take me nor aspire me.
Your passions can break the glass
and spill the essence contained,
drowning the referenced illusions.

#158 Amado:

Es de noche...Sola y triste me paseo por el valle del recuerdo de un amor inmenso y puro que en mi alma siempre está. Y tu imagen dulce y pura, me aprisiona tiernamente acogiéndome en sus redes de ilusión y realidad.

Me imagino que estás cerca, que me miras con tus ojos de mar quieto, despertándome a la vida del ensueño celestial; que me envuelves en tus brazos de hombre ardiente y vigoroso con temblor de anhelos puros que me saben fascinar; que me besas, que extasiado me presientes, que me abrazas, que me alejas, que me sientes con febril intensidad...

Y todo esto, mero ensueño que se choca con la angustia de la fría realidad...

Yo te quiero, amado mío, te idolatro con dolor. Nuestro amor es doloroso y camina por la vida acechado por las flechas de la vana humanidad.

Nuestro amor es grande y único, pero tiene que esconderse tras los convencionalismos de esta injusta sociedad.

Qué ironía, qué angustiosa payasada para mi alma que tan sólo sabe de espontaneidad...

Yo te quiero, amado mío, y es intenso mi sufrir. Yo que te amo tanto, tengo que esconder mis emociones tras un frívolo saludo o una sonrisa cordial.

Y tú, objeto de mis sueños, para mí tan sólo tienes algunos breves instantes que le robas a la tarea de tu familia social.

¡Oh dolor de amar! ¡Oh arpegios de mi intensa soledad! Sólo tengo sueños, sueños, y algunos acordes tenues de la armonía delicada de tu amor accidental.

Sueño a veces que eres mío, todo mío, y que corres delirante al regazo tierno y suave de mi amor primaveral; que devuelves a los hombres lo que es suyo, y desnudo de prejuicios, de interes y egoísmos, te me entregas, todo hecho una rima de purezas, de ternuras y de luz; que sedientos de limpieza nos fuimos del dominio de la colonia social, que es esclava del engaño, la hipocresía y la maldad; que profugos de mentiras vamos al amplio sendero de la naturalidad... Y allí un hijo es la ofrenda santa a nuestra sed de grandeza, de plenitud y de paz.

¡Oh intenso! ¡Oh sublime y puro! ¡Oh enorme dolor de Amar!

#158 Beloved:

It is night...Alone and sad I stroll through the valley of remembrance of a love, immense and pure which is always in my soul. And your image — sweet and pure, imprisons me tenderly, welcoming me in its nets of illusion and reality.

I imagine that you are near, that you look at me with your eyes of still sea, waking me to the life of the celestial illusion: that you wrap me in your arms of ardent and vigorous man with tremors of pure desire that know how to fascinate me: that you kiss me, that ecstasied you sense me, that you hug me that you distance me, that you feel me with febrile intensity...

And all this, mere illusion which crashes with the anguish of cold reality.

I love you, my loved one, I idolize you with pain. Our love is painful and walks through life ambushed by the arrows of vain humanity.

Our love is great and unique, but has to hide behind the conventions of this unjust society.

What irony, what clownlike anguish for my soul that only knows spontaneity...

I love you, my loved one, and my suffering is intense. I who love you so much, must hide my emotions behind a frivolous greeting or a cordial smile.

And you, object of my dreams, for me you have only a few brief moments that you steal from the farce of your social family.

Oh pain of love! Oh arpeggios of my intense solitude! I have only dreams, dreams, and a few tenuous chords of the delicate harmony of your accidental love.

Sometimes I dream that you are mine, all mine, and that you run delirious at the tender and soft irrigation of my Spring love; that you return to men what is theirs, and naked of prejudices, interests and egoisms, you surrender to me, made all a rhyme of purities, of tenderness and light; that thirsty for cleanliness we left the dominion of the social colony, which is a slave to deception, hypocrisy and misdeed; that fugitives from lies we go to the ample path of naturalness and... And there a child is the holy offering to our thirst for greatness, plenitude and peace.

Oh intense! Oh sublime and pure! Oh enormous pain of Loving!

#159 Latigazos

Latigazos,
latigazos de la vida,
destrozaron la ilusión de mi alma tierna,
y muchas emociones
se agolparon en un nudo de tragedia.

Fue un instante decisivo ...
Las palabras se rompieron en mis labios
y brotó la triste nueva:
>"El destino se ha llevado a nuestro hijo
>que fue brote de la música primera
>cuando apenas hacía nido en mis entrañas
>enredado en la emoción de mil poemas."

Las palabras se partieron en mis labios
y en mis ojos se volcaron
plentitudes de tristeza,
y alma adentro
cada tímido murmullo tenía sed del hijo en fuga
y cadencia de tragedia.

Latigazos,
latigazos de tu alma
respondieron a mi pena.
Tus palabras en estado inalterable
prorrumpieron en efímero—"¿de veras?",
y tus ojos acunaron en mi rostro
como siempre su mirada dulce y quieta.
Al instante:
>"Vete, amada. Hoy no puedo acompañarte,
>pues me esperan."

Las palabras se anudaron en mis labios
y quedéme
muda y yerta.
Mi alma absorta se me hizo
un temblor de mil sorpresas
y se me fue tras el hijo
mientras el alma del padre
fue a enroscarse en la alegría
de otra ilusión pasajera.

#159 Whiplashes

Whiplashes,
whiplashes of life,
destroyed the illusion of my tender soul,
and many emotions
took blows in a knot of tragedy.

It was a decisive moment...
The words broke on my lips
and the sad news erupted:
> "Destiny has taken our child
> who was a blossom of the first music
> when he barely made a nest in my entrails
> tangled in the emotion of a thousand poems."

The words split on my lips
and in my eyes overturned
plenitudes of sadness,
and deep in my soul
each timid murmur had a thirst for the child in flight
and a cadence of tragedy.

Whiplashes,
whiplashes of your soul
responded to my sorrow.
Your words in unalterable state
burst in ephemeral "really?",
and your eyes cradled in my face
as always their look sweet and still.
In a moment:
> "Go beloved. Today I cannot accompany you,
> well, they wait for me."

The words knotted on my lips
and I was left
dumb and stiff.
My amazed soul became
a tremor of a thousand surprises
and went after the child
while the father's soul
went to coil in the happiness
of another passing illusion.

Latigazos,
latigazos de la vida
en conjura con tu alma
destrozaron la ilusión de mi alma tierna.
Todo en mí asomaba sed del hijo en fuga
y creíme que en tus brazos
tendría aliento mi tristeza;
y tus brazos me ofrendaron
el vacío de una rafaga andariega
que en tus ojos se me dio con vuelo álgido
y en tus labios con palabras pasajeras.

Y te fuiste ...
Otros brazos te aguardaban en un vértigo de fiesta,
y yo, triste,
fui cayéndome en un ritmo de tragedia.
Pero entonces... en mi corazón herido
quiso el cielo que surgiera
una plentitud de voces abnegadas y serenas;
y en actitud tan sublime
sentí un rapto silencioso que floreció madreselvas;
me fui detrás de tu alma
y le arrebaté el pedazo de la mía, herida y yerta,
la volví a mi cuerpo ardiente
y ella, con ansia materna
se me fue detrás del hijo
que iba volviéndose estrella.

Whiplashes,
whiplashes of life
in conspiracy with your soul
destroyed the illusion of my tender soul.
Everything in me neared thirst of the fleeing child
and I thought that in your arms
my sadness would have comfort;
and your arms offered me
the vacuum of a wandering squall
given to me in your eyes with icy flight
and in your lips with passing words.

And you left...
Other arms guarded you in a vertigo of feast,
and I, sad,
went falling in a rhythm of tragedy.
But then...the sky wanted a plenitude
of drowning and serene voices to surge
in my wounded heart;
and in an attitude so sublime
I felt a silent rapture that flowered honeysuckle:
I went after your soul
I snatched my piece from yours, wounded and stiff,
I returned it to my burning body
and my soul, with maternal anxiety
went after the child
that was turning into a star.

#160 Una canción a Albizu Campos

De corazón a labio,
de Norte a Sur y a estrella,
los montes y los niños y el aire te saludan.

Príncipe del imperio de las constelaciones
donde comienza el alma a iniciarse la idea.
Descubridor del cielo verdadero y presente
por donde el mundo mira la tierra borinqueña.

Vencedor de prisiones, libertador de rumbos,
enterrador perpetuo de todas las cadenas.

Todo en ti se adelanta en bandadas de sueños
desde Atlanta hasta el tierno manantial de las sierras.

Porque te fuiste, íntimo, soñando claridades,
y, soñando, a tu estrella solitaria regresas.

Todo en ti se adelanta en bandera de nubes
desde Atlanta hasta el hombre que doquiera pelea.
Porque te fuiste, inmenso peleando libertades
y peleando mundiales libertades regresas.

Todo en ti se adelanta en magnitud de símbolo
desde Atlanta hasta el hoy eterno de tu ofrenda.

Porque te fuiste, todo, de amor a Puerto Rico
y todo, de amor patrio, a lo eterno regresas.

Corazón del instante, nervio y pulso del mundo
que vivió en tu martirio por ti se liberta.
En tu cárcel los pueblos aplastados se vieron
y a tu nombre los pueblos, redimiéndose, llegan.

A tu nombre, canción en la boca de un río,
relámpago antillano cabalgando la tierra,
amapola de América dibujada en mil pétalos,
universo rendido al alma borinqueña.

#160 A Song to Albizu Campos

From heart to lip,
from North to South and star,
the mountains and the children and the air greet you.

Prince of the empire of constellations
where the soul begins to initiate the idea.
Discoverer of the true and present sky
where the world looks at the soil of Borinquen.

Conqueror of prisons, liberator of courses,
perpetual burier of all chains.

Everything in you advances on a flock of dreams
from Atlanta to the tender wellspring of the sierras.

Because you left, intimate, dreaming daylights,
and, dreaming, to your solitary star you return.

Everything in you advances in a flag of clouds
from Atlanta to the man who fights anywhere.
Because you left, immense, fighting liberties
and fighting world liberties you return.

Everything in you advances in magnitude of symbol
from Atlanta to the eternal today of your offering.

Because you left for love of Puerto Rico
and for love of country, to the eternal you return.

Heart of the instant, nerve and pulse of the world
that lived in your martyrdom, through you is freed.
In your jail the crushed people saw themselves
and to your name, the people redeeming themselves arrive.

To your name, song in the mouth of a river,
Antillean lightning hoofbeating the earth,
American poppy sketched in a thousand petals,
universe surrendered to the Borinquen soul.

#161 Canción a los Pueblos Hispanos de América y del mundo

(Dedicada con respeto a
Juan Antonio Corretjer,
en el primer aniversario
de Pueblos Hispanos.)

Es en ti donde canta mi canción, donde grita
libre grito mi voz iniciada en montañas.
Es en ti donde amando va mi amor: en tus pétalos,
tierna flor extendida de Bolívar y España.

Altamira del mundo por donde los instantes
ruedan como latidos del mundo de mañana.
Eres tierra de sangre retoñando por siempre
en el amplio universo de tus propias entrañas.

Eres tierra de abrigo desde el mar a tu nombre
silbando en continentes por todas las quebradas.
Fortalecida en tallo perpetuo de palmeras,
vas dando tu amor loco a todas las palabras.

Explosión de horizontes fue formando tu pecho,
oh América Latina, América de albas,
América de ira reventada en claveles,
América de flores convertidas en lanzas.

Pero tu voz camina herida en cada brisa
y en cada suelo manso te reciben las lágrimas,
todavía reza un trueno de tiranos y dolares
sobre el vuelo tendido de tus tímidas patrias.

Pueblos Hispanos, pueblos potentes como soles
trenzados en la órbita de América y España.
Pueblos agigantados de rosas y epopeyas
que nacieron besando, y besando se abrazan.

Pueblos Hispanos, pueblos que lívidos contemplan
desde el sueño hecho sangre de la bondad martíana,
en Puerto Rico, un amo golpeando libertades
y un monstruo en el sagrario de la Ciudad Primada.

#161 Song to the Hispanic People
of America and the World

(Dedicated with respect to
Juan Antonio Corretjer,
on the first anniversary of
Pueblos Hispanos.)

It is in you where my song sings, where my voice
began in mountainous screams a free scream.
It is in you where my love goes loving: in your petals,
tender flower extended from Bolívar and Spain.

Towering view of the world where the moments
roll like pulses of the world of tomorrow.
You are a land of blood resprouting forever
in the ample universe of your own entrails.

You are a land of shelter from the sea to your name
whistling in continents through all the ravines.
Strengthened in a perpetual profile of palm groves,
you give your crazy love to all the words.

Explosion of horizons formed your breast,
oh Latin America, America of dawns,
America of anger burst in carnations,
America of flowers converted to lances.

But your voice walks wounded on each breeze
and in each tame soil tears receive you,
a thunder of tyrants and dollars still reigns
over the spread flight of your timid countries.

Hispanic People, people potent like suns
braided in the orbit of America and Spain.
People gianted by roses and epic poems
that were born kissing, and kissing embrace.

Hispanic People, people who livid contemplate
the dream made blood by Martí's generosity,
in Puerto Rico, a master beating freedoms
and a monster in the sanctuary of the Primal City.

Así rompes, América, tu destino a los aires,
entre dioses criollos y extranjeras campanas.
En tu sed fertilizan invasoras corrientes,
y en tu pecho, traidores se disputan tu alma.

Sin embargo te riegas en calor subterráneo
doquiera se oye un trueno libertador de infamias.
En cada frente lanzas tu ejército en silencio,
y el hombre nuevo, en ti, vencerá su desgracia.

Romperás con ternuras tus míticas fronteras
ayudada en tu impulso por Bolívar en rafagas.
Serás, para el futuro de tus hijos de ahora,
América del mundo abriendo desde España.

Thus you break your destiny in the air, America,
between creole gods and foreign bells.
Invading currents fertilize in your thirst,
and in your breast, traitors fight over your soul.

And yet you irrigate yourself in subterranean heat
wherever a thunderclap liberating infamies is heard.
On each front you launch your army in silence
and the new man, in you, will vanquish his disgrace.

You will break your mythical frontiers with tenderness
helped in your impulse by Bolívar in squalls.
You will be, for the future of your sons of now,
America of the world opening from Spain.

#162 Himno de amor a Rusia

Hombre de frío y de sol,
de corazón caucásico que va regando arterias por el pecho del mundo.

Hombre de rumbo y luz,
abanderado el orbe con su hazaña perfecta.
Hombre de soledades vencidas, esparcido,
y poblado de músculos y sonrisas profundas:
Hombre de Rusia,
filtro de la verdad salvada,
¡Salud!

Sangre, vertida sangre
sin riberas ni pausas.
Sangre descalza,
y niña sorprendida jugando con un sueño de niños.
Sangre desnuda y fija donde rodaba enhiesto el despertar del mundo.

Sangre partida hiriéndose por las vastas llanuras
sobre la danza viva del trigal y del pino.
Sangre deshabitada, pero eterna, latente,
bautizando caminos.
Sangre de Rusia,
llanto de la tierra ofendida,
¡Salud!

Suelo de esfuerzo y trino,
de dimensión de aurora que va ardiendo de soles las espaldas del mundo.

Feliz suelo asaltado,
la traición va lamiendo su sombra retirada...
Se desnutrió en tus fieras estepas encendidas de sangre muda, anonima
pero certera, rapida.
Es un nido de ruinas la ofensiva cobarde,
y tus trigos caidos se despiertan en lanzas.
¡Suelo de Rusia,
tumba de la muerte del hombre,
Salud!

#162 Hymn of Love to Russia

Man of cold and of sun
of Caucasian heart that irrigates arteries through the breast of the world.

Man of course and light,
the globe bannered with his perfect deed.
Man of vanquished solitude, serene,
populated by profound muscles and smiles:
Man of Russia,
filter of the truth saved,
Hail!

Blood, poured blood
without banks or pauses.
Blood barefoot,
and a girl surprised playing with a dream of children.
Blood nude and fixed where the awakening of the world wandered erect.

Blood riven, wounding itself through the vast plains
over the live dance of the wheat and the pine.
Blood uninhabited, but eternal, pulsing,
baptizing paths.
Blood of Russia,
weeping of the offended land,
Hail!

Soil of effort and song,
the dimension of a dawn whose suns burn the backs of the world.

Happy soil assaulted,
treason is licking its withdrawn shadow...
It was weakened in your fierce steppes fired with mute blood, anonymous
but certain, rapid.
The cowardly offensive is a nest of ruins,
and your fallen wheat awakens in lances.
Soil of Russia,
tomb of the death of man,
Hail!

#163 Canto a Martí

Con una voz apenas comenzada,
apenas recogida, apenas hecha;
con una voz flotando entre horizontes
de ansiada libertad, sin poseerla,
con una voz de llanto circundado
de uniformes robustos, y de estrellas;
con una voz que escapa por las olas,
de un pesado cansancio de cadenas;
con una voz herida que se arrastra
bajo el grito de América incompleta,
con una voz de angustia desoída
por donde rueda el alma de mi tierra,
con una voz de suelo exasperado,
vengo a decirte, santo, que despiertes...

Que despiertes del aire de la espiga,
de la cumbre y el sol, y de las yerbas;
que despiertes del labio que te canta,
y del himno de amor que te rodea;
que despiertes del beso conmovido
y de la fiel palabra que te eleva;
que despiertes de pie sobre tu mármol,
y sobre toda paz que te sostenga;
que despiertes del culto de los mártires,
y vuelvas nuevamente a tu pelea;
que despiertes de Cuba y te adelantes
hacia tu isla menor, la Borinqueña.
La que en tu sangre vio rodar su sangre
cuando hundiste en Dos Ríos tu primavera;
la que en tu voz herida viera herirse
la patria que en tus labios se le fuera;
la que en tu brazo vio perder su brazo
e indefensa quedó sobre la tierra;
la que en tu corazón paró sus ímpetus,
y se perdió del pecho de tu América;
la que enlutada y rota y solitaria
entregara su muerte a otra bandera;
que al desterrarte, santo, de los hombres,
desterraste también tu isla pequeña.
(Puerto Rico y Martí: sed de Dos Ríos,
una lápida misma los alberga.)

#163 Canto to Martí

With a voice barely begun,
barely gathered, barely made;
with a voice floating between horizons
of longed for liberty, without possessing it,
with a crying voice surrounded
by robust uniforms, and by stars;
with a voice that escapes through waves,
from a heavy weariness of chains;
with a wounded voice that drags
itself below the scream of America incomplete,
with a voice of anguish unheard
where the soul of my land wanders;
with a voice of exasperated soil,
I come to tell you, Saint, to awaken...

Awaken from the air of the blossom,
from the summit and the sun, and the grasses;
awaken from the lip who sings to you,
and the hymn of love that surrounds you;
awaken from the stirring kiss
and the loyal word that lifts you;
awaken on your feet over your marble,
and over all peace that sustains you;
awaken from the cult of martyrs,
and return again to your fight;
awaken from Cuba and go forward
to your minor island, Borinquen.
The one that in your blood saw its blood run
when you sank your Spring in Dos Ríos;
that in your wounded voice saw itself wounded
the motherland that on your lips escaped them;
that in your arm, saw itself lose its arm,
and defenseless remained on the earth;
that in your heart stopped its impetus,
and was lost from the breast of your America;
that mourning and broken and solitary,
surrendered its death to another flag;
that exiling yourself, Saint, from men,
you also exiled your small island.
(Puerto Rico and Martí: thirst of Dos Ríos
the same tombstone houses them.)

Sin embargo no has muerto, sólo duermes;
la tierra te pidió como bandera;
las raíces quisieron escudarte,
y las rosas llamaron a tu senda.
Pero no has muerto, no, desde tu nombre
tu presides la vida, y la sustentas;
tu canción fue más alta que los pájaros
y tu sangre más honda que la idea.
Hasta aquí, hasta tu nombre, toda en llantos,
con tu Antilla Menor toco a tu puerta,
en este día de luto por tus hijos,
en este día de muerte por mi tierra.
Más que una voz que llega de otra orilla,
soy en tu propia carne, herida abierta.
Más que débil sollozo que te llora,
soy un grito de sangre que te espera.

A tu pecho, Martí, toco entre lágrimas,
en esta hora del hombre y de la guerra,
para que llegues, a la paz, despierto,
sobre el dolor más grande de la América.

And yet, you have not died, you only sleep;
the earth requested you like a flag;
the roots wanted to shield you,
and the roses called your path.
But you have not died, no, from your name
you preside over life, and sustain it;
your song was higher than the birds,
and your blood was deeper than the idea.
Here, to your name, with your Minor Antille
I tearfully knock at your door
on this day of mourning for your children,
on this day of death for my land.
More than one voice that arrives from another edge,
I am an open wound in your very flesh.
More than a weak sob that weeps you
I am a scream of blood that awaits you.

At your breast Martí, I knock among tears
in this hour of man and of war,
so you may arrive, at peace, awake,
over the greatest pain of America.

#164 Hora verde

La vida huele a tristes melodias nocturnas
desde que ausente fuiste el dolor en mis brazos.
El corazón se parte de tiniebla en mi espíritu,
porque tu, en el azul de mi vida eres aire.

¿Dónde rueda la risa que adornaba mi vida
cuando tu corazón recogía mis tristezas?
El amor se ha hecho luto sobre mi soledades
y la gran muerte espera recogerme en sus astros.

El aire está espigado de tímidas auroras
y el mar le dice "tu" al ojo de la noche.
Se ha despertado el sol y se baja corriendo
en la voz de una nube que pudo nacer alma,
y llamarse, en la orgia de los lirios de espuma
la Juliana del verso.

La risa se derrama lentamente en canciones
porque los ecos todos se han salido del tiempo.

Dios sacude tranquilo su dolor imposible
porque otro Dios de estrellas renovó el infinito.

#164 Green Hour

Life smells of sad nocturnal melodies
since absent, you were the pain in my arms.
My heart breaks from shadows in my spirit,
because you, in the blue of my life are air.

Where does the laughter wander that decorated my life
when your heart gathered my sadnesses?
Love has turned to mourning over my solitudes
and the great death waits to gather me in its stars.

The air sprouts with timid auroras
and the sea says "you" to the eye of the night.
The sun has awoken and it descends running
in the voice of a cloud that could have been born a soul,
and called itself, in the orgy of lilies of foam,
the Juliana of the verse.

The laughter spills slowly in songs
because the echoes have all left time.

God tranquilly shakes His impossible pain
because another God of stars renewed the infinite.

#165 Himno de sangre a Trujillo

Que ni muerto ni las rosas del amor te sostengan,
General de la muerte, para ti la impiedad.

Que la sangre te siga, General de la muerte,
hasta el hongo, hasta el hueso, hasta el breve gusano condenado a tu estiércol.
Que la sangre, la sangre
se levante y te siga.
Que la sangre que heriste por los caminos reales
se levante y te siga.
La sangre campesina, descolorida sangre, buena sangre violada,
que despierte y te siga.
La que muerta, aun vigila en un rostro de madre,
que despierte y te siga.
Que la sangre que muere por tu voz cada dia
se levante y te siga.
Toda tu sangre, ronco general de la muerte,
toda tu sangre en fila para siempre, y gritando
para siempre, y siguiéndote,
toda, toda tu sangre.

General Rafael, Trujillo General,
que tu nombre sea un eco eterno de cadáveres,
rodando entre ti mismo, sin piedad, persiguiéndote,
que los lirios se tapen sus ojos de tus ojos,
vivo y muerto, para siempre;
que las flores no quieran germinar de tus huesos,
ni la tierra te albergue:
que nada te sostenga, General, que tus muertos
te despueblen la vida y tú mismo te entierres.

Dictador. ¿A qué nuevos horizontes de crimen
vuelves hoy a apuntar tu mirada suicida?
Esa cumbre de muertos donde afianzas tu triunfo ,
¿te podrá resguardar del puñal de la vida?
Ese pálido miedo que otra vez te levanta,
¿durará sobre el rostro de un mundo que te espía?
Dictador de ese hermoso pueblo dominicano
masacrado en tus ansias y dormido en sus iras,
¿de qué llevas tu cetro? ¿De qué sol te alimentas?

#165 Hymn of Blood to Trujillo

May not even dead the roses of love sustain you,
General of Death—for you impiety.

May blood pursue you, General of Death,
to the fungus, to the bone, to the brief worm condemned to your compost.
May blood, blood
rise and pursue you.
May the blood you wounded along the royal paths
rise and pursue you.
Peasant blood, discolored blood, good blood violated,
may it awaken and pursue you.
The one that dead, still stands guard in the face of a mother,
may it awaken and pursue you.
May the blood that dies for your voice every day
rise and pursue you.
All your blood, hoarse General of Death,
all your blood lined-up forever, and screaming
forever, and pursuing you,
all, all your blood.

General Rafael, Trujillo General
may your name be an eternal echo of cadavers
wandering within you, without pity, pursuing you,
may lilies cover their eyes from your eyes,
alive and dead, forever;
may flowers refuse to germinate from your bones,
and the earth refuse you shelter:
may nothing sustain you, General, may your dead
despoil your life, may you bury yourself.

Dictator. At what new horizons of crime
do you re-aim your suicidal look?
That summit of corpses where you finance your triumph,
can it safeguard you from the dagger of life?
That pallid fear that again lifts you—
will it last on the face of a world that spies on you?
Dictator of the splendid Dominican people
massacred in your desires and asleep in its rages,
what is your scepter made of? From what sun are you nourished?

De los hombres que muerden tu nombre cada día,
del dolor que un gran lecho te prepara en sus brazos,
pero no de la espiga:
pero no de los ríos que limpiarán el polvo
por donde te paseaste, pisoteando la vida;
pero no de las manos de los niños que crecen
abonando de nuevos universos sus risas;
pero no del futuro, dictador de la muerte,
que tu burla a una tumba con desprecio te fija.

¡Maldición, General, desde el sepulcro en armas
que reclama tu vida;
desde la voz presente de los muertos que marchan
a polvorear de cruces tu insolente conquista!
¡Maldición desde el grito amplio y definitivo
que por mi voz te busca desde todas tus víctimas!

Sombra para tu nombre, General.
Sombra para tu crimen, General.
Sombra para tu sombra.

From the men who bite your name each day,
from the pain that a great bed prepares for you in its arms,
but not from the blossom:
but not from the rivers that will wash the dust
where you paraded, stomping life:
but not from the hands of the children who grow
fertilizing their laughter with new universes
but not from the future, Dictator of Death,
the tomb you mock stares back in scorn.

Malediction, General, from the sepulchre in arms
that demands your life;
from the present voice of the dead who march
to dust your insolent conquest with crosses !
Malediction from the ample and definitive scream
that through my voice seeks you from all your victims!

Shadow for your name, General.
Shadow for your crime, General.
Shadow for your shadow.

#166 Romance de Guayama

El aire toma un revuelo
de ternura alborotada,
y una corriente de pájaros
en mi emoción se resbala.

Todos mis sueños se tienden
a correr por la montaña,
y juegan a alzar mi vida
hasta la cumbre más alta.

Un simulacro de árboles
silba su nombre: Guayama!

Por mi horizonte de éxtasis
tus dedos se me entrelazan,
y vas ciñendo tu traje
en mi cintura de alas.

El corazón de los montes
te va anunciando la cara,
y huye el silencio del mundo
por tu canción exaltada.

Tus labios se me descubren
y se me entrega tu alma.

Entre caminos rociados
de auroras recién rosadas,
tus ojos me van pasando,
y tu corazon me alcanza.

Nueva de sol en tus valles,
y ébria de adiós en tus playas,
palpo mi grávido injerto
por tus arterias de agua.

Una respuesta en tus riscos
conmueve mi honda llegada:
oración clara de angustia
por donde cruza tu entraña!

#166 Romance of Guayama

The air assumes a circling
of noisy tenderness,
and a current of birds
slips in my emotion.

All of my dreams spread
to run in the mountain,
and play to lift my life
to the highest summit.

A simulacrum of trees
whistles its name: Guayama!

Through my horizon of ecstasy
your fingers intertwine in mine
and you tighten your dress
in my waist of wings.

The heart of the woods
is announcing your face
and the silence of the world flees
through your exalted song.

Your lips reveal themselves
and your soul surrenders to me.

Amid paths sprayed
with auroras recently reddened,
your eyes are passing me
and your heart catches me.

New from sun in your valleys
and drunk from goodbyes on your beaches,
I feel my fertileness grafted
onto your arteries of water.

A reply in your cliffs
stirs my deep arrival:
a prayer of clear anguish
where your entrails cross.

Los minutos se detienen
eternizados de lágrimas,
como en reproche a los hombres
que tu leyenda segaran.

Leyenda de indio arrebato
en realidad de india casta;
mitad coraje de selva,
mitad murmullo de arpa.

Leyenda que sin saberlo,
me va espigando de alas
que en salto de amor y sangre
en cinco siglos me atrasan.

Leyenda que sin saberlo,
me sabe enterrar el alma
para soltarla en retoño
subiendo suelo de albas.

(Porque hay presagio en mi pueblo
de amaneceres de lágrimas,
y quiero hundirme de fuerza
para enseñarle sus armas.)

Un nombre abriendo al futuro
—vivo en las piedras y el alma
hiere mi voz, en lenguaje
de manantiales en marcha.

Sitiando mis cinco siglos
de grito en dos semirazas,
Guamaní rinde mi espíritu,
cacique por mi añoranza!

The minutes slow down
eternalized by tears,
as in reproach to the men
that your legend will blind.

Legend of an Indian rage
in the reality of a chaste squaw;
half courage of the woodlands,
half murmur of the harp.

Legend that unknowing
buds me with wings
that in a leap of love and blood
delay me in five centuries.

Legend that unknowing
knows how to bury my soul
to free it in a graft
climbing the ground of dawns.

(Because there is a presage among my people
of daybreaks of tears,
and I want to sink myself in strength
to show them their arms.)

A name opening the future
— alive in the stones and the soul—
wounds my voice in a language
of marching wellsprings.

Besieging my five centuries
of scream in two semi-races,
Guamaní conquers my spirit,
cacique for my homesickness!

#167 23 de septiembre

23 de septiembre, vivo en el horizonte
de la sangre que marcha en victoria suprema;
vivo en la voz del tiempo con grito que muerde
la cobarde conquista de las viles banderas;
vivo en el gran desfile de todos los patriotas
que murieron de ira y de ira despiertan;
vivo en todas las luces de todas las estrellas;
vivo en el subterráneo ejército de soles
que vibra en cada pueblo hundido en cadenas;
vivo en el hombre nuevo que pelea en cada frente
libertades de pan y justicia de ideas.

23 de septiembre, vivo en dos bravos siglos,
que se extienden al mundo del alma de mi tierra;
vivo en el gran lamento borinqueño y bravío,
que se cuela en los labios de las locas palmeras;
vivo en la desteñida carretera de angustias
que recorre los campos con hordas extranjeras;
vivo en todos los muertos vivos e inagotables
que cada día renacen en sagradas protestas. ..

En los gritos sublimes de Feliú y Suárez Díaz
que iniciaron la lumbre de la heroica era,
   —en los cinco sepulcros infinitos de vida
que cual astas se elevan del pecho de Río Piedras,
   —en la sangre sin tumbas de Beauchamp y Rosado,
que a lo etéreo subieron desbordados de fuerza,
   —en el Domingo Santo de ramos y de auroras
de patria ensangrentada, pero jamás deshecha,
   —y en todos los sagrados martirizados cuerpos
que cayeron llamando y besando a una estrella.

23 de septiembre, vivo en todos los vivos
que a la tierna Republica se remontan y sueñan...
   —la potente y latente República de Lares;
¡23 de septiembre!, libertad de mi tierra!
Vivo en el siempre vivo frenesí de los firmes
que levantan al cielo la cruz puertorriqueña;
vivo en toda la sangre preparada y sonriente

#167 23rd of September

23rd of September alive on the horizon
of the blood that marches in supreme victory;
alive in the voice of time with the battle cry that bites
the cowardly conquest of vile flags;
alive in the great parade of all the patriots
who died of anger and of anger awaken;
alive in all the lights of all the stars;
alive in the subterranean army of suns
that vibrates in each people sunk in chains;
alive in the new man who fights on each front
for freedom of bread and justice of ideas.

23rd of September alive in two brave centuries
that reach the world of my country's soul;
alive in the great and ferocious Puerto Rican lament
that drips through the lips of the crazy palm trees;
alive on the discolored road of anguish
that rides the countryside with foreign hordes;
alive in all the dead alive and untiring
that each day are reborn in sacred protests...

In the sublime battle cries of Feliú and Suárez Díaz
who initiated the light of the heroic era
—in the five infinite sepulchres of life
which like pikestaffs rise from the breast of Río Piedras
—in the unburied blood of Beauchamp and Rosado,
who rose to the ethereal overflowing with strength,
—in the sacred Sunday of palms and auroras
of a homeland bloodied but never undone
—and in all the sacred martyred bodies
who fell calling and kissing a star.

23rd of September, alive in all the living
that in the tender Republic aspire and dream...
—the potent and latent Republic of Lares;
23rd of September!, liberty in my land!
Alive in the always alive frenzy of the steadfast
who lift to the sky the Puerto Rican cross;
alive in all the blood ready and smiling

que conduce en Borinquen la voz de la Independencia;
vivo en todas las cárceles asombradas y frías
que reciben patriotas y devuelven banderas;
vivo en Albizu Campos, solitario entre soles
que desde sí camina al mundo que lo espera.
23 de septiembre, santo y por siempre vivo,
y gritando en los héroes sobre toda la tierra.

that in Borinquen drives the voice of Independence:
alive in all the jails, afraid and cold
that take patriots and give back flags;
alive in Albizu Campos, solitary among suns
who walks from himself to the world that awaits him.
23rd of September, holy and forever alive
and howling in heroes all over the earth.

#168 Es nuestra la hora

Traidores y Judas,
¡temblad!
que es nuestra la hora.
¡Nuestra!

Ya se acerca el grito de los campesinos
y la masa
la masa explotada despierta.
¿Dónde está el pequeño que en el "raquitismo" deshojó su vida?
¿Dónde está la esposa que murio de anemia?
¿Dónde está la "tala" que ayudo a sembrarla, la que hoy esta muerta?
¿Dónde está la vaca?
¿Dónde está la yegua?
¿Dónde está la tierra?

Campesino noble
tu desgracia tiene solo una respuesta:
El Imperialismo de Estados Unidos
tiene una ancha fosa:
      allí está tu muerta
      allí el pequeñuelo
      allí tu vaquita
      allí está tu yegua
      tu "tala" y tu tierra.

Campesino noble
tu tragedia tiene solo una respuesta:
      afila tu azada
      afeita el machete
      y templa tu alma.

Baja de tus riscos
y cruza los prados borrachos de caña
      ¡Acércate!
que en las poblaciones también hay tragedia
también hay desgracia.
Te esperan tus pobres hermanos del mangle
y los jornaleros
y las costureras.
      ¡Acercate!
mira las centrales:

404

#168 Ours Is the Hour

Traitors and Judases
tremble!
Ours is the hour.
Ours!

Already the peasants' battlecry approaches
and the masses
the exploited masses awaken.
Where is the little one who in rickets unleafed his life?
Where is the wife who died of anemia?
Where is the vegetable patch she helped plant, she dead today?
Where is the cow?
Where is the mare?
Where is the land?

Noble peasant
your disgrace has but one response:
The imperialism of the United States
has a wide grave:
> there is your dead wife
> there your little one
> there your cow
> there your mare
> your field and your land.

Noble peasant
your tragedy has but one response:
> sharpen your hoe
> whet your machete
> and temper your soul.

Descend from your cliffs
and cross the fields drunk with cane:
> Come close!
in the cities there is also tragedy
there is also disgrace.
Your poor brothers in the mangroves wait for you
and the day laborers
and the seamstresses.
> Come close!
Look at the sugar mills:

¡Allí está tú muerta!
Contempla el salvaje festín de las máquinas
agarra bien fuerte tu azada
y prosigue
y di "¡Hasta la vuelta!"
      ¡Acércate!
aquí están los bancos.

Un papel tan sólo llenaría tu casa
de muchas monedas.
¿Lo tienes...? No obstante
      aquí está tú tierra
      tu única vaquita
      tu tala y tu yegua.

Contémplalo todo:
fachadas
banqueros
monedas.
Empuña bien fuerte el machete
y prosigue
y di "¡Hasta la vuelta!"

      ¡ACERCATE!
Hay muchos que esperan
la llegada tuya
que es hoy decisiva en la causa nuestra
      ¡Agarra tu azada
      ¡empuña el machete
      y abraza las filas de la INDEPENDENCIA!

Traidores y Judas,
¡temblad!
que es nuestra la hora;
      Nuestra la victoria
      nuestra la República
      nuestra su grandeza.

Una patria libre se unirá al concierto
de los pueblos grandes,
en Hispano América.

There is your dead wife!
Contemplate the savage banquet of the machines
grip your hoe
and proceed
and say "'til I return!"
            Come close!
here are the banks.

One paper alone would fill your house
with many coins.
Do you have it...? Nonetheless,
            here is your land
            your only cow
            your field and your mare.

Contemplate it all:
faces
bankers
coins.
Seize your machete
and proceed
and say "'til I return!"

            Come close!
There are many who await
your arrival
which is today decisive in our cause.
            Grab your hoe
            ... seize your machete
            and embrace the ranks of INDEPENDENCE!

Traitors and Judases
tremble!
Ours is the hour;
            Ours the victory
            ours the Republic
            ours its greatness.

A free nation will join the concert
of the great peoples
of Hispanic America.

Y la tiranía bailará su danza
la danza macabra de la despedida
envuelta en la sangre de los mil traidores
que han alimentado
su vil salvajismo
y su cobardía.

¡A formar compañeros
a formar,
que es nuestra la hora!
¡Nuestra!
¡Nuestra!
¡Nuestra!

And tyranny will dance its dance
—the macabre dance of departure—
wrapped in the blood of the thousand traitors
who have nourished
their vile savagery
and their cowardice.

Assemble companions,
assemble,
ours is the hour!
Ours!
Ours!
Ours!

#169 "Saludo en ti a la nueva mujer americana"

Dedicada a Thelma Fiallo de Cintron

Saludo en ti a la nueva mujer americana
la que a golpe de estrella suena en el continente
la que crece en su sangre, y en su virtud, y en su
alma para alcanzar la mano que el futuro nos tiende.

De norte a sur se alinean la dignidad y el abrazo
ante el grito del siglo de libertad o muerte.
Ya la noche se rompe, partida de silencio
y el tronco de la extirpe se renueva y florece.

A su empuje soberbio se anularán las fronteras
y el ideal despierto cabalgará en corceles
que asaltarán el suelo rescatando conciencias
y limpiando las calles de retazos infieles.

Tú y yo somos del siglo. Del dolor. Del instante
carne de corazón estrujado por sierpes.
Somos de la voz nueva, alargada, instintiva
que en idioma de avances habrá de estremecerse.

Somos clamor de ahora. Puntales del Caribe
sosteniendo el intacto pudor de nuestra gente
Saludo en ti mujer que en mí te reproduces—
dominicana sangre que se suelta y se extiende.

#169 "I Greet In You the New American Woman"

Dedicated to Thelma Fiallo de Cintron

I greet in you the new American woman
the one who resonates in the continent to the beat of a star
the one who grows in its blood, in its virtue, in its
soul to reach the hand that the future offers us.

From North to South dignity and the embrace join
to face the battlecry of the century of liberty or death.
Already the night breaks, split from silence
and the trunk from the cutting renews and flowers.

At its superb thrust the frontiers will be annulled
and the awoken ideal will gallop on chargers
assaulting the land, rescuing consciences
and cleaning the streets of disloyal scraps.

You and I are of the century. Of pain. Of the moment,
flesh of the heart strangled by serpents.
We are of the new voice, stretched, instinctive
that will shake the language of progress.

We are a clamor of now. Pillars of the Caribbean
sustaining the intact modesty of our people,
I greet in you a woman who in me reproduces herself—
Dominican blood that breaks loose and spreads.

#170 "Oh pájaro de amor"

Oh pájaro de amor
¿por qué ahora te recuerdo,
por qué ahora te contemplo alma adentro en mi vida,
alma dentro en la única presencia de mi vida?

¿Por qué con mi nostalgia
caminas lentamente
por las olas del mundo
buscandome y buscandote?

¿Por qué sin tu aleteo
soy vaiven de sollozos?

¿Por qué sin tu memoria
me pierdo en mi mirada?

Oh pájaro de amor
¿dónde está tu sonrisa
en una sola risa
sólo para mirarme?

#170 "Oh Bird of Love"

Oh bird of love
why do I remember you now
why do I contemplate you now soul deep in my life
soul deep in the only presence of my life?

Why do you walk slowly
with my nostalgia
through the waves of the world
seeking me and seeking you?

Why without your wingbeats
am I a seesaw of sobbing?

Why without your memory
do I lose myself in your look?

Oh bird of love
where is your smile
in a single laugh
solely to look at me?

#171 Oración

A don Pedro Albizu Campos

¡Maestro! Salve dios a tu alma fervorosa
de la sangre de amigos e invasores,
del oro corruptor del universo
y de negras e insólitas pasiones.

Pero si a heróica lucha libertaria
te impulsase el honor y la consciencia,
para limpiar la patria del tirano
e izar gloriosa su inmortal bandera;

a tu lado estaré, para arrancarle
al traidor opresor y miserable
gota a gota la sangre envilecida;

y al compás de la espada redentora
que tu mano alzará, conquistadora,
dar un ¡Salve! a la patria redimida!

#171 Prayer

To Don Pedro Albizu Campos

Maestro! God save your fervent soul
from the blood of friends and invaders,
from the corruptor gold of the universe
and black and strange passions.

But if to a heroic liberating struggle
your honor and conscience thrust you
to cleanse the homeland of the tyrant
and raise in glory its immortal flag;

I will be at your side, to rip from
the miserable traitor oppressor
his vile blood drop by drop;

and to the beat of the redemptive sword
that your conquering hand will raise,
I will cry, "God save the homeland redeemed!"

#172 Hora Santa

To Hirám Rosado & Elías Beauchamp

Hirám y Elías, dos nombres; dos símbolos heróicos;
dos pechos que supieron morir con dignidad;
dos almas valerosas; dos mártires estóicos;
dos glorias que caminan hacia la eternidad.

Caísteis abatidos por manos homicidas
de seres que han nacido en vuestro patrio hogar;
de seres que creísteis hermanos; ¡Parricidas
que vuestras juventudes no osaron respetar!

Vuestros cuerpos, inertes, ya no vibran; se han ido
para siempre, y descansan en connubio silente
con la tierra, que abierta, prescenció la traición;

y aquí, cada cerebro se agita estremecido
ante el contacto tierno de dos almas valientes
que han señalado la hora de la REVOLUCION.

#172 Holy Hour

To Hirám Rosado & Elías Beauchamp

Hirám and Elías, two names; two heroic symbols;
two breasts that knew how to die with dignity;
two valiant souls; two stoic martyrs;
two glories that walk toward eternity.

You fell beaten by homicidal hands
of beings who were born in our homeland;
of beings you thought were brothers; —Parricides
who did not deign to respect your youth.

Your bodies, inert, no longer vibrate; they have gone
for ever, and rest in connubial silence
with the earth, which open, witnessed the treason;

and here, each cerebrum becomes agitated, shaken
before the tender contact of two valiant souls
who have signalled the hour of the REVOLUTION.

#173 Anunciación

Se me ha prendido enero
en la garganta
como mecha de anunciación.
La caña, en todo su apogeo verdinegro
semeja un motín conspirado
en el fondo del alma de la tierra.
El tren avanza
con su mueca de humo abastecido
rompiendo la distancia
del cañaveral.
Norte caña.
Sur-caña.
Este-caña.
Oeste-caña.
Los cuatro puntos cardinales
del invasor
tajeando la distancia con nostalgia de víctimas.

allada está la tierra
esperando el azote
derrumbador de nudos apretados.
Enero en marcha de machetes,
de manos y de pies callosos
que hacen número en el montón de caña
que va a parar a la central
como alimento del traidor.

¡Alerta, mercenaríos!
El momento presagia
fiesta de bienvenida en el país cañaveral.
El paisaje se alfombra de trompetas
y el ambiente se surte de valor.

¡Otro enero se acerca!
Ya se mueve en clarín de anunciación.
Enero en marcha de almas,
de brazos y machetes.
Enero en brasas

#173 Annunciation

January has pinned itself
in my throat
like a wick of annunciation.
The sugarcane, at its dark-green apogee
simulates a conspired riot
in the bottom of the soul of the earth.
The train advances
with its grimace full of smoke
breaking the distance
of the canefield.
North—cane.
South—cane.
East—cane.
West—cane.
The four cardinal points
of the invader
truncating the distance with nostalgia of victims.

Silent is the earth
waiting for the demolishing
blow of tightened knots.
January in a machete march,
of calloused hands and feet
that enlarge in the pile of cane
that is destined to the mill
as food for the traitor.

Attention, mercenaries!
The moment presages
a welcoming feast in the land of the canefield.
The landscape is carpeted in trumpets
and the ambiance is well-stocked with valor.

Another January approaches!
Already it moves in a clarion of annunciation.
January in a march of souls,
of arms and machetes.
January in hot coals

de rojas asonadas libertarias.
Enero en carne de hombres libres,
de obreros del honor,
ensangrentando el horizonte
con la nueva llamarada de redención universal.

of red assonant liberties.
January in flesh of free men,
of workers of honor,
bloodying the horizon
with the new flames of the universal redemption.

#174 Ibero-América resurge ante Bolívar

¡Alma de América
detente en Puerto Rico
y recoge su voz
ora protesta enérgica
ora intenso dolor!

Hoy
en este siglo que se viste de rojo
con el sol de tus patrias redimidas,
has caído herida
en medio del Caribe
en la isla más bella
de tu enorme regazo continental.

Has caído herida
con el puñal del bárbaro
imperialismo yanqui
que te desgaja,
para saciar sus ansias
de monstruo pervertido
en la flor entreabierta
de tu fresca ingenuidad.

¡Alma de América,
detente!
tira el manto diplomático
que cubre tu innata rebeldía;
no permitas que te anestesie el invasor malvado
que te hiere a traición;
revístete del valor de tu estirpe
y sufre a sangre fría
los latidos punzantes
de tu herida
hasta que te estremezcas de dolor;—
hasta que seintas
que el alma de Bolívar
se agita en ti!—
¡que se convierte en parte de ti misma!—
¡que se funde en la tuya!—
¡que eres Bolívar!—
        ¡Bolívar Inmortal!

#174 Ibero-America Resurges before Bolívar

Soul of America
detain yourself in Puerto Rico
and gather your voice
pray energetic protest
pray intense pain!

Today
in this century which dresses in the red
sun of your redeemed nations,
you have fallen wounded
in the middle of the Caribbean
on the most beautiful island
of your enormous continental lap.

You have fallen wounded
by the dagger of the barbaric
Yankee imperialism
that rips you,
to satiate its desires
of perverted monster
in the half opened flower
of your fresh ingenuousness.

Soul of America,
stop!
Discard the diplomatic mantle
that covers your innate rebelliousness;
don't let the malicious invader
who wounds you with treason, anesthetize you;
clothe yourself with the valor of your stock
and suffer in cold blood
the stabbing throbs
of your wound
until you tremble with pain;
until you feel
that the soul of Bolívar
stirs in you!
that it becomes a part of you!
that it fuses in yours!
that you are Bolívar!
      Bolívar Immortal!

¡Bolívar está herido
porque Bolívar es
la lucha por la santa libertad!
Bolívar está herido,
porque Bolívar es
el hombre
que invocando la luz de los Libertadores
se coloca frente a frente al imperio
que esclaviza su patria
y vestido de gloria
levanta las huestes de la Libertad.

El alma de Bolívar
en Puerto Rico está.
Vibra en Albizu Campos, y en los siete patriotas
que entre rejas se encuentran
por defender santísimo ideal;—
y en los hombre altivos
y en las dignas mujeres
de la patria usurpada
que abnegadas aguardan sacrificio y martitío
por difundir el grito libertario
que es llamada de honor y dignidad.

América Española
América de Duarte
de Sucre
y San Martín;
América trigueña
de Bolívar
de Hostos
de Maceo
y Martí;
América cristiana,
donde la cruz es símbolo
del sacrificio heroico
de los hombres que hicieron
Patrias libres
movidos
por impulsos de Dios;
América Latina,
¡Rebélate
contra el yanqui invasor!

424

Bolívar is wounded
because Bolívar is
the struggle for holy liberty!
Bolívar is wounded,
because Bolívar is
the man
that invoking the light of the Liberators
places himself face to face with the empire
that enslaves his homeland
and dressed in glory
lifts the armies of Liberty.

The soul of Bolívar ,
is in Puerto Rico.
Vibrant in Albizu Campos, and in the seven patriots
who find themselves behind bars
for defending the holiest ideal;
and in proud men
and in worthy women
of the usurped homeland
that selflessly guard sacrifice and martyrdom
to spread the cry of liberty
that is a call of honor and dignity.

America Hispanic
America of Duarte
of Sucre
and San Martín;
America bronzed
of Bolívar
of Hostos
of Maceo
and Martí;
America Christian
where the cross is symbol
of the heroic sacrifice
of the men who made
free nations
stirred
by impulses from God;
America Latin,
rebel
against the yankee invader!

Asómate
a esta tierra irredenta
donde la historia ha impuesto
una heróica misión:
¡Puerto Rico es la espada
que detendrá el avance
del imperio sajón!
Sea su herida la última
que en tu suelo latino
haga el vil opresor.

"¡Es la Hora de América!"
Empecemos
la cruzada de honor,
¡Guerra al rubio tirano!
¡Guerra al yanqui,
al extraño
invasor de tu suelo
que comulga con su historia
de heroismo y valor!
Donde sólo se adora
con ferviente delirio,
A Bolívar
y a Dios!

Look upon
this irredent land
where history has imposed
a heroic mission:
Puerto Rico is the sword
that will delay the advance
of the saxon empire!
Let her wound be the last
that on its latin soil
the vile oppressor makes.

"It is America's Hour!"
Let us start
the crusade of honor.
War to the blond tyrant!
War to the Yankee,
to the strange
invader of your soil
that communes with its history
of heroism and valor!
Where with fervent delirium
only
Bolívar
and God
are adored!

#175 Domingo de Ramos

¡Loor al Domingo de Ramos!
Domingo de Ramos
dos veces bendito.
Bendito de gloria cristiana
con ramos de palma
en donde se asoma a nosotros
el alma de Cristo.

Bendito de gloria patricia
con ramos de sangre
de raro destello divino
porque eso es la sangre inocente
de seres que mueren en santo martirio:
un santo,
un solemne,
un raro destello divino.

¡Loor al Domingo de Ramos!
Domingo de Ramos
dos veces bendito.
Bendito de sangre inocente
de mujeres, de hombres y niños,
fusilados en acto vandálico
por las balas del vil asesino;
en los labios un rezo ferviente,
en las manos un ramo bendito,
en las almas la calma del mártir,
y en las mentes patriótico himno.

Pero el Día de Gloria se acerca;
cada ramo de sangre vertido
será un himno de toques marciales
como aviso al sangriento enemigo;
cada vida segada
se alzará en un ejército vivo;
y en un grito supremo
que retumbe en el bárbaro imperio,
y en los Judas traidores e indignos
surgirá nuestra patria rebelde
como un ímpetu de regio heroísmo.

#175 Palm Sunday

Praised be Palm Sunday!
Palm Sunday
twice blessed.
Blessed by Christian glory
with palm wreaths
where the soul of Christ
looks at us.

Blessed by patrician glory
with wreathes of blood
of rare divine starburst
because that is the innocent blood
of beings who die in sainted martyrdom:
a saintly,
a solemn,
a rare divine starburst.

Praised be Palm Sunday!
Palm Sunday
twice blessed.
Blessed by innocent blood
of women, of men and children,
shot down in an act of desecration
by the bullets of the vile assassin;
   on the lips a fervent prayer,
   in the hands a blessed bouquet,
   in the souls, the calm of the martyr,
   and in the minds, a patriotic hymn.

But the Day of Glory approaches;
each wreath of blood you spilled
will be a hymn of military flourishes
as a warning to the bloody enemy;
each blinded life
will rise in a live army;
and in a supreme battlecry
that will resonate in the barbaric empire,
and in the traitorous and indignant Judases
our rebellious nation will surge
like an impetus of regal heroism.

¡Loor al Domingo de Ramos!
Domingo de Ramos
dos veces bendito.

Praised be Palm Sunday!
Palm Sunday
twice blessed.

#176 ¡Viva la República! ¡Abajo los asesinos!

Tu sangre está sembrada en mil rótulos vivos.
Con un presentimiento de Infinito, tu faz
recogió el simbolismo, y por todos los mártires
imprimió el postrer grito en la Inmortalidad.

¡Abajo el asesino! grabaron al unísono
tu biología y tu alma, en un gesto inmortal.
Están abajo, ¡martir! debajo de tu sangre;
miralos como tiemblan; desde tu Eternidad.

Tu sangre blanca, blanca, lavando va las manchas
del fiero parricida; y en luces libertarias
tu sangre roja, roja, despierta la hermandad.

En "¡Viva la Republica!" retoñarán mil ramas,
y por su savia heroica subirás a la patria
a traernos las armas de nuestra libertad!

#176 Long Live the Republic! Down with the Assassins!

Your blood is planted in a thousand living signs.
With a presentiment of the Infinite, your face
gathered the symbolism, and through all the martyrs
imprinted the last battlecry in Immortality.

Down with the Assassin!—Your biology and soul
recorded in unison in an immortal gesture.
They are down, martyr! Below your blood;
see how they tremble from your Eternity.

Your white blood, white, is washing the stains
of the fierce parricide; and in liberating lights
your red blood, red, wakens the brotherhood.

In "Long Live The Republic!" a thousand branches will re-sprout,
and through the heroic sap you will raise the Nation
to bring us the weapons of our liberty!

#177 Canto a Aguadilla

(Llamamiento a la causa del procer José de Diego)

¡Aguadilla!
Tierra libre; libre y sola; sola y bella:
en tu valle de infinito
al Atlántico salvaje plenamente te le entregas;
y a las cumbres que cual besos fugitivos te circundan;
y al latino sol que quema;
y aún, seductora deidad;
aún te sobran noches tibias y románticas
en que sueñas, extasiada,
en el Canto de las Piedras.

Una de esas noches tibias
en que te entregaste, queda,
nadie sabe si al sol regio,
a las cumbres,
o si al mar ardiente y fiero
que te sorpriendó extasiada
en el Canto de las Piedras,
concebiste en tus entrañas
al Poeta y al Apóstol de la Santa Independencia.

¡Aguadilla!
José de Diego te llama.
En su voz omnipotente hay un grito libertario
y los íntimos acordes de la inmensa "Borinqueña."
La Bandera de la estrella solitaria
sobre su pecho se tiende
y en su alma flota y reza;
y en su brazo, en reto airoso
fuerte espada se cimbrea:
es la cuerda larga y fuerte que resurge en son de guerra,
para el cuello del tirano
de la Patria Borinqueña;
es la santa rebeldía del cordero
que en cañones ha trocado
su simbólica paciencia.

#177 Canto To Aguadilla

(Rallying cry to the cause of a founding father, José de Diego)

Aguadilla!
Land free; free and alone; alone and beautiful:
in your valley of the infinite
to the savage Atlantic you completely surrender;
and to the summits which like fugitive kisses surround you;
and to the Latin sun that burns;
and yet, seductive deity;
you have a surplus of warm and romantic nights
in which you dream ecstasied,
in the "Canto de las Piedras."

One of those warm nights
in which you surrendered, curfewed,
no one knows if to the regal sun,
to the summits,
or to the sea burning and fierce
that surprised you ecstasied
in the "Canto de las Piedras,"
you conceived in your entrails
the poet and Apostle of the Holy Independence.

Aguadilla!
José de Diego calls you.
In his omnipotent voice there is a battlecry of liberty
and the intimate harmonies of the immense "Borinqueña."
The flag of the solitary star
over his breast is spread
and floats and prays; and in his soul
and arm, in airy challenge
brandishes a strong sword:
it is the long strong chord that repeats in the sound of war,
for the neck of the tyrant
of the Borinquen homeland;
it is the holy rebellion of the sheep
that in canons has changed
his symbolic patience.

¡Aguadilla!
Es ya hora de que oigas y que sientas
a tu prócer libertario
que se agita nuevamente entre tus cumbres y palmeras;
es ya hora de que cumplas el mandato de su espada
y que des el primer grito que se encienda
en viril REVOLUCION:
   "¡Borinqueños; a las armas!
   Es la hora de José de Diego.
     ¡FIRMES!
Y a luchar hasta obtener la redención."

Aguadilla!
The hour has come to listen and to feel
your exalted liberator
who is active again among your summits and palm trees;
the time has come to comply with the order of his sword
and shout the first battlecry that will ignite
in virile REVOLUTION:
       "Borinqueños; to arms!
       It is José de Diego's hour.
           ATTENTION!
And struggle until redeemed."

#178 Responso de ocho partidas

Se fueron sus ocho cuerpos
encadenados al día
con desayuno de alba
con apetito de ira ...
Siete de junio ¡Chispazos!
Salto de historia patricia.

Con la inocencia en sus almas
serenos, firmes dormían,
cuando una voz desterrada
sorprende sus ocho vidas,
luciendo dientes de imperio
y ¡Levantaos! les grita.
A ellos, a ellos, tan altos,
tan símbolos de hidalguía
que por estar levantados
en su país no cabían.

Serenos, firmes, despiertan
conscientes de la partida.
Apóstoles de la idea
sus almas se multiplican.
Y firmes, serenos, marchan
con guardia de carabinas.

Sus ojos son transeúntes
de los minutos que vibran
postreros, sobre la patria
por la que ofrendan sus vidas.
Y cuando el sol hizo rueda
de luz mística y tranquila
en la naciente mañana
que a la eternidad se abría,
soles de honor arrancaron
por la planicie del día
con un mensaje de fuerza
que a los esclavos hería.

#178 Responsory of Eight Departures

Their eight bodies left
chained to the day
with a breakfast of dawn
with an appetite of anger ...
Seventh of June—Sparks!
Leap of the homeland's history.

With innocence in their souls
serene, they slept steadfast,
when an exiled voice
surprised their eight lives,
sporting teeth of the empire
and screaming "Get up!"
To them, to them so tall,
so symbolic of nobility
that because they stood
they did not fit in their country.

Serene, steadfast, they awaken
conscious of the departure.
Apostles of the idea
their souls multiply.
And steadfast, serene, they march
with a guard of carbines.

Their eyes are transients
of the last minutes
that vibrate over the homeland
for which they offered their lives.
And when the sun made a circle
of mystical and tranquil light
in the nascent morning
that opened to the eternity,
suns of honor ripped
through the plane of day
with a message of strength
that wounded the slaves.

Y solos marcharon, solos
de dignidades amigas,
porque el Imperio, cobarde,
sólo a mansalva los quita,
porque le teme a los niños
con inquietud asesina,
y sabe que al arrancarnos
ocho pedazos de vida
el alma de las mujeres
en el tirano hundiría
el manantial de su sangre
con heroicidad divina.

Se fueron sus ocho cuerpos
encadenados al día,
pero su ideal se queda
revolucionando vidas.

Parece que salpicando
futuro de gloria viva
por cada pecho rebelde
les vá saltando la vida.

Magníficas claridades
por la nación peregrinan
regando luces heroicas
que el corazón iluminan.
Son ellos, los ocho puntos
cardinales de la hombría.
Son ellos los ocho surcos
de inmortalidad patricia.

Son ellos las ocho balas
que dispararán un día
en dos millones de manos
intrépidas y aguerridas
hacia el Imperio que usurpa
la Independencia nativa.

And alone they marched, alone
with friendly dignities,
because the Empire, cowardly,
removes them without risk,
because it fears the children
with assassin disquiet,
and knows that upon ripping
eight pieces of life from us
the soul of women
would sink in the tyrant
the wellspring of their blood
with divine heroism.

Their eight bodies left
chained to the day,
but their ideal remains
revolutionizing lives.

It seems that their life is leaping,
sprinkling futures of living glory
through every rebellious breast.

Magnificent luminaries
are pilgriming through the nation
spraying heroic lights
that illuminate the heart.
It's them, the eight cardinal
points of manhood.
It's them, the eight furrows
of patrician immortality.

They are the eight bullets
that one day will fire
from two million
intrepid and combative hands
at the Empire that usurps
Natural Independence.

Se fueron sus ocho cuerpos,
se quedan sus ocho vidas
como relámpagos regios
que el corazón iluminan.
La idea nace en la mente,
el corazón la bautiza,
pero no viste de cuerpo
ni entre paredes habita.

Se fueron sus ocho cuerpos
por imperial travesía
hacia la cárcel de Atlanta
hoy trágicamente fría
porque el honor echó canas
en el imperio homicida.

Se fueron sus ocho cuerpos
encadenados al día,
pero vendrán aureolados
a unirse a sus ocho vidas
en el clarín libertario
de la nación redimida.

¡Claridades! ¡Claridades!
Responso de ocho partidas
que resonarán en actos
de patriotismo y de ira,
cuando la Patria palpite
de rebelión encendida.

Their eight bodies left
their eight lives remain
like regal lightning
that illuminates the heart.
The idea is born in the mind,
the heart baptizes it,
but it does not dress in flesh
nor live between walls.

Their eight bodies left
through imperial crossing
to the jail in Atlanta
today tragically cold
because honor grew white hair
in the homicidal empire.

Their eight bodies left
chained to the day,
but will return haloed
to join their eight lives
in the liberating clarion
of the nation redeemed.

Luminaries! Luminaries!
Responsory of eight departures
that will resonate in acts
of patriotism and anger,
when the Nation throbs
in burning rebellion.

#179 A Simon Bolívar

Cuatro estrellas que se encienden en estrellas libertarias
ensartadas como perlas milenarias,
en tu América se ven.
Boyacá con Carabobo - Carabobo con Junín-
y Junín con Ayachucho - resonancias de tu ser.

Son las cuatro marejadas
donde abrió en rosas de gloria el estruendo de tu espada
junto al gesto de tus bravos
paladines del deber.
Cada pétalo de rosa dio una patria libertada
-sangre joven de la América-
-fruto ardiente de tu brazo y de tu fe.

¡Vive América, Bolívar!
Vive América en el pulso de tu ejército inmortal.
El camino señalado por tu espada
se enrojece con la sangre de los mártires y héroes
que engendraste en las entrañas de los tiempos
para izar el pabellón de tu ideal.

Vive América, Bolívar,
y también vive tu espada
mientras haya un solo esclavo que te ultraje
o un tirano que pretenda profanar la libertad.

#179 To Simon Bolívar

Four stars that ignite in liberator stars
strung like millennium pearls
are seen in your America.
Boyacá with Carabobo—Carabobo with Junín—
and Junín with Ayacucho—resonances of your being.

They are the four tidal waves
where the roar of your sword
and the gesture of your brave
paladins of duty
opened in roses of glory.
Each rose petal produced a liberated nation
—young blood of America—
—burning fruit of your arm and your faith.

Bolívar, America Lives!
America lives in the pulse of your immortal army.
The road indicated by your sword
is reddened with the blood of the martyrs and heroes
that in the entrails of the times you engendered
to raise the pavilion of your ideal.

Bolívar, America Lives!
and your sword also lives
so long as a single slave rapes your ideal
or a tyrant tries to profane liberty.

#180 Somos puños cerrados

Somos huelga en los muelles.
Nuestros brazos se cierran a descargar los barcos.
La vergüenza del hombre no resiste más tiempo
el insulto al trabajo.
Todos dicen que hay huelga en los muelles,
y nosotros decimos
que hay mucho trabajo.
Nuestros brazos son astas que sostienen la lucha.
Nuestras mentes trabajan.
Nuestros pechos trabajan.
Nuestros puños trabajan.
¡Estamos descargando!...
Descargando los siglos de sus máquinas-hombres;
ya no somos esclavos.
Descargando la historia de la voz de los ricos;
ya nosotros hablamos.
Descargando el sistema de las leyes que explotan;
ya nosotros pensamos.
Descargando el horario de los capitalistas;
el momento demanda el reloj de las manos.
Sigamos camaradas,
sigamos descargando
del sistema que explota nuestras masas
el esfuerzo de todos nuestros brazos.
Lancemos la ofensiva
en un soberbio empuje proletario,
nuestras mentes alertas,
nuestros brazos parados,
rechazando la carga de los muelles
mientras el rico insista en explotarnos.
Continuemos la huelga, camaradas:
¡Ya no somos esclavos!
Anunciemos el grito del presente:
¡Somos puños cerrados!

#180 We Are Closed Fists

We strike on the waterfront.
Our arms fold at unloading the ships.
Man's pride no longer can take
the insult to work.
Everyone says there's a strike on the piers
and we say
that there's much work.
Our arms are lances that sustain the struggle.
Our minds work.
Our chests work.
Our fists work.
We are unloading ...!
Unloading the centuries of their machine-men;
we are no longer slaves.
Unloading the history of the voice of the rich;
we now speak.
Unloading the system of the laws that exploit;
we now think.
Unloading the time of the capitalists;
the moment demands the clock of hands.
Continue, comrades
Continue unloading
the effort of all our arms
from the system that exploits our masses.
Let us launch the offensive
in a superb proletarian push,
our minds alert,
our arms stopped
rejecting the load of the piers
while the rich insist on exploiting us.
Continue the strike, comrades:
We are no longer slaves!
Announce the new battlecry:
We are closed fists!

#181 España... no caerás

España,
no caerás.
Por la sangre de tus niños caídos.
Por los vientres de tus mujeres muertas.
Por los brazos de millones de hombres
que pueblan la avanzada de la tierra.
La sangre de tus niños muertos por la metralla
de los dioses de pólvora
se levantará en voces de perdón
por los locos autores de su sangre caída,
y por cada perdón estirado hacia arriba del fondo de la guerra,
otra tierna vocecita de niño
responderá en presente con sus manos sin armas.
Y los dioses de pólvora temblarán
ante el mirar certero
de unos ojos abiertos apuntando a la tierra
donde juegan, profundos
centenares de niños de los ojos cerrados;
compañeros distantes.

España,
no caerás,
por los vientres de tus mujeres muertas
en las balas fascistas.
En alguna, dormido para siempre
habrá un niño pequeño
soñando todavía.
Ese, no oyó la guerra,
pero siente la angustia de la vida segada
por muerte prematura,
y ve la tierra húmeda
despoblando su lecho de la carne morena
que le dió cuna tibia.
Ese, no oyó la guerra,
pero sabe la guerra
y siente que fué víctima.
Cada vientre caído de mujer fecundada
subirá de la tierra
y confiará su niño
a la mujer que aún vive,
agarrada a la idea.

#181 Spain... You Will Not Fall

Spain,
you will not fall.
In the blood of your fallen children.
In the wombs of your dead women.
In the arms of millions of men
who populate the progress of the earth.
The blood of your children killed by the machine gun
of the Gods of gunpowder
will rise in voices of forgiveness
for the crazy authors of their fallen blood,
and for each pardon stretched upwards from the bottom of the war,
another tender child's voice
will respond in "present" with his unarmed hands.
And the Gods of gunpowder will tremble
at the fixed look
of open eyes aiming at the earth
where deep hundreds of children of closed eyes play
distant companions.

Spain
you will not fall,
in the wombs of your dead women
in the fascist bullets.
In one, asleep forever
there will be a small child
still dreaming.
That one did not hear the war
but feels the anguish of cut-down life
in premature death
and sees the humid earth
despoiling his bed of brown flesh
that gave him a warm crib.
That one did not hear the war,
but knows war
and feels he was a victim.
Each fallen womb of fertile woman
will also rise from the earth
and entrust her child
to the woman who still lives
clutched to the idea.

Y los dioses de pólvora temblarán
ante la sangre nueva,
que se alce como índice apuntando hacia ellos
el mensaje de aquellas
compañeras distantes.

España,
no caerás...
Se levantan tus niños de la sangre caída
en los niños que quedan.
Tus mujeres augustas
multiplican sus vientres
y se rompen en niños, niños hombres,
en réplica
a las madres caídas.
De todos los pueblos
surgirán brazos fuertes,
los brazos de millones de hombres
que pueblan la avanzada de la tierra.

And the Gods of gunpowder will tremble
at the new blood,
that will rise like a pointer aiming at them
the message of those
distant companions.

Spain
you will not fall...
Your children rise from the fallen blood
in the children that remain.
Your august women
multiply their wombs
and break in children, men children
in replica
of the fallen mothers.
From all the towns
strong arms will rise,
the arms of millions of men
who populate the progress of the earth.

#182 Canto a la federación libre

Lema: "Proletarios de todos los países: UNIOS"

Obrero que alzas el mundo
sobre tu pena y tu risa;
hombro del sordo burgués,
y muleta de las minas;
no dejes que tu silencio
nutra la fuerza enemiga,
ni que tus brazos se aflojen
por dádivas corrompidas.
¡Mira que hay cárceles duras
aguardando tu caída:
cárceles duras de pan
entre cerrojos que humillan!
¡Mira que hay niños que esperan
como juguetes en ira
que se desate en sus frentes
el viento de la justicia!
¡Mira que bajo tu inercia
el oro se multiplica
y las conciencias se rinden
al festín capitalista!
¡Mira que en tu ancha miseria
hasta la noche te quitan,
en rudos golpes mentales
que asaltan tu muerte viva!
¡Mira que niegan los campos
germinar a tu semilla,
y los caminos se alargan
por tu destierro suicida!

¡Mira que el rico se afianza
donde tu pena se inicia,
y la justicia se cierra
por donde pasa tu ruina!
¡Mira que sobre tu lecho
la muerte concentra brisas
y no hay puntales de hierro

#182 Canto to the Free Federation

(Motto: Workers of the World, Unite!)

Worker who lifts the world
on your pain and your laughter;
shoulder of the deaf bourgeois
and crutch of the mines:
don't let your silence
nurture the enemy's strength
nor weaken your arms
for dirty bribes.
Look, there are hard jails
awaiting your downfall:
breadless jails
between humiliating locks!
Look, there are children who wait
like toys in anger
the wind of justice
to unleash itself
on their brows!
Look, beneath your inertia
gold multiplies
and the conscience surrenders
to the capitalist banquet!
Look, in your deep misery
even night is taken from you
in coarse mental blows
that assault your living death!
Look, fields refuse
to germinate your seed,
and paths stretch
through your suicidal exile!

Look, the rich are bankrolled
where your suffering begins,
and justice shuts its doors
where your ruin passes!
Look, over your bed
death concentrates breezes
and there are no steel braces

que te sostengan la vida!
¡Mira que mueres muriendo
sin morir en tu desdicha,
porque tu sombra proyectas
y sigue en sangre tu herida!
¡Obrero que alzas el mundo!
¡Obrero que todo entintas!
¡Mano que empuja el futuro,
y el progreso en carne avivas:
deja tus ruedas serviles
y abraza tus ruedas íntimas!
¡Deja tu harapo de número
y altivo, salta las filas!
¡Vacía tu brazo y tu impulso
en federaciones dignas,
y que seas uno en el ímpetu,
y uno en la humana conquista!
¡Obrero, cruza el presente
y avanza por tu justicia!

to support your life!
Look, you die dying
without dying in your misfortune
because you cast your shadow
and your wound keeps on bleeding!
Worker who lifts the world!
Worker who colors everything!
Hand that pushes the future
and revives progress in flesh—
leave your servile wheels
and embrace your intimate wheels!
Leave your rag of a number,
and, noble, jump ranks.
Pour your arms and your energy
into worthy federations,
and be one in the movement,
and one in the humane conquest!
Worker, cross the present
and advance through your justice!

#183 A Rafael Trejo

Rafael Trejo, firme vanguardia del espíritu
definitivo y ágil de esta tierra cubana;
predestinado salto que empujó indecisiones;
predestinada sangre; predestinada alba.

Lo sabes, Rafael, y por eso diste
pecho a pecho a la tierra, con ansiedad martíana.
Gritaste la consigna de la sangre, y partiste
y en bandera de sangre se tendió tu palabra.

En bandera de sangre que aún tremola a los vientos...
¡Aquí está, Rafael, sobre intrépida asta!
La gran revolución que adelantó tu nombre,
todavía se combate, y precisa triunfarla.

Y precisa salvarla, Rafael, allá lejos:
desde China hasta Grecia, desde Rusia hasta España.
Y precisa sembrarla, Rafael, aquí mismo:
en Quisqueya y Borinquen, tus dos tristes hermanas.

Y precisa fundirla, Rafael, en tu América,
en la América ingenua que agoniza de nada,
y romperla en los pueblos sobre yugos y dólares,
sobre ríos y uniformes, terrorismo y espadas.

Yo vislumbro tu espíritu anudando las islas,
las Antillas que juntas o se mueren o salvan.
Las tres sufren cadenas, las tres rezan y lloran,
y las tres, encendidas, romperán su desgracia.

Rafael, por tu símbolo se entrecruzan las islas.
El gran Máximo Gómez a tu mano se enlaza
y con alma fundida de Quisqueya y de Cuba,
a su patria de sangre sus impulsos traslada.

Y es a ti, Rafael, a quien sube en bandera
por los anchos destinos de la ciudad primada,
que por otro tirano subiste a la gloria,
y tu ejemplo hace orden la cruz dominicana.

#183 To Rafael Trejo

Rafael Trejo firm vanguard of the spirit
definite and agile of this Cuban land;
predestined jump that pushed indecisions;
predestined blood; predestined dawn.

You know it, Rafael, and that's why you gave yourself
chest to chest to the earth, with Martí-like anxiety.
You screamed the password of blood, and parted,
your word was spread in a flag of blood.

In a flag of blood that still waves in the winds ...
Here he is, Rafael upon an intrepid lance!
The great revolution that advanced your name,
is still fought, and needs to be won.

And it needs to be saved, Rafael, there afar:
from China to Greece, from Russia to Spain.
And it needs to be planted Rafael, right here:
in Quisqueya and Borinquen, your two sad sisters.

And it needs to be forged, Rafael, in your America,
in the ingenuous America that agonizes over nothing,
and broken in the people over yokes and dollars,
over rivers and uniforms, terrorism and swords.

I glimpse your spirit knotting the islands,
the Antilles that together either die or are saved.
The three suffer chains, the three pray and weep,
and the three, ablaze, shall break their disgrace.

Rafael, through your symbol the islands crisscross.
The great Máximo Gómez takes your hand
and with soul cast of Quisqueya and of Cuba,
transfers his impulse to his native homeland.

And it's you, Rafael, he is raising on a flag
through the wide destinies of the Primal City
because through another tyrant you rose to glory
and your example makes order of the Dominican Cross.

Y por mi tierra, Mártir, yo te llamo en la hora
en que Cuba se tiende a rendirte su alma:
por mi tierra, la simple, la sin voz, la pequeña,
la que nunca ha podido despertar libre y alta.

Por mi tierra te llamo, Rafael. Puerto Rico
se ha colgado a mis labios y entre llanto te clama:
las Estrellas del Norte le burlaron el nombre,
le humillaron la enseña, ¡Se llevaron la Patria!

Y no habrá Rafael, libertad en América
ni podremos hablar de invicta Democracia
mientras haya tiranos que denigren la Historia,
y naciones que tengan a otras tierras esclavas.

Por mi voz te saludan nuestros héroes y mártires,
y un beso da a tu estrella mi estrella solitaria.
¡Adelántate, héroe! De mi patria invadida,
es hoy su independencia, el campo de batalla.

Tú quedaste peleando, Rafael, tu martirio
nos señala la ruta y nos fija la espada;
Decisivo silencio por tu pecho prendieron:
que al segarte pusieron a llamar tus entrañas.

And in my land, Martyr, I call you in the hour
in which Cuba spreads to surrender its soul to you:
through my land, the simple, the voiceless, the small,
that has never been able to awaken free and tall.

For my country I call you, Rafael: Puerto Rico
clings to my lips and in sobs clamors for you,
the stars of the North mocked its name,
humiliated its flag. They took the homeland away!

And Rafael, there will be no liberty in America
nor can we talk about democracy invictus
while there are tyrants that denigrate history
and nations that have other lands enslaved.

Through my voice our heroes and martyrs hail you
and my solitary star kisses your star.
Forward hero! From my invaded nation,
the battlefield today is independence.

You fell fighting, Rafael, your martyrdom
shows us our route and points our sword;
when they cut you down they began to call your entrails
by pinning a decisive silence to your breast.

#184 Las voces de los muertos

En España

Fué en un alba en Madrid, donde inicié mi ruta
por esta tierra negra de tiniebla y gusanos.
Recuerdo que al caer, una furia de vendas
arrebató mis ojos a mis vencidos párpados.
¿Se borraron también, prematuros y frágiles,
en la siniestra boca que le abrieron al campo?
Fué ese mismo demonio de las alas hinchadas
que me partió; miradme, profundo y fragmentado.
Fué ese mismo que humilla las pupilas del cielo:
que se nutre de crimen y arrozales quemados
que se roba la vida y se traga ciudades;
está suelto; cogedle; no más tumbas, hermanos.
¡Mi guitarra! ¡Mis ojos! ¡Mis canciones! ¡Mi España!
¡Dónde estáis! ¡Esta venda! ¡Asesinos! ¡Malvados!
Si es preciso, en gusanos subire a sonreirte
la infernal maldición de tus muertos, ¡Oh Franco!

En la China

¡Chiang Kai Shek! ¿Y mis huesos? ¿Y mi cara sin ojos?
¿Y mis manos erguidas de esperanza y trabajo?
¿Y mis pies sin caminos que una vez fueron alas?
¿Y mis huellas, mi sangre, mis caídos pedazos?
¿Dónde están? ¿En qué furia de claveles se duermen?
¿En qué sol fortifican sus harapos mojados?
¿Qué misterio se nutre de mi ausencia profunda?
¡Un recuerdo, una luz, de que un día fuí humano!
Estoy solo, vacío, separado y ausente;
confundido, sin sitio, voy buscando mi rastro.
¿No hubo suelo en el mundo para enterrar el crimen?
¡Ni siquiera una tumba, miserables, avaros!
Pero no; fué una tumba allá abajo en Madrid.
¿Por qué aqui voy sin tumba? ¿Dónde estoy? ¿Y mis párpados?
¿Por qué voy con un nombre abanderando el aire?
¿Chiang Kai Shek, en que idioma te saludan los pájaros?
Debe ser nombre alto ese tuyo, solemne,

#184 The Voice Of The Dead

In Spain

It was in a dawn in Madrid, where I started my passage
through this black earth of darkness and worms.
I remember that upon falling, a fury of blindfolds
snatched my eyes from my defeated eyelids.
Were they also erased, premature and fragile,
in the sinister mouth that opened to the countryside?
It was that same demon of the swollen wings
that split me; look at me, profound and fragmented.
It was the same one that humiliates the pupils of heaven;
who is nourished by crime and burned rice fields
who steals life and swallows cities;
it is loose—catch it; no more tombs, brothers.
My guitar! My eyes! My songs! My Spain!
Where are you? This blindfold! Assassins! Wicked!
If necessary, in worms I will rise to smile at
the infernal malediction of your dead, Oh Franco!

In China

Chiang Kai Shek! And my bones? And my face without eyes?
And my hands raised in hope and work?
And my feet without paths that once were wings?
And my prints, my blood, my fallen pieces?
Where are they? In what fury of carnations do they sleep?
In what sun do they fortify their wet rags?
What mystery is nourished by my profound absence?
A memory, a light, that one day I was human!
I am alone, empty, separate and absent;
confused, graveless, I am looking for my trail.
Wasn't there room on earth to bury the crime?
Not even a tomb, miserables, avaricious!
But no; it was a tomb way down in Madrid.
Why am I here without a tomb? Where am I? And my eyelids?
Why do I travel with a name flagging the air?
Chiang Kai Shek, in what language do the birds greet you?
It must be a mighty name yours; solemn,

y familiar, y mío; ya te recuerdo, hermano;
si no fué ni en España, ni en un alba, ni roto
como entré por la muerte; fué en la China, quemado.
Y aquí mismo, en la China, sin sepulcro, sin huesos,
me quedaré en tus filas, General, esperando;
y te ofrezco, certera, para alzar la victoria,
mi voz de muerto libre, satisfecho y vengado.

En los mares Britanicos

Mis islas, a distancia, apagándose en mí,
bajo un cielo de bombas y terror estrellado.
¿Será la muerte allí más humana y más breve;
será más clara y honda que en este ronco charco?
Corriendo, sin miradas, anegado de azules;
entre metralla y ola, silenciado en pedazos;
no verse la amplia sangre remozando caminos;
no sentirse los ojos arropados de llanto.
¡Soledad de la guerra, rabiosa soledad
localizada en este remolino océanico
humillado en un trágico sepulcro de corrientes;
finito y solo en tanto infinito azulado!
¡Oh no saber morir, mantenerse despierto
cuando sólo nos quedan unos huesos mojados!
¿Será la muerte allí más humana y más breve;
en mis islas inglesas, bajo aquel cielo falso?

En Los trigales Rusos

Yo estaba en los trigales, en la risa del hombre,
en la fábrica alegre, en la luz del trabajo;
el sol me amanecía y el capullo me alzaba,
y en mis manos el día era ruta de cantos.
A mi lado, la espiga florecía claridades,
el hombre cosechaba la justicia en sus campos;
la verdad respiraba del pulmón de la tierra,
y en un sólo camino se apretaban mis pasos.
Era yo el universo liberado, sencillo,
que iba entonces, sin miedo, sobre Rusia cruzando.
¡Cómo recuerdo el alma de canción de los niños,

and familiar, and mine; I remember you now, brother;
it wasn't in Spain, nor in a dawning, nor broken
how I entered death; it was in China, burned.
And right here, in China, without a sepulchre without bones
I will remain in your ranks, General, waiting;
and I offer you, certain, my voice of free dead,
to raise victory satisfied and avenged.

On the British Seas

My islands, at a distance, extinguishing in me,
under a sky of bombs and shattered terror.
Can death there be more human and more brief;
can it be clearer and deeper than in this hoarse puddle?
Running, without looking, swamped in blues;
between machine gun and wave, silenced in pieces,
not seeing one's ample blood rejuvenating paths;
not feeling one's eyes blanketed with weeping!
Solitude of war, rabid solitude,
located in this oceanic whirlpool
humiliated in a tragic sepulchre of currents;
finite and alone in so much bluish infinite!
Oh to not know how to die, keeping awake
when only a few wet bones are left of us!
Can death there be more human and more brief
on my English islands, beneath that false sky?

In the Russian Wheatfields

I was in the wheatfields, in the laughter of man,
in the happy factory, in the light of work;
the sun awoke me and the bud roused me,
and in my hands the day was a route of cantos.
At my side the stalk flowered daylights,
man reaped justice in his fields,
the truth breathed from the lung of the earth,
and in one sole path my steps were tightened.
I was the universe liberated, simple
that was then fearlessly crossing over Russia.
How I remember the soul song of the children,

y la blanca confianza del dolor levantado!
Pero un día mis miradas se poblaron de tumbas;
mi alegría se hizo un cañón en mis manos;
algún monstruo era suelto por la selva del hombre,
y una sola palabra se imponía: aplastarlo.
Con tanta vida abierta por los surcos subiendo,
preferir un sepulcro a pactar; morir alto;
despedazarse, herirse con todos los caminos,
pero jamás doblarse a la sed de los bárbaros.
Yo estaba en los trigales, en la risa del hombre,
en la fábrica alegre, en la luz del trabajo.
Un día mis miradas se poblaron de tumbas,
y yo, tumba entre ellas, todavía voy sembrando.

En las filas Alemanas

¡Dejadme entrar, hermanos, por el gran cementerio!
Fuí nacido, crecido para matar; mis párpados
jamás se sonrieron con el ansia de un niño
ni una estrella rendida de mi emoción fué blanca.
Aurora de uniformes; juventud de uniformes;
crepúsculo de oscuros uniformes manchados;
la visión fija en fijos paisajes de venganza;
la razón muerta en tétrico apetito macabro.
Desolado, fugado de mí mismo, perdido
en una soledad erizada de espanto...
Así fué que caí, agotado de nada,
en la trágica muerte del que nunca fué humano.
Así fué que caí, en la misma metralla
que forjó mi pasión, orientada en lo insano.
Desertor de las filas que borraron mi nombre
en un épico salto olvidé mi pasado.
¡Dejadme entrar, hermanos, por el gran cementerio!
Yo soy entre los muertos el más grande, el más trágico;
ya que no tuve nunca un mundo entre los vivos,
un mundo entre los muertos ofrecedme, soldados!

and the white confidence of the lifted pain!
But one day my sight was populated by tombs;
my happiness became a cannon in my hands;
some monster was loose in the woods of man,
and only one phrase imposed itself; flatten it.
With so much open life rising through the furrows,
I preferred a sepulchre to a deal; to die tall;
break into pieces, wound oneself with all the paths,
but never bow to the thirst of barbarians.
I was in the wheatfields, in the laughter of man,
in the happy factory, in the light of work.
One day my sight was populated by tombs,
and I, tomb among them, am still planting.

In the German Ranks

Let me enter, brothers, through the great cemetery!
I was born, raised, to kill; my eyelids
never smiled with the desire of a child
not one surrendered star of my emotion was white.
Aurora of uniforms; youth of uniforms;
twilight of dark uniforms stained;
the vision fixed in fixed landscapes of vengeance;
the reason dead in gloomy macabre appetite.
Desolate, escaped from myself, lost
in a solitude bristling with fright...
Thus I fell, exhausted from nothing,
in the tragic death of who was never human.
Thus I fell, in the same machine gun
that forged my passion, oriented to the insane.
Deserter of the ranks that erased my name
in an epic leap I forgot my past.
Let me enter brothers, through the great cemetery!
Among the dead, I am the greatest, the most tragic;
Soldiers! Since I never had a world among the living
offer me a world among the dead!

El muerto universal

¿Y quién soy yo? ¿Qué busco por la orilla del hombre?
¿Dónde fué que caí? ¿Con qué enseña arropado?
¿Y ese inmenso horizonte de sepulcros que marchan?
¡Todos los muertos quieren una ruta en mi paso!
Hombre vivo, detente de tu orgía de metrallas;
por un instante mirate en mi rostro de espanto;
soy el más gigantesco de los muertos, que nunca
te cerrará los ojos hasta verte salvado.

The Universal Dead

And who am I? What do I look for at the edge of man?
Where did I fall? Wrapped in what ensign?
And that immense horizon of marching sepulchres?
All the dead want a passage in my steps!
You who are alive, stop your orgy of machine guns;
for an instant look at yourself in my face of fright;
I am the most gigantic of the dead who will never
close his eyes until I see you saved.

#185 El Canto de las Piedras

A Juan B. Pagán

Era un canto remoto
el "Canto de las Piedras"
De Diego vertió en ellas su
corazón profundo.

El mar se amanecía
contemplando la aurora
que en la piedra más
alta se soltaba a los aires.

La montaña caía hecha
dulce racimo
de azucenas y helechos
convertidos en música
sobre cada guijarro del
"Canto de las Piedras"
y sobre toda vida que
orquestaba sonrisas.

Un manantial risueño con
el viento
el cántico de amor del
"Canto de las Piedras."

De Diego amanecía sobre
todos los hombres
y por su "Laura única"
se encendió de claveles.

Un mago, hombre silente
para la dura piedra
decía y repetía en ecos
de una nube:

468

#185 El Canto de las Piedras

To Juan B. Pagán

It was a remote canto
"Canto de las Piedras"
De Diego poured in it his
deep heart.

The sea stayed up
contemplating the aurora
that from the highest rock
let go into the air.

The mountain fell
like a sweet cluster
of white lilies and ferns
converted to music
over each pebble of the
"Canto de las Piedras"
and over all life
that orchestrated smiles.

A wellspring smiling
with the wind
the canticle of love of the
"Canto de las Piedras."

De Diego dawned over
all men
and through his "Unique Laura"
ignited with carnations.

A magician, silent man
for the hard rock
said and repeated in echoes
from a cloud:

"El amor, lo que canta,
lo que sueña, lo que ríe."
Esteves se perdió para la
breve muerte
y está escribiendo versos
de amor bajo el silencio.

Un manantial risueño contestaba
en el viento
el cántico de amor del "Canto de las Piedras."

Un manantial profundo buscaba en Aguadilla.
La tonada del mar para seguir
su viaje mediterráneo y solo, solo en
mitad de olas,
mediterráneo en voces
que no existen aún.

Un manantial profundo sigue
buscando cauces
de relámpagos núbiles y arco
iris sin sueño.

En el canto remoto del "Canto de las Piedras"
mi Río está cantando con la
orquesta del monte.

"Love, what it sings,
what it dreams, what it laughs"
Esteves was lost to
brief death
and is writing verses
of love beneath the silence.

A smiling wellspring answered
in the wind
the canticle of love of "Canto de las Piedras."

A deep wellspring searched in Aguadilla
for the tune of the sea to continue
its Mediterranean voyage and alone, alone in
the middle of waves,
Mediterranean in voices
that still don't exist.

A deep wellspring is
looking for banks
of nubile lightning bolts and a sleepless
rainbow.

In the remote canto of "Canto de las Piedras"
my river is singing with the
orchestra of the forest.

#186 El regalo de los Reyes

Este año los Reyes te traerán una estrella
recostada en un tierno triángulo de azul
de donde cuelgan suaves como lirios que besan
cinco franjas hermosas, en blanco y rojo tul.

Este año los Reyes se unirán a mi anhelo
de despertar en tu alma un amor celestial
-el amor a tu Patria, a tu Isla Borinqueña-
y por eso te traen la Enseña Nacional.

Esa misma bandera, que en tu nido tranquilo
a cada hora del día ves serena flotar;
cada vez que la toques dale un beso, alma mía
como si fuese una caricia maternal.

Y ahora, pide a los Reyes que una linda bandera
para cada niñito, haga en dulce quietud,
Baltazar con las franjas, y Gaspar con la estrella
y Melchor con el tierno triángulo de azul.

#186 The Gift of the Magi

This year the Kings will bring you a star
lying on a tender triangle of blue
where five handsome stripes, in white and red tulle
hang softly like lilies that kiss.

This year the Kings will join my desire
of awakening in your soul a celestial love
—the love of country, of your island Borinquen—
and so they bring you the National Ensign.

That same flag, that in your tranquil nest
you see serenely floating each hour of the day;
each time you touch it, give it a kiss my soul,
as if it was a maternal caress.

And now, ask the Kings to make for each child
a beautiful flag in sweet silence
Balthazar with the stripes, Gaspar with the star
and Melchior with the tender triangle of blue.

#187 Las poemas a Armando - 1

No pido que me quieras,
ni que estires a mí la más remota espiga de tus sueños.

Sólo quiero silencio,
palabras no nacidas en tu vida y la mía
que puisen las arterias invisibles y aisladas
de lo que tiene en ti mí soledad de pozo inexplorado,
y lo que tiene en mí tu soledad de naufrago.

Sólo de ti la nada degollada
en tus manos de artista del misterio.
De tus ojos ahumados,
sólo la llama ida,
y de tu corazón
—ah de tu corazón,
el vacío que no has sentido aún,
y que se inunda en ti,
descobijándote,
punzándote el sonido,
turbándote los dientes,
confundiéndote el grito,
hasta que seas de pie, despavorido,
el más profundo y silencioso y solo solitario.

No temas la alegría del coquí
ni la lúgubre y desconcertada recepción de la azucena
ante tu paso de amor deshabitado.

No temas la mirada que vaciará mi corazón en ti
en ese cruel minuto que nos aguarda
a la orilla de la ventana próxima,
rodeados de paredes humanas,
y rostros más yertos que cadáveres
mientras un tren de inmensos horizontes exasperados
se rompe lentamente sobre la blanca timidez de mi secreto,
que es también tu secreto.

#187 The Poems to Armando - 1

I don't ask that you love me,
nor that you stretch to me the most remote bud of your dreams.

I only want silence,
unborn words in your life and mine
that pulsate the invisible and isolated arteries
of what has in you my solitude of unexplored well,
and what has in me your solitude of shipwreck.

Only from you, the decapitated nothing
in your hands of the artist of mystery.
Of your smoked eyes
only the gone flame
and of your heart
—ah, of your heart,
the emptiness you have not yet felt,
and that floods in you,
unsheltering you,
stabbing your sound
disturbing your teeth
confusing your scream
until you are on your feet, terrified,
the most profound and silent and singular solitude

Do not fear the happiness of the *coquí*
nor the lugubrious and disconcerted reception of the white lily
before your step of uninhabited love.

Do not fear the look that will empty my heart in you
in that cruel minute that awaits us
at the edge of the nearest window,
surrounded by human walls,
and faces stiffer than cadavers
while a train of immense exasperated horizons
breaks slowly over the white timidity of my secret,
which is also your secret.

No temas que se ahogue en tu vacío mi vida de paloma,
ni que entristezca una distancia más del sol,
la sombra de una existencia aletargada
que persiste en la herida,
y que hoy pierde entre lágrimas y sueños derrotados
la imposible alegría de quererte en silencio.

Do not fear that my dove life will drown in your emptiness,
nor sadden one more distance of the sun,
the shadow of a lethargic existence
that persists in the wound,
and that today loses among tears and deflated dreams
the impossible happiness of loving you in silence.

#188 Los poemas a Armando - 2

¡Esperar más... y más...!
Tu súplica a gritos me estremece.

Se me muere la tarde sobre tu corazón distante
y el alma se me pierde buscándote sin éxito.

Y la noche
—oh, miedo de la noche—
desboca sus corceles por mi piel y mi sangre
y mis pestañas húmedas.

¿Por qué si te presiento tan cerca
te me huyes,
hiriéndote tú mismo las espaldas
y el viento que revienta tu nombre a los espacios?

¿Por qué tú, mi horizonte,
paisaje único que hizo reverdecer la espiga de mi vida,
llegaste a mí de sombras,
llegaste a mí de brisas,
de silencios,
de materia profunda
reverso de una página
que creí sepultaba las soledades mías?

¿Por qué son tuyos esos ojos tan tuyos,
y mía la certeza de que existes,
que eres?

¿Qué trágica amapola nacio de aquella ingenua alegría de encontrarnos?
¿Hasta cuándo el dolor de volver a mirarte?

¡Oh, mirarte...!
¡Que me miren tus ojos!
Que siquiera de lejos pueda hundirme en tu vida
y echarme a navegar interminablemente.

#188 The Poems to Armando - 2

To wait more... and more...!
Your plea in screams shakes me.

My afternoon dies over your distant heart
and my soul is lost looking for you without success.

And the night
—oh, fear of the night—-
stampedes its horses over my skin and my blood
and my humid eyelashes.

Why if I feel you so near
do you flee,
wounding yourself in the back
and the wind that bursts your name into space?

Why you, my horizon?
Unique landscape that resprouted the bud of my life,
you came to me from shadows,
you came to me from breezes,
from silences,
from profound resources—
recto of a page
that I believed buried my solitudes.

Why are those eyes of yours so yours,
and mine the certainty that you exist,
that you are?

What tragic poppy was born from that ingenious happiness
of our meeting?
How long before the pain of seeing you again?

Oh, to look at you...!
May your eyes look at me!
May I sink myself in your life at least from afar
and set myself to navigate endlessly.

Después...
la derrota siniestra,
sufrir el latigazo de mi culpa monstruosa
y sentir que en mi espiritu algo se va muriendo,
algo como el pudor de una rosa caída
o como un sueño inmenso que amanece en la nada.

Later...
the disastrous defeat,
to suffer the whiplash of my monstrous guilt
and feel that in my spirit something is dying,
something like the blush of a fallen rose
or like an immense dream that awakens in nothingness.

#189 Réplica

(A Antonio Coll Vidal)

Sigue siendo poema Julia de Burgos;
la que no tiene nada de ser burguesa,
la que canta sin arpa por los jardines
y se riza hasta el alma con la tormenta;
la que en ayes y risas su voz confunde
y se trepa en canciones por la floresta;
la que sigue la ruta de los guijarros,
y no seca su llanto de borinqueña.

Sigue siendo poema Julia de Burgos;
la burguesa del cosmos, que no es burguesa
como quieren los hombres, pues se sonríe
mucho más que al espejo, al río y la selva...

Me levanto y me fugo con los ensueños.
Como quieren los hombres, no soy casera:
seré siempre escondite de los perdidos,
y sendero en las alas de los que esperan...
Mi canción, la que hoy rompe sus horizontes
en la sombra caída de luces yermas
y se enreda en los pasos de las nevadas,
sigue siendo tonada fija en las sierras.

Será siempre poema Julia de Burgos,
la que no tiene nada de ser burguesa,
la que rompe los siglos en sus vestidos,
y se suelta la vida por las estrellas!

Envío:
Si en tu verso tendido fuí creadora
de un enorme espejismo de flor burguesa,
con mi impulso salvaje de golondrina
desataré tu erguida voz de poeta.

#189 Rejoinder

(To Antonio Coll Vidal)

She goes on being a poem, Julia de Burgos;
the one that has nothing of a bourgeois,
the one who sings without a harp in the gardens
and curls even her soul with a storm;
the one that in sighs and laughter confuses her voice
and climbs in song through the flowering orchard;
the one who follows the route of the pebbles,
and does not dry her Borinqueña weeping.

She goes on being a poem, Julia de Burgos;
the bourgeois of the cosmos, who is not a bourgeois
the way men want her to be—since she smiles
much more than at the mirror, the river and the jungle...

I rise and escape with the illusions.
Like men want, I am not a homebody:
I will always be the hiding place of the lost,
and a path in the wings of those that wait...
My song, the one that today breaks its horizons
in the fallen shadow of deserted lights
and entangles itself in the steps of the snowfalls,
goes on being a fixed tone in the sierras.

She will always be a poem, Julia de Burgos,
the one that has nothing of a bourgeois,
the one who breaks the centuries in her dresses,
and frees her life through the stars!

Remittance:
If in your stretched verse I was a creator
of an enormous mirage of bourgeois flower,
with my savage impulse of a swallow
I will untie your poet's raised voice.

#190 Gloria a tí

A Manuel Rafael Suárez Díaz

Impávido y altivo ofrendaste tu vida,
henchida con la savia de tus sueños en flor,
a la causa doliente de la patria oprimida
que sufre los rigores de extranjera invasión.

Gloriosamente bravo caíste en la brecha
como símbolo egregio de la renunciación;
ofrenda inmaculada es la primera mecha
que encenderá la hoguera de la revolución.

Por eso al recordarte, hermano, yo presiento
que no estará lejano el augusto momento
que consagre en la historia nuestra inmortalidad.

Y pídote en la hora febril de la victoria
que toques las trompetas sonoras de la gloria,
clamando a voces llenas: "Libertad," "Libertad."

#190 Glory to You

To Manuel Rafael Suárez Díaz

Dauntless and haughty you offered your life,
satiated with the sap of your dreams in flower,
to the painful cause of your oppressed homeland
that suffers the rigors of foreign invasion.

Gloriously brave you fell in the breach
like an egregious symbol of renunciation;
your immaculate offering is the first wick
that will ignite the bonfire of the revolution.

Thus at remembering you brother, I foresee
that the august moment will not be far
that will consecrate in history our immortality.

And I ask you in the febrile hour of victory
to blow the sonorous trumpets of glory,
clamoring at full volume: "Liberty," "Liberty."

#191 Despierta

A la mujer puertorriqueña;
en esta hora de trascendencia.

Mujer,
tú que llevas en tus venas el ardor de la tierra borincana;
tú que sientes los gemidos de la patria que respira esclavitud;
deja a un lado las orgías,
deja a un lado los placeres,
y defiende heróicamente de tu patria la inocencia y la virtud.

La inocencia amenazada por tiranos que procuran corromper
nuestros puros sentimientos,
y lanzarnos a un abismo seductor;
donde absortas en placeres;
y olvidando mil deberes
respiremos de los vicios el perfume degradante y destructor.

Mujer,
tú que viertes a menudo las amargas melodías de tú alma
tú que sientes, tú que sufres, tú que lloras en amarga soledad.
¿No percibes los tormentos?
¿No oyes tú los mil lamentos,
de tus hijos, de tu alma, de tu patria que reclama libertad?

¡No vaciles!
Son tus hijos los que lloran, es tu patria la que sufre sin cesar.
La que llama a todas horas a sus hijos,
a sus hijos de su tierra y de su mar.

A sus hijos valerosos,
a sus hijos fervorosos,
que se olvidan que en su tierra hay grandeza,
que en sus almas hay pureza sin igual.

Marcha tú, mujer boricua, en la fila delantera que defiende tu virtud
rompe el lazo miserable que te tiene encadenada a tu prisión
y resurge valerosa,
a ofrendar tu sangre hermosa
a la causa libertaria que te ofrece dignidad y redención.

#191 Awaken

To the Puerto Rican woman
in this hour of transcendence.

Woman,
you who carry in your womb the ardor for the Borinquen soil;
you who feel the sobs of the homeland that breathes slavery;
put aside your orgies,
put aside your pleasures,
and heroically defend the innocence of your homeland and its virtue.

The innocence threatened by tyrants who seek to corrupt
our pure sentiments
and launch us into a seductive abyss;
where absorbed in pleasures
and forgetting a thousand duties
we'll breathe the degrading and destructive perfumes of vice.

Woman,
you who often spill the bitter melodies of your soul
you who feel, you who suffer, you who cry in bitter solitude:
Don't you feel the suffering?
Don't you hear the thousand laments
of your children, of your soul, of your homeland demanding liberty?

Don't vacillate!
It's your children who cry, it's your homeland who suffers non-stop,
who calls her children at all hours
her children of her land and of her sea.

Her valorous children.
Her fervent children.
Who forget there is greatness in their land
that in their souls there is unequaled purity.

March, Boricua woman, in the front rank that defends your virtue,
break the miserable knot that chains you to your prison
and valiantly resurge,
offer your beautiful blood
to the cause of liberty that offers you dignity and redemption.

#192 A plena desnudez

Un día,
me iré a danzar contigo
a un sitio bien lejano
donde la ley no existe, ni mande la razón;
donde el agua sea brisa, donde el ave sea flor;
donde todo lo puro y natural se confunda
con la Gracia de Dios.
En un paraje
limpio de convencionalismos;
estéril
al abrazo mundano que amenaza su dicha;
fecundo
a todo lo espontáneo:
A la lluvia
al amor.

Allí
a plena desnudez,
despojados
del ropaje elegante de fino formalismo
con que cubren, pomposos, los humanos esbirros
cicatrices de orgías de la noche anterior,
bailaremos la danza de la vida
al ritmo de un incendio de luz
que brotará del sol.

#192 In Total Nudity

One day
I will go to dance with you
to a faraway place
where no law exists, nor reason governs;
where the water is breeze, where the bird is flower;
where everything pure and natural is confused
with the Grace of God.
In a place
clean of convention;
sterile
to the mundane embrace that threatens your luck
fertile
to everything spontaneous:
To the rain;
to love.

There,
in total nudity,
rid
of the elegant trappings of fine formalism
used by human lackeys to pompously cover
the scars of last night's orgies,
we shall dance the dance of life
to the rhythm of a fire of light
that will burst from the sun.

#193 Poema al hijo que no llega

No se cuándo ni dónde
pero se que vendrás.

Hijo mío, bañada de ternura sublime
te he soñado mil veces,
pero, dónde estarás?
¿Por qué no te rebelas y te rompes al mundo
en sutil realidad?

No se cuándo ni dónde
pero mi alma me dice que vendrás.
Y mi sueño, que tiene a ilusión del rocío
que se eleva hasta el cielo
persiguiendo la paz,
y que tiene la limpia desnudez de las aguas
la frescura del alba
y el misterio del mar,
se hará carne en tu cuerpo
y sonrisa en tu boca
y candor en tus ojos
y en tu alma piedad.

No se cuándo ni dónde
pero se que vendrás.

Llegarás a mis brazos en un día solemne
en que todo a mi lado se vestirá de luz.
Habrá luz en las sombras,
en el viento armonía,
en las flores murmullos,
y en la fronda quietud.

#193 Poem to the Child Who Doesn't Arrive

I don't know where or when
but I know you will arrive.

Child of mine, bathed by sublime tenderness
I have dreamt you a thousand times,
but, where can you be?
Why don't you rebel and burst into the world
in subtle reality?

I don't know where or when
but my soul says you will come.
And my dream which has the illusions of the dew
that rises to the sky
pursuing peace,
and my dream, that has the clean nakedness of the waters
the freshness of the dawn
and the mystery of the sea,
shall become flesh in your body
and a smile in your mouth
and candor in your eyes
and in your soul piety.

I don't know where or when
but I know you will arrive.

You will arrive at my arms on a solemn day
when everything at my side will dress in light.
There will be light in the shadows,
in the wind, harmony
in the flowers, murmurs,
and in the frond, quietude.

Ese día inefable
en mi lecho habrá música,
habrá luz e ilusión.
Y en la hora suprema de romperme en tu alma
y en tu cuerpo de lirio
y en tus ojos de amor,
sentiré que mi vida se me dobla en la tuya
al compas de una tierna serenata de angeles
que ha logrado su alcoba en un rayo de sol.

Y serás ... y serás ...

Entonces, hijo mío, tu alma
volará en una rima de amor
hacia él,
hacia el ser que prendió realidad en mi sueño
y a mi amor tierno y puro
una tenue caricia raptó
y con ella hizo el hijo
que en ti, alma y cuerpo tomó.

Ese día, tal vez, muchos seres
traerán flores y risas y mimos
a tu lecho de raro esplendor,
y entre todos turbado y nervioso,
estará el que buscas,
ansioso
de que acabe el saludo del mundo
para darte el abrazo del mas grande amor.

Hijo mío, dame el ritmo en alma y cuerpo
de una realidad soñada.
Ven, recoge mi emoción.
Tu vendrás... lo sabe mi alma.
Tu vendrás en nota nueva
de una música de amor.

No se cuándo ni dónde
pero se que vendrás.

That ineffable day
there will be music in my bed,
there will be light and illusion.
And in the supreme hour of breaking myself in your soul
and in your body of lily
and in your eyes of love,
I will feel that my life doubles in yours
at the beat of a tender serenade by angels
that has achieved its alcove in a ray of sun.

And you will be ... and you will be ...

Then, child of mine, your soul
will fly in a rhyme of love
toward him,
toward the being who lit reality in my dream
and abducted a tenuous caress from
my tender and pure love
and with it made the child
that in you, took soul and body.

That day, perhaps, many beings
will bring flowers and laughter and pampering
to your bed of rare splendor,
and among all, confused and nervous,
will be the one you seek,
anxious
for the end of the world's greeting
to give you the embrace of the greatest love.

Child mine, give me the rhythm in soul and body
of a dreamed of reality.
Come, gather my emotion.
You will arrive... my soul knows it.
You will arrive in a new note
of a music of love.

I don't know where or when
but I know you will arrive.

#194 Yo quiero darme a tí

Yo quiero darme a tí
toda entera...
Y vaciar con pasión mis suspiros en tu alma
sedienta de pena
y enseñarte a sufrir
y verte en tus ojos serenos las lágrimas negras
que el dolor del vivir
ha traído a mis puertas.

Entonces...
Tu sabrás el misterio
que mis tristes pupilas encierran;
y sabrás que la vida no es sueño
con el cual has bañado en el mundo tu corta existencia.

Entonces...
Llenarás el vacío
que anida tu alma
con el dulce vibrar de mi pena
henchida de calma;
y sabrás una vez en la vida
que el dolor es sublime santuario del alma.

Yo quiseria vaciar en tu alma
la flor de mi pena
y entregarme a tí
toda entera...

#194 I Want to Give Myself to You

I want to give myself to you
completely...
and empty with passion my sighs in your soul
thirsty of sorrow
and teach you to suffer
and see in your serene eyes the black tears
that the pain of life
has brought to my doors.

Then...
You will know the mystery
that my sad pupils enclose;
and you will know that life is not a dream
where you bathed your short existence in the world.

Then...
you will fill the void
that nestles your soul
with the sweet vibration of my sorrow
replete with calm;
And you will know once in life
that pain is the sublime sanctuary of the soul.

I would like to empty in your soul
the flower of my sorrow
and give myself to you
completely...

#195 Canto a la ciudad primada de américa

¡Santo Domingo, pura de Gúzman la primada
ciudad sin camposantos a pesar de tus lágrimas!
Vas regandote al mundo por la voz de tu historia
cómo fuiste ¡primada!

Cómo naciste, lecho de las albas de américa;
primeriza paloma con nidal de montañas.
Cómo partiste libre por las venas del hombre
a comenzar la américa de semillas y alas!

Cómo te alzaste, firme por los rumbos del tiempo
hasta hacerte en el aire corazón de una patria.
¡Santo Domingo!, siempre, aunque aturdan tu nombre
cementerios y balas;

¡Santo Domingo! Siempre, aunque rompan tu sangre,
y en tus ojos el mar no conozca de pausas.
¡Santo Domingo!, siempre, voz herida, voz quieta,
pero nunca en el fondo de ti misma, callada.

Ese tu nombre, santo en la espiga de américa.
Ese tu nombre, criollo corazón de isla blanca.
No podran con tu nombre las espaldas del crimen.
No podran con tu nombre las tinieblas cansadas.

Pero tu nombre rueda por debajo del crimen.
Y tu lumbre en herido pudor se desparrama...
¿Qué te pasa en las venas, ciudad hecha de cumbres;
ciudad hecha de esfuerzos, que te pasa en el alma?

¡Miralo! Por tu vientre va matando claveles.
¡Miralo! Agazapado, pisoteando tu entraña.
¡Miralo como rueda por tu voz, por tus hijos,
deshaciendo en cadaveres tu canción asustada!

Es el, el que te arropa de muertes y oraciones;
el que un hijo, una novia, te debe o te socava;
el que te parte el nombre, el que te traga el sueño
de sombra y hambre y luto y auroras apagadas.

#195 Canto to the Primal City of America

Santo Domingo, founded purely by Gúzman,
primal city without cemeteries despite your tears!
You sprinkle yourself to the world in the voice of your history
since you were the first!

Thus you were born, bed for the dawns of America;
first dove with a nest of mountains.
Thus you split free through the veins of men
to commence the America of seeds and wings!

Thus you raised yourself, firm through the courses of time
until becoming the heart of the homeland in the air.
Santo Domingo! Forever, even if your name is diminished by
cemeteries and bullets;

Santo Domingo! Forever, even if they break your blood,
and in your eyes the sea recognizes no pauses.
Santo Domingo! Forever, wounded voice, quiet voice,
but in your depths, never silenced.

That, your name, holy in the blossom of America.
That, your name, creole heart of a white island.
The shoulders of crime cannot bear your name.
The tired shadows cannot bear your name.

But your name rolls under crime.
And your fire in the wounded shame spills itself...
What is happening in your veins, city made of summits;
city made of efforts, what is happening in your soul?

Look at him! Through your belly he is killing carnations.
Look at him! Concealed, stomping your entrails.
Look at him how he rolls through your voice, through your children,
undoing in cadavers your frightened song.

It's him, the one who blankets you in deaths and prayers;
the one who owes you or extracts from you, a child, a bride;
the one who fractures your name, who swallows your dream
of shadow and hunger and mourning and extinguished auroras.

Es el tirano, pueblo, derrumbando sonrisas,
ametrallando pájaros, y senderos y ansias.
Por tus caminos reales va segandote el alma.
Por tus caminos verdes va segandote el alma.

¡Santo Domingo!, echalo de tus hondas raices;
en cada muerto tuyo fortificate y anda;
y no tiembles que el fuego que te abraza los impetus
es un sol de tirano que se eclipsa y se acaba.

Santo Domingo, armate de tus llantos dispersos,
despierta las trincheras de tu historia y estalla,
que te aguarda la américa repartida en claveles,
en montañas, en olas, en estrellas y palmas.

People, it is the tyrant demolishing smiles,
machinegunning birds, and paths, and longings.
He is slashing your souls along your royal paths.
He is slashing your souls along your verdant paths.

Santo Domingo! Cast him from your deep roots;
in each of your dead fortify yourself and walk;
do not tremble—the fire that embraces your impulse
is a tyrant sun that eclipses and ends.

Santo Domingo, arm yourself with your dispersed weeping
awaken the trenches of your history and explode,
America distributed in carnations awaits you
in mountains, in waves, in stars and palms.

#196 Puerto Rico está en tí

Puerto Rico depende de tu vida y tu nombre,
colgando en ti van millones de esperanzas
para resucitar en lo que nos fue robado
y hacer valer de nuevo el honor de la Patria.

La voz de Independencia que contigo seguimos
los que vivos de honor limosna rechazan
de un Puerto Rico "estado asociado y ridículo"
retumbará en los aires con la Patria estrellada,
estrellada de amor, de sonrisa y cariños
con una sola estrella feliz, no acompañada.

Llévate este mensaje puertorriqueño y mío
de tus hermanos libres que en "New York" te acompañan
y sigue tu camino con la luz de una estrella,
Gilberto Concepción de la Gracia y de batalla.

#196 Puerto Rico Is in You

Puerto Rico depends on your life and your name,
resting on you are millions of hopes
to be resurrected in what was stolen from us
and to renew the worth of the Nation's honor.

The voice of independence that we follow with you
—those who alive with honor refuse the alms
of a Puerto Rico "associated and ridiculous state "—
will thunder in the winds with the starred Nation,
starred with love, smiles and affection
with a single happy star, unaccompanied.

Take this message, Puerto Rican and mine:
your free brothers in New York are with you
and follow your lead by the light of one star
Gilberto Concepción de Gracia, of grace and of combat.

#197 Ofrenda

a tí, madre [suegra]

Quiero besarte, madre. Besarte tiernamente
la mejilla que un día se cubriera de llanto
por donde resbalaron los primeros sollozos
a un hijo que entre sueños y pasión voy amando.

Las lágrimas de amor conmovido e inquieto
que por él vierte mi alma, en ti se comenzaron
al nacer, fueron trémulos manantiales tus ojos,
y al crecer, mi ternura recogió tu regalo.

Quiero besarte, madre. Besarte dulcemente
la sonrisa que tanto en su amor he besado.
Por ti se alzan mis ruegos en las noches insomnes,
porque pronto, a tu hijo, le sonrían tus labios.

A tu hija de amor que no sabe tus mimos,
que no ha visto el arrullo maternal de tus párpados,
que jamás tu palabra sollozante o alegre
ha escuchado en la íntima hermosura que aguardo.

Quiero besarte, madre. Besarte blancamente
y abrazarme a tu pecho, y llorar en tus manos
unidas desharemos la ruta de su vida
y tú me pondrás, madre, su infancia entre mis brazos.

Me dirás cómo fueron sus primeros antojos
y cuál su primera risa, y cuándo el primer paso.
Con los ojos mojados de recuerdos sencillos
uno a uno sus años regarás por mis años.

Quiero sentirte, madre. En mi senda sentirte
amparando a dos vidas con tus santos cuidados.
Pero no tardes, madre, que en mi alma extendida
te reclaman a un tiempo tus dos hijos amados.

Y te he visto en los ojos del que enciende mi frente
con la santa locura de un amor sobrehumano.
En su rostro te quiero honda y distantemente,
esperando que el tiempo me conduzca a tu lado.

#197 Offering

for you, Mother (Mother-in-law)

I want to kiss you, Mother. Tenderly kiss your
cheek that one day was covered with tears
that fell from the first sobs for a son
who among dreams and passion I now loving.

The tears of a poingnat, and restless love
that my soul spills for him began in you
at birth; your eyes were tremulous wellsprings,
and grown, my tenderness gathered your gift.

I want to kiss you, Mother. Sweetly kiss your
smile, that I have kissed so often in his love.
For you my prayers rise in the sleepless nights,
because soon your lips will shine for your son.

To your love-daughter of love who's never known your cuddling,
never seen the maternal cooing of your your eyelids,
never heard the tearful or happy word
in the intimate beauty that I await.

I want to kiss you, Mother. Kiss you purely
and hug you, and cry in your arms;
together we will retrace the route of his life
and you, Mother, will put his infancy into my arms.

You will tell me how his first whims were
and what his first laugh, and when his first step.
With your eyes wet with simple memories,
one by one you will sprinkle his years in mine.

I want to feel you, Mother. In my path feel you
sheltering two lives with your saintly care.
But don't delay, Mother, because in my outstretched soul
your two beloved children clamor for you in unison.

And I have seen you in the eyes of the one who ignites
my brow with the holy madness of a superhuman love.
On his face I love you deeply and distantly,
waiting for time to lead me to your side.

#198 "En la tierna guitarra"

En la tierna guitarra
de tu sombra
mi corazón va alzando
su canción inocente.

Desde que fueron
mías tus golondrinas,
desde que en un sueño de
luna me auroraste
la frente.

Casi rota en palomas,
casi voz,
casi nido,
la hora de la ternura
me sorprendió en tus redes
y amanecimos sombras,
y ensangrentamos
albas al acorde del beso
y caminamos cielos
derretidos de ofrenda
hasta aquí
hasta la eterna
claridad de este instante.

#198 "In the Tender Guitar"

In the tender guitar
of your shadow
my heart is lifting
its innocent song.

Since your swallows
were mine,
since in a moon dream
you dawned
your forehead for me.

Almost broken in doves,
almost voice,
almost nest,
the hour of tenderness
surprised me in your nets
and we awoke as shadows,
and we bloodied
dawns at the beat of a
kiss
and we walked skies
melted by offerings
until here,
until the eternal
clarity of this instant.

#199 "El cielo se ha vestido su traje de horizontes"

El cielo se ha vestido su traje de horizontes
porque tu eco eres tú.
Tú vas sobre montañas empujando mi ausencia
calzado de sonrisas y de pájaros breves,
ignorante de brumas
desconocido al llanto y a los densos crepúsculos
y fugado; perdido;
porque tú no eres tú.

Tú eres el universo tendido por mi sueño,
descubierto y a pie por mis praderas cósmicas.

¡Cómo muere la rosa humillada e inútil
al invencible empuje de tu nombre!

¡Tú no eres tú, y los vientos
se te inclinan y rompen!
¡Cómo has logrado asirte a todos los caminos,
y echar sobre la voz todas las ansiedades!
¡Mira la fuente aquella
pugnando por brotar de tus arterias!
¡Y aquel niño horizonte
implorándote suelo por tus aires!
¿Sabrá Dios que sembraste de
montañas los mástiles?
En las olas hay nupcias de marinos y nayades
y en los charcos secretos,
las estrellas son madres.
¿Podrá el mar navegarme
a este entero infinito?

Tú eres el universo.

#199 "The Sky Has Worn Its Dress of Horizons"

The sky has worn its dress of horizons
because your echo is you.
You go over mountains pushing my absence
shod by smiles and brief birds,
ignorant of mists
unknown to the weeping and the dense twilights
and fleeing; lost;
because you are not you.

You are the universe spread through my dream,
bareheaded and on foot through my cosmic meadows.

How the rose dies humiliated and useless
at the invincible push of your name!

You are not you, and the winds
incline toward you and break!
How you have managed to grab all the paths,
and thrown all anxieties over the voice!
Look at that fountain
struggling to burst from your arteries!
And that child horizon
begging you for soil for your airs!
Does God know that you planted the masts with mountains?
In the waves there are weddings of sailors and naiads
and in the secret ponds,
the stars are mothers.
Can the sea navigate me
to this entire infinity?

You are the universe.

#200 Poemas para una muerte que puede ser la mia (1)

Y cuando parta... todo se quedará dormido.
¿Qué le importa al rocío una gota de lágrima;
qué le duele al océano que le sieguen un río;
qué le tortura al viento que se agote una ráfaga?

¡Todo solo y dormido! Ningún rostro sombrío
se ceñira el crepúsculo como duelo a la tránsfuga.
Me dejarán tan sola, que daráme mas miedo
la intemperie del mundo que el vacío de la nada.

¡Mi partida! Habrá alguno de los rostros que duermen,
que sentirá mi herida en el fondo del alma,
y lívido en su mudo rencor ya fecundado,
percibirá en el eco de una muerte, su espada.

Y tú, mi compañero, mi ala rota y tendida...
El único que has visto crecer esta fragancia...
Tú no estarás dormido... Porque tú morirás
conmigo en el poema, y conmigo en la espalda.

#200 Poems for a Death That Could Be Mine (1)

And when I depart... everything will stay asleep.
What does the dew care about a teardrop;
what does the ocean care if a river is dammed;
how is the wind tormented if a gust dies?

Everything alone and asleep! No somber face
will strap on the twilight as a dirge to the fugitive.
I will be so alone, that I will fear more
the inclemency of the world than the vacuum of nothingness.

My departure! There will be one of the sleeping faces
that will feel my wound at the bottom of its soul;
and livid in its mute rancor already fertilized
will perceive its sword in the echo of a death.

And you my companion, my broken and spread wing...
The only one who has seen this fragrance grow...
You will not be asleep... Because you will die
with me in the poem, and with me on your back.

#201 Poemas para una muerte que puede ser la mia (2)

¿Partir?... ¡Para que lleves una ruta de lágrimas,
colgada a la impaciente raíz de tu existencia;
para que se te borren los ojos en las albas,
de tanto figurarme jugando entre sus hebras!

¿Partir?... ¡Para que el tiempo te encuentre taciturno,
sobre unas pocas flores y unas algas enfermas,
- porque si parto quierounos ojos que miren
con el alma del agua: ¡tengo miedo a la tierra!

¿Partir?... Para que nunca tu voz vuelva a pintarme
los paisajes de sueño en que he hundido mi senda;
para que tus dos manos ya no vuelvan a alzarme
a recoger del cielo su cosecha de estrellas...

¿Partir?... Para que tumben tu horizonte de trinos,
al saber que se ha muerto tu núbil centinela;
para que vuelva tu alma al polvo del camino,
derrotada y humilde, harapienta y deshecha...

¡No! Yo no quiero el sueño que enamora mi vida,
prometiendo a mi espíritu la quietud que él anhela.
Yo no quiero dejarte desnudo a la intemperie
de un planeta gastado, exprimido y sin fuerzas...

#201 Poems for a Death That Could Be Mine (2)

Depart?... So you can take a route of tears
hanging on the impatient root of your existence,
so your eyes can be erased in the dawns
from so much imagining me playing among its threads?

Depart?... So time can find you taciturn
over a few flowers and some sick algae
—because if I part I want eyes that see
with the water's soul: I am afraid of the earth!

Depart?... So that your voice will never again paint
landscapes of dreams in which I sank my path;
so that your two hands no longer lift me
to gather the sky's harvest of stars...

Depart?... So that your horizon of songs is downed
at knowing that your nubile sentinel has died;
so that your soul can return to the dust of the path,
defeated and humble, ragged and undone...

No! I don't want the dream that courts my life
promising my spirit the stillness that it longs for,
I don't want to leave you naked in the inclemency
of a wasted planet, wrung and without strength...

#202 Inquietud

A Isabel Cuchi Coll, dulce espíritu alado,
como ofrenda bohemia a su hijo soñado.

Esta noche me acuesto
con un niño dormido en el alma.

No sé si eres tú
que en un vuelo sin rumbo ni escala
ha venido a posarse
en la dulce bohemia
de mi vida pagana
con la íntima sed de romperse
en pasión delirante y extraña.

No sé si mi sueño
será un niño de túnica blanca;
un niño dorado
con los ojos cargados de albas
mañanitas sublimes
de esperas fantásticas;
tierno hijo del amor infinito
de dos almas nostálgicas;
que una noche de invierno se unieron
con tal fuerza sagrada
que en sutil primavera el invierno alteraron
y en mañana naciente
la noche cansada.

No sé si eres tú
o es el hijo de nuestro amor libre
que en el fondo del alma me canta
sólo sé que me acuesto
con un niño pagano
con la vida desnuda de trabas:
misterioso reflejo de luna,
armonía de guitarra lejana,
caprichoso perfume de aurora,
inefable secreto de un alma gitana.

#202 Restless

To Isabel Cuchi Coll, sweet winged spirit,
as a bohemian offering to your dreamed of child.

Tonight I lie down
with a child asleep in my soul.

I don't know if it's you
who in a flight without route or stopover
has come to repose
in the sweet bohemia
of my pagan life
with the intimate thirst of breaking
in delirious and strange passion.

I don't know if my dream
will be a child in a white tunic;
a golden child
with his eyes full of dawns
sublime mornings
and fantastic expectations;
tender child of infinite love
of two nostalgic souls;
that united on a winter night
with such a sacred force
that in a subtle spring altered the winter
and the tired night
into a nascent morning.

I don't know if it is you
or the child of our free love
that sings to me from the bottom of my soul.
I only know that I lie down
with a child asleep in my soul;
a pagan child
with a life naked of fetters;
mysterious reflection of moon
harmony of far guitar,
capricious perfume of aurora,
ineffable secret of a gypsy soul.

#203 Después

Cuando todo despierte, lo anunciarán los lirios,
que no supieron nunca vestirse sin mis albas;
lo arroparán, muriéndose, unas nubes ligeras,
y el mar me tendra toda por siempre entre sus lágrimas.

La soledad del viento llenará los silencios...
Y vendrá la pregunta, la inevitable lanza
que hará sangrar lo único que existira de mí:
un recuerdo en la inmensa vibración de unas alas.

Y habrá quien se adelante a la espiga y la fuente,
y enlutará mi nombre, y dirá unas palabras:
y hasta habrá quien me tire unas flores al mar,
como breve limosna a una vida que pasa.

Después, cuando se encrespe el mar violentamente,
dirán: "Es la conciencia fatal de esa muchacha,
tuvo muchos pecados por vivir siempre en verso,
y lo que se hace en tierra en la tierra se paga."

Y yo, en un descuido de mis pobres hermanos,
me llevaré hasta el nombre de esta tierra sin alma;
que no quiero en mi manso retiro, recordarme
por el mundo del hombre, ¡paloma consternada!

#203 After

When everything awakens the lilies will announce it,
(who never knew how to dress without my dawns;)
it will be blanketed, dying, by quick clouds
and the sea will have me forever among its tears.

The solitude of the wind will fill the silences...
and the question will come, the inevitable spear
that will draw blood from the only thing left of me:
a memory in the immense vibration of wings.

And there will be one who will advance to the blossom and fountain
and will put my name in mourning, and will say a few words
and someone will even toss flowers for me into the sea:
like meager alms to a life that passes.

After, when the sea will curl violently
they will say: "It is the fatal conscience of that girl,
she had many sins because she always lived in verse,
and what you do on earth, on earth you pay for."

And I, neglecting my poor brothers,
will take even my name from this soulless earth;
in my meek retreat I do not want to remember
myself a terrified dove in the world of man!

BIBLIOGRAPHY

POETRY BY JULIA DE BURGOS
(in chronological order)

Poema en 20 surcos. 1st Ed. San Juan, Puerto Rico: Imprenta Venezuela, 1938. Contains 20 poems.

Canción de la verdad sencilla. 1st Ed. San Juan, Puerto Rico: Imprenta Baldrich, 1939. Contains 33 Poems. A second edition was published in 1982, by Ediciones Huracán.

El mar y tú. San Juan: Puerto Rico Printing and Publishing Co, 1954. The first edition of this book; contains 54 poems. Posthumous.

Criatura del agua, Obra Poética. (1st Edition) San Juan, Puerto Rico: Instituto de Cultura Puertorriqueña, 1961. 155 Poems were published in this edition. These poems were compiled by Consuelo Sáez (one of Julia's sisters), and Juan Bautista Pagán, editor of *Artes y Letras.* This book is a reprint of all of her books; in addition an extensive introductory essay by José Emilio González is included.

Cuadernos de poesia. San Juan, Puerto Rico: Instituto de Cultura Puertorriqueña, 1964. 20 poems are illustrated with woodcuts by José A. Torres Martinó. All poems were previously published.

El mar y tú. (2nd Edition) San Juan, Puerto Rico: Ediciones Huracán, 1981.

Poema en 20 surcos. 2nd Ed. San Juan, Puerto Rico: Ediciones Huracán, 1982. Illustrations by José A. Torres Martinó.

El mar y tú. (3rd Edition). San Juan, Puerto Rico: Ediciones Huracán, 1986. Illustrations by J.A. Pelaez.

WORKS ABOUT JULIA DE BURGOS
(in alphabetical order by author)

Agüeros, Jack, ed. *Song of the Simple Truth: The Complete Poems of Julia de Burgos.* Willimantic, Connecticut: Curbstone Press, 1996. Collected and translated by Jack Agüeros, 203 poems in *en facie,* bilingual edition, with bibliography.

Anonymous, "Grandiosa la celebración del grito de Lares." *Pueblos Hispanos* 2 Oct. 1943, 2. Reports on a celebration of "El grito de Lares", wherein Julia de Burgos read her poem "De Betances a Albizu." This event was sponsored by the Nationalist Party. This poem is "lost."

Anonymous, "Grandioso el acto de conmemoración a Pueblos Hispanos." *Pueblos Hispanos*, 11 Mar. 1944, 2. Says that Julia de Burgos read 3 poems at the 1st anniversary of Pueblos Hispanos.

Anonymous, "Homenaje a Julia de Burgos y Antonio Coll y Vidal: nota puertorriqueñísima." *La Prensa* 8 Apr. 1940, 3. Reported on an homage which took place for these two poets at Wadleigh High School Auditorium in Harlem.

Anonymous, "Los premios de literatura puertorriqueña." *Puerto Rico Ilustrado* 3 Aug. 1940, 38. Article written about Julia de Burgos winning a $500.00 award for the book "Canción de la verdad sencilla".

Anonymous. "Poetisa en misión cultural en los Estados Unidos." *La Prensa* 8 Feb. 1940, 4.

Anzaldúa, Gloria, ed. *Making Face, Making Soul, Haciendo Caras.* San Francisco: Aunt Lute Foundation Books, 1990. Includes the poem "A Julia de Burgos" translated by William M. Davis, and repeats the same erroneous biography as *The Defiant Muse.*

Aponte Ledee, Rafael. *Impulsos: en memoriam Julia de Burgos.* 1967 Musical score.

Arroyo, Angel M. "En memoriam: vida pasión y muerte de Julia de Burgos." *Alma Latina* 19 Sept. 1953:6. Contains an unusual and beautiful photo of Julia de Burgos.

_____. "En memoriam." *Alma Latina* 10 Oct. 1953:17. Dedicated to Julia de Burgos.

Babín, María Teresa & Steiner, Stan., Ed. *Borinquen.* New York: Vintage Books, 1974. Includes the poem "Río Grande de Loíza" (in English only).

Barradas, Efraín. "Entre la esencia y la forma: El momento neoyorquino en la poesía de Julia de Burgos." *Explicación de textos literarios* 15:2 (1986-1987): 138-152.

Bautista Pagán, Juan. "En la muerte de Julia de Burgos." *Artes y Letras* 5 Jul. 1953: 2. Contains a photo of Julia de Burgos.

Burgos Sáez, Consuelo and Jiménez de Báez, Yvette. *Antología poética* (1st Edition). San Juan, Puerto Rico: Editorial Coquí, 1967. Contains 81 poems. There is a 12 page introduction by Yvette Jiménez de Báez. This is the first edition hardbound. Has serious errors in poems #48, 49, 54, 55, 87. See 1968, 1974, 1975, 1979, for other editions.

Calderón, Gustavo Adolfo. *El mar metafórico de Julia de Burgos como voz moduladora: Actas de la decimotercera conferencia anual de literatura hispánica en Indiana Univ. of Pennsylvania.* Miami: La Escritora Hispana, 1990.

Chabran, Myrtha. *Exiles.* Boston: Beacon, 1984. Contains poetry by Julia de Burgos.

Caufield, Carlota. "Canción de la verdad sencilla: Julia de Burgos y su diálogo erótico-místico con la naturaleza." *Revista Iberoamericana* 59 (1993): 119-26, 162-163.

Colorado, Antonio J. "Último libro de Julia de Burgos." *La Prensa* 12 Feb. 1940, 4.

Corretjer, Juan Antonio. "Presentación de Julia de Burgos." *Pueblos Hispanos* 26 Mar. 1944, 9. A brief "profile" of Julia de Burgos as an introduction to *Pueblos Hispanos* readers, it does not mention that she would soon join the staff as a writer.

Cuchi Coll, Isabel. *Grandes poetisas de América: Clara Lair, Alfonsina Storni, Julia de Burgos, Gabriela Mistral.* San Juan, P.R.: Editora Corripio, 1982

_____, ed. *Dos poetisas de América.* Barcelona: Talleres gráficos de Manuel Pareja, 1970. Includes poetry of Clara Lair and Julia de Burgos.

Curley, Beth, producer. *The Puerto Rican Experience Through its Writers.* Springfield, MA: Poco a Poco Productions/WGBY, 1988. VHS, Mercedes Chinchilla.

Cypress, Sandra Messinger. "Visual and Verbal Distances: The Woman Poet in Patriarchal Culture." *Revista/Review Interamericana* 12:1 (1982): 150-157. Includes Julia de Burgos's poems "A Julia de Burgos" and "Poema para mi muerte."

Dávila, José Antonio. "La verdad sencilla de Julia de Burgos." *Alma Latina*, 6 Sept. 1941,14.

Esteves, Carmen. *Julia de Burgos: Woman, Poet, Legend in A Dream of Light and Shadow: Portraits of Latin American Women Writers.* Ed. Marjorie Agosín. Albuquerque: University of New Mexico Press, 1995.

Fernández Olmos, Margarite. "Julia de Burgos: A Writer in the Crucible of Her Time." *TABS: Aids for Ending Sexism in School*. New York: 1982

Ferré, Rosario. "Entre Clara y Julia: dos poetas puertorriqueñas." *Revista Iberoamericana* 52 (1986): 137.

_____. "De desnuda que está, brilla la estrella." *Third Woman* (1986): 1-2, 81-85.

Flores, Angel & Kate, ed. *The Defiant Muse: Hispanic Feminist Poems from the Middle Ages to the Present*. New York: The Feminist Press, 1986. Contains an erroneous biography, which was repeated in the book *Making Face, Making Soul*. Has the poem "A Julia de Burgos" in both Spanish and English, translated by William M. Davis.

_____, ed. *Spanish American Authors*. New York: H.H. Wilson, 1992. Article on Julia de Burgos, pages 136-140.

Frouman-Smith, Erica. "Julia de Burgos," in Marting, Diane E., Ed., *Spanish American Woman Writers: A Bio-Bibliographical Source Book*. New York: Greenwood Press, 1990.

García Torres, José, producer and director. *The Life and Poetry of Julia de Burgos*. New York: Cinema Guild, 1979 VHS, 28 min, a film biography with readings of her poetry.

Geigel Polanco, Vicente. "Lápida." *Artes y Letras* Sept. 1953: 18.

Gelpi, Juan. "Las tribulaciones de Jonas ante el paternalismo literario." *La Torre: Revista de la Universidad de Puerto Rico* 5:19 (1991): 297-313.

González, Emilio José. *Cántico mortal a Julia de Burgos*. Yauco, P.R.: Poesía Puertorriqueña, 1956.

_____. "Algo más sobre la vida y la poesía de Julia de Burgos." *La Torre*. San Juan: vol 13, no. 51, 1965. pp. 151-174.

_____. "Julia de Burgos: la mujer y la poesía." *Sin Nombre*. vol. 7 no. 3, 1976 pp. 86-100

_____. *La poesía contemporánea de Puerto Rico 1930-1960*. (2nd Edition). Puerto Rico: ICP, 1986. A version of a doctoral dissertation presented in 1967. González puts Julia de Burgos in his section of "Eroticism" along with Clara Lair. See pps 337-358. Bibliography, no illustrations.

_____. *Julia o la intimidad de los instantes*. San Juan, P.R.: Ateneo Puertorriqueño, 1992

Imbruno, Kathleen. *La poesía feminista puertorriqueña: de la toma de conciencia a la toma de la palabra*. Mayagüez, P.R.: Universidad de Puerto Rico, 1987

Jiménez de Báez, Yvette. *Julia de Burgos: vida y poesía*. San Juan, Puerto Rico: Editorial Coquí, 1966. Rewrite of Jiménez de Báez's master's thesis. It is the first extensive appreciation and analysis of Julia de Burgos' work. Includes tantalyzing pieces of "lost" poems, and excerpts from her letters.

Kanellos, Nicolas. *Biographical Dictionary of Hispanic Literature in the USA*. New York: Greenwood Press, 1989. Article on Julia de Burgos in pages 31-36.

Kattau, Colleen Jane. "Plural and Nuclear Models in the Poetry of Julia de Burgos." Dissertation, Syracuse University, 1993.

_____. "The Plural and the Nuclear in 'A Julia de Burgos.'" *Symposium: A Quarterly Journal in Modern Literatures, vol. 48 no. 4, 1995 Winter, 285-93*

Laguerre, Enrique. "Perspectiva." *Artes y Letras* Sept. 1953:2. Enrique Laguerre, the author of this article, was a well known novelist and man of letters.

Lockert, Lucía Fox. "Vida, pasión y muerte de Julia de Burgos." *Letras Femeninas* 16 (1990): 121-124.

Laguna Díaz, Elpidio. "Dos instantes de Julia de Burgos: su concepción del tiempo." *Asomante.* San Juan: vol. 25, no. 3, 1969. pp. 38-49

_____. "Love and death: The Thematic Journey of Julia de Burgos." in Conference on Women Writers in Latin America Proceedings (see above).

López Adorno, Pedro, ed. *Papiros de Babel.* Río Piedras, Puerto Rico: UPR Press, 1991. 509 pps, illustrations, bibliography and index, with a preliminary study by the editor. An anthology of Puerto Rican poets who lived and worked in New York. Includes 7 poems by Julia de Burgos in Spanish with no English translations. See pages 119-125.

López Jiménez, Ivette. "Julia de Burgos: los textos comunicantes." *Sin Nombre.* Santurce, P.R. vol 10, no. 1, 1979. pp. 47-68

Lucca, Carmen D. *Roses in the Mirror/Rosas en el espejo.* San Juan, Puerto Rico: Ediciones Mairena, 1992. A selection of 40 poems in *en facie* Spanish and English translations by Ms. Lucca. 114 pps, no illustrations.

Lloréns Torres, Luís. "Cinco poetisas de América." *Puerto Rico Ilustrado* 13 Nov. 1937, 14,16,62. Discusses Clara Lair, Alfonsina Storni, Gabriela Mistral, Juana de Ibarbourou, and Julia de Burgos. Includes the poems "Río Grande de Loíza" and "Nada."

Lluch Mora, Francisco. *A Julia de Burgos, ya transito de río: elegia.* Yauco, P.R.: Imprenta Rodríguez Lugo, 1954

Martínez Masdeu, Edgar, ed. *Bibliografía de Julia de Burgos.* San Juan, P.R.: Ateneo Puertorriqueño, 1992

_____. *Cronología de Julia de Burgos.* San Juan, P.R.: Ateneo Puertorriqueño, 1992

_____. *Actas del Congreso Internacional Julia de Burgos.* Puerto Rico: Esmaco Printer, 1993. Contains the 32 papers about Julia de Burgos presented at the 3 day International Congress in Puerto Rico from the 3rd to 5th of June 1992, sponsored by the Puerto Rican Atheneum.

Matilla, Alfredo & Silén, Iván, ed. *The Puerto Rican Poets/Los poetas puertorriqueños.* New York: Bantam Books, 1972. Includes 6 poems by Julia de Burgos in Spanish and English, translations by María Arrillaga. One poem leaves out 8 lines of Julia de Burgos original poem.

Medero–Díaz, Luz M. *The Cultural Myth of Julia de Burgos.* Thesis (M.A.) Arizona S.U., 1993

Monge, Bienvenido. *Un acercamiento a Julia de Burgos.* Thesis: Universidad de Puerto Rico, 1984

Morales, Luís Jorge. "Julia de Burgos y la forma." *Alma Latina* 7 Jul. 1956:8. Originally read at posthumous homage at Circulo de Escritores y Poetas Iberoamericanos.

Neggers, Gladys. "Clara Lair y Julia de Burgos: reminiscencias de Evaristo Ribera Chevremont y Jorge Font Saldaña." *Revista/Review Interamericana,* San Juan, PR: vol. 4, 1974, 258-63

Nieves Rosa, Cesáreo. *La poesía en Puerto Rico.* San Juan, Puerto Rico: Editorial Campos, 1958. Originally a doctoral dissertation. First edition was published in 1943; the

second edition was corrected and augmented, and published in 1958. Julia de Burgos is listed under Poets of Independent Esthetic, Chapter IX.

_____ & Melón, Esther. *Biografías Puertorriqueñas*. Connecticut: Troutman Press, 1970. The brief biography of Julia de Burgos in this book says that she was influenced by women in her first book; her second and third books were influenced by Neruda and the Spaniard Rafael Alberti. It also states that her free verse was "Whitmanesque."

Oliveras Villanueva, Reina I. *Julia de Burgos como mujer adelantada a su tiempo (visto a través del análisis de su obra poética)*. Thesis: Universidad de Puerto Rico, 1980

Organization for Equal Education of the Sexes. *Eight Women of Achievement*. Brooklyn, N.Y, 1978, 1988. Eight posters depicting women notable for outstanding contributions to history and contemporary life.

Ortíz de Hadjopoulus, Theresa. *Antología de la poesía de la mujer puertorriqueña*. New York: Peninsula Publishing, 1981. 248 pps, no illustrations. Contains the poems "Río Grande de Loíza" and "23 de septiembre" in Spanish only. In the prologue and introduction by the author, she mentions English translations, but there are none.

Perales, Rosalina. *Puntuales de la literatura feminista en el Caribe*. Río Piedras: Universidad de Puerto Rico, 1987

Price, Julia. *Faces of Rebellion: Critical Commentary and Translation of the Poetry of Julia de Burgos, Rosario Castellanos, Clementina Suárez*. Thesis (M.A.), University of Cincinnati, 1981

de la Puebla, Manuel, ed. *Julia de Burgos*. Río Piedras, Puerto Rico: Ediciones Mairena, 1985. 175 pps., with illustrations. A special issue of a periodical called "Mairena."

_____. *Julía de Burgos: amor y soledad*. Madrid: Ediciones Torremozas, 1994. A selection of JB's poems.

Quiñones, Samuel R. *Temas y letras*. San Juan: Biblioteca de autores puertorriqueños, 1955. (3rd edition) Pages from 163 to 166 are an appreciation of Julia de Burgos's first two books.

Quiroga, Lucila Carmen. "Julia de Burgos: el desarrollo de la conciencia femenina en la expresion poética." Dissertation, New York University, 1980. Bibliography, no illustrations.

Reynal, Vicente, ed. *Diccionario de hombres y mujeres ilustres de Puerto Rico y de hechos hispánicos*. City unknown: Editorial Edil, 1988. Illustrations. Dr. Reynal makes two negative statements about Julia de Burgos's companion Dr. Jimenes Grullón: that the latter was not "worthy" of Julia de Burgos and was opposed to Julia de Burgos's enrollment at the University of Havana. Additionally, Reynal makes the statement that Julia de Burgos lost her job in Washington, DC, when the FBI "assaulted" her office. None of these remarks are found in the revised 1992 edition of the dictionary.

Rivera de Álvarez, Josefina. *Diccionario de literatura puertorriqueña* (2nd Edition). San Juan, Puerto Rico: ICP 1974.

Rivera, Félix, Amilcar Tirado and Nélida Pérez, eds. *Julia de Burgos, 1914-1953*. New York: Centro de Estudios Puertorriqueños, Hunter College, City College of New York, 1986 Bibliography, English text with parallel Spanish translation.

Rivero, Eliana. "Julia de Burgos y su visión poética de ser." *Sin Nombre* 11:3 (1980): 51-57.

Rodríguez Pagán, Juan Antonio. *Julia es su Nombre*. San Juan, Puerto Rico, 1975

_____. *Julia de Burgos: tres rostros de Nueva York...y un largo silencio de piedra* (1st Edition). Humacao, Puerto Rico: Editorial Oriente, 1987. 16 illustrations, bibliography and chronology. No poems, but includes many prose works from de Burgos' New York period and a narrative biography.

_____. *La hora tricolor: cantos revolucionarios y proletarios de Julia de Burgos*. Humacao, Puerto Rico: Editorial Cundiamor, 1992. Duplicates some material from his earlier book and adds important material to both poems and prose in this volume. Only 100 copies of this rich paperback book were published.

_____. "Estudio preliminar" to *Julia de Burgos: periodista en Nueva York*. San Juan, P.R.: Ateneo Puertorriqueño, 1992

Román Morales, Belén. "La poesía de Julia de Burgos: ícono de la nueva mujer puertorriqueña." Dissertation, Florida State University, 1991.

Santiago Ibarra, Beatriz Mayte. *Julia*. Puerto Rico: Editorial Infantil, 1990. Childrens' narrative about Julia de Burgos.

Santos, Nelly E. "El intinerario temático de Julia de Burgos: El amor y la muerte." *Cuadernos Americanos*, México. vol. 203, 1975, pp. 234-46

Sepulveda Pulvirenti, Emma. "Invocación a Julia de Burgos." in Agosín, Marjorie. *Otro modo de ser: poesía hispánica de mujeres*. San Juan, P.R.: Mairena, 1994.

Solá, María M., ed. *Julia de Burgos: yo misma fui mi ruta*. San Juan, Puerto Rico: Ediciones Huracán, 1986. 160 pps with illustrations, and a 41 page introduction by Solá. Bibliography, photos.

Springfield, Consuelo López. "'I am the Life, the Strength, the Woman': Feminism in Julia de Burgos' Autobiographical Poetry." *Callaloo*. Baltimore, MD. vol. 17, no. 3, 1994 Summer, 701-14

Suria, López Violeta. "En la muerte de Julia de Burgos." *Alma Latina* 29 Aug. 1953: 5.

Torres Robles, Carmen L. "Social Irredentism in the Prose of Julia de Burgos." *The Bilingual Review* 17 (1993): 43-49.

Tracy, Mary Jane. "Julia de Burgos: Woman, Poet, Legend." in *A Dream of Light & Shadow: Portraits of Latin American Woman Writers*. Albuquerque: UNM Press, 1995

Umpierre, Luz María. "La ansiedad de la influencia en Sandra María Estevez y Marjorie Agosín." *Revista Chicano-Riqueña* 11:3 (1983): 3-4, 139-147. Poetry by Puerto Rican Poets, includes treatment of Julia de Burgos, compared to the treatment of Pablo Neruda and Nicanor Parra.

_____. "De la protesta a la creación: una nueva visión de la mujer puertorriqueña en la poesía." *Imagine: International Chicano Poetry Journal* 2:1 (1985): 134-142.

_____. "Metapoetic Code in Julia de Burgos' 'El mar y tú': Towards a Re-vision; In Memory of Willis Knapp Jones." *In Retrospect: Essays on Latin American Literature*. York, South Carolina: Sp. Literary Publishing Co., 1987.

Vaughn, Jeanne Marie. *Julia de Burgos y Sylvia Plath: el desdoblamiento y la escritura feminina*. Río Piedras, P.R.: Universidad de Puerto Rico, 1987

Vicioso, Sherezada, ed. *Julia de Burgos: la nuestra.* Santo Domingo, República Dominicana: Editora Alfa & Omega, 1987. With linocut illustrations by Belkis Ramírez, 38 pps. All of the material in this book is also included in *Algo que decir.*

_____. *Algo que decir: ensayo sobre la literatura femenina.* Santo Domingo, República Dominicana: Editora Buho, 1991. 144 pps, no illustrations. Includes all the material in *Julia de Burgos: la nuestra*, without the woodcuts.

Vientós Gastón, Nilita. "Al margen de un libro de Julia de Burgos." *Puerto Rico Ilustrado* 8 Apr. 1939, 13. Essay critique/appreciation; included the poem "Río Grande de Loíza."

Zavala Martínez, Iris. *A Critical Inquiry into the Life and Work of Julia de Burgos.* New York: Praeger, 1989. From book, *The Psychological Development of Puerto Rican Women,* Ed. by Cynthia T. Coll and María de Lourdes Mattei.

de Zapata, Celia. "The Phenomenology of Nothingness in the Poetry of Julia de Burgos," in Conference on Women Writers from Latin America (1975: Carnegie-Mellon University). *Latin American Women Writers: Yesterday and Today: Selected Proceedings from the Conference on Women Writers from Latin America, March 15-16, 1975.* Pittsburgh: The Review, 1977

Curbstone Press, Inc.

is a non-profit publishing house dedicated to literature that reflects a commitment to social change, with an emphasis on contemporary writing from Latin America and Latino communities in the United States. Curbstone presents writers who give voice to the unheard in a language that goes beyond denunciation to celebrate, honor and teach. Curbstone builds bridges between its writers and the public – from inner-city to rural areas, colleges to community centers, children to adults. Curbstone seeks out the highest aesthetic expression of the dedication to human rights and intercultural understanding: poetry, testimonials, novels, stories, photography.

This mission requires more than just producing books. It requires ensuring that as many people as possible know about these books and read them. To achieve this, a large portion of Curbstone's schedule is dedicated to arranging tours and programs for its authors, working with public school and university teachers to enrich curricula, reaching out to underserved audiences by donating books and conducting readings and community programs, and promoting discussion in the media. It is only through these combined efforts that literature can truly make a difference.

Curbstone Press, like all non-profit presses, depends on the support of individuals, foundations, and government agencies to bring you, the reader, works of literary merit and social significance which might not find a place in profit-driven publishing channels. Our sincere thanks to the many individuals who support this endeavor and to the following organizations, foundations and government agencies: ADCO Foundation, Witter Bynner Foundation for Poetry, Connecticut Commission on the Arts, Connecticut Arts Endowment Fund, Ford Foundation, Greater Hartford Arts Council, Junior League of Hartford, Lawson Valentine Foundation, LEF Foundation, Lila Wallace-Reader's Digest Fund, The Andrew W. Mellon Foundation, National Endowment for the Arts, Puffin Foundation, and United Way-Windham Region.

Please support Curbstone's efforts to present the diverse voices and views that make our culture richer. Tax-deductible donations can be made to Curbstone Press, 321 Jackson St., Willimantic, CT 06226. Telephone: (860) 423-5110.